圖解
民法

楊智傑 著

自序

　　《圖解民法》是我幫五南圖書編寫「圖解法律系列」的第三本。第一本是《圖解憲法》，第二本是《圖解法律》。有前二本的製作經驗，知道要寫成一頁文、一頁圖的方式，非常困難。從撰寫到完成，會花去不少時間。而畫好手稿之後，又要與設計師、編輯溝通，讓其了解我的手稿，轉化為書中的圖，也還有一段漫長的路要走。

　　這本書從開始寫第一個字開始，到真正完工，一共花了三年。一開始撰寫時我任職真理大學法律系，當時的助理王逸安同學協助我規劃書中各單元的內容，以及可以參考改編的圖表。後來轉任教於雲林科技大學科技法律所，該所招收「非法律組」畢業的研究生，而我也須負責該組學生的民法基礎課程。所以到了雲科大之後，一邊教民法，一邊持續修改草稿、配圖。當然，由於任教研究所，有優秀的碩士助理協助，故在助理洪聖杰、張家維同學的協助下，繼續協助我在原有的草稿上修改、配圖，終於完成此書初稿。又經過約一年的排版、繪圖、校對，本書才得以完成。

　　本書之完成，要感謝上述三位助理王逸安、洪聖杰、張家維同學的協助。另外，書中的圖表，大量參考外界許多民法專書，主要參考王澤鑑教授、陳聰富教授、謝瑞智教授、蔡仟松律師的書，次要則包括其他老師編寫的民法教科書中的案例、圖式、表格等。故此書之完成，仍須向許多民法老師致謝。

　　我本身研究領域並非民法，但在大學時期，與許多同學一樣，都對民法最感興趣。猶記大三參加了台大法律系的學生論文比賽，就以民法主題論文，拿到該比賽第二名〈第一名從缺〉。後來雖然研究主軸為智慧財產權，但仍在研究論文中會處理一些與民法基本概念接軌的議題。而在任教歷程中，也一直有機會兼教民法相關科目。之所以能夠持續兼顧民法的教學與擦邊研究，必須感謝過去在台灣大學求學期間任教我的各位民法老師，包括劉宗榮老師、朱柏松老師、陳聰富老師、戴東雄老師、郭振恭老師、蔡明誠老師、謝銘洋老師，以及在研究過程中指導過我的蘇永欽老師、簡資修老師。

楊智傑

2014年3月18日

本書目錄

本書目錄

本書目錄

本書目錄

本書目錄

本書目錄

第 3 章 債編各論

本書目錄

本書目錄

本書目錄

第 **5** 章 親屬編

本書目錄

本書目錄

第 **1** 章

總則編

章節體系架構 ▼

UNIT *1-1* 民法的範圍

圖解民法

民法（civil law）是人民生活中的重要法律，包含一個人從出生到死亡，各種與他人或團體來往互動的規定，因此，與我們的社會生活息息相關。一個人的一生當中，可能都是個好人，不會觸犯刑法，也不會違反交通規則，但民法不是犯不犯法的問題，而是人只要活在這個世界上，就一定會和其他人有所接觸，就必然會用到民法的相關規定。

（一）民法的意義

所謂的民法，就是指規定一般人民和一般人民之間的法律關係。舉凡權利義務的主體，包括自然人跟法人，債權、物權與身分關係，以及各種權利義務等都是民法的主要內容，可分為兩方面：

❶形式意義

僅指國家經立法程序制定，由總統公布的民法法典而言，凡冠有民法的名稱都屬於這方面，又稱為「狹義的民法」。

❷實質意義

就是規範人類社會生活與私法關係的法律，稱為「民法」，例如：票據法、公司法、海商法、土地法等都是這部分，也稱為「廣義的民法」。

（二）民法的架構

民法總共有一千多個條文，對人民生活的法律關係，規定的非常詳細，包羅萬象。大致上，按照民法的體例，總共可以分為五編，分別是總則、債、物權、親屬、繼承。

若是按照屬性來分類，則可以分為兩大部分，一個是跟財產利益有關的，包括債編和物權編；另一個則跟身分利益有關，包括親屬編和繼承編。

❶總則

民法總則就是將一些民法裡面通用的規定，都拿到民法的最前面去。例如：民法總則會規定要幾歲才算成年，才能進行交易等。

❷債編

民法債編的內容，大致上可分為兩類，一類是侵權行為，一類是關於契約的規定。如果我開車在路上不小心撞倒別人，就算是一種侵權行為，這時候我到底該不該賠錢給對方？該賠多少？對方損失如何計算？等等問題，民法債編都會有相關的規定。

至於契約方面，我們小至到7-11買一罐飲料，大到跟銀行貸款買房子，乃至於經營各種商業活動，都會和其他人締結各種大大小小不同的契約。

❸物權編

只要是跟土地或房屋有關的交易或法律問題，原則上在物權編都會有所規定。例如：我向銀行貸款買了一棟房子，結果房貸費用卻無法按時繳交，這時候就要靠民法解決這個問題。

❹親屬編與繼承編

親屬編主要會規定人和人之間的親屬關係，包括結婚的程序，結婚之後的財產劃分，到離婚之後的財產分配，小孩歸屬等等問題。

繼承編就是在講親人死去之後，誰有繼承權，繼承財產該怎樣分配，以及遺囑的製作等等。

民法體系圖

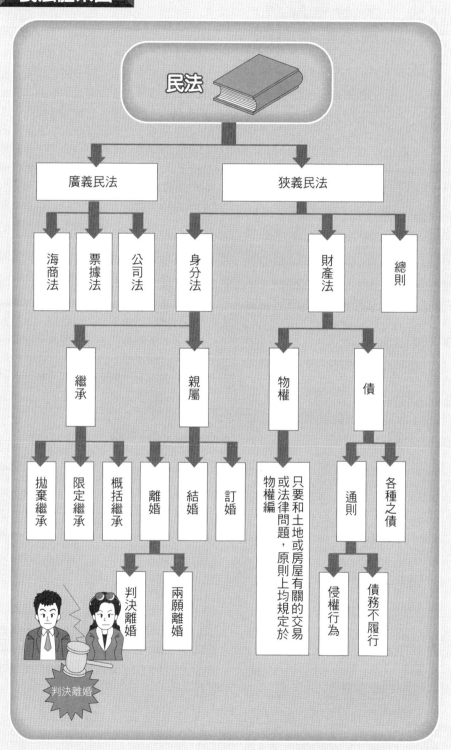

UNIT **1-2** 民法基本原則

民法有「契約自由原則」、「過失責任原則」及「所有權絕對原則」這三大原則。另外，也有人認為，「人的尊嚴」與「兩性平等」，也是民法重要基本原則。

（一）契約自由原則

在財產的關係上，我們採取「契約自由原則」，也就是說，原則上國家尊重人民私下自己的約定，個人互相之間的法律關係，就由當事人的自由意思決定而形成，除非違法，不然就應該受到法律的保護，這也就是「私法自治原則」，在契約上的表現有：

❶契約訂立自由

依照當事人自由意思的決定，契約才能成立。

❷契約內容自由

契約的內容，由當事人自由來約定。

❸契約方式自由

要怎麼締結契約，也是由當事人的意思來決定。

實例：A願意用1,000萬來買B的一台車齡10年的二手車。一般人可能會覺得這筆交易不划算，但是我們尊重當事人之間的約定。

此外，民法就是擔心人民在交易時，把交易想得太單純，當人民因為交易發生糾紛的情況下，假若契約規定的不合理或當初沒有規定到，我們就可以援用民法的相關規定。

（二）過失責任原則

在發生民事糾紛時，涉及是否需要賠償的問題，這時，我們採取「過失責任原則」。例如：我若是故意，或是因為個人疏失，不小心開車撞傷路人，那我就需要賠償對方的損失。但是，假設錯不在我，而是對方自己闖紅燈，那我就不用負責，這是因為尊重個人的自由意思，亦即個人行為有侵害他人權利時，行為要在自由意思下，基於故意或過失，才要負損害賠償責任；但如果不是基於個人的自由意思所做的行為，就算有加害到別人，也不負責，這也稱為「自己責任」。

（三）所有權絕對原則

在私人所擁有的財產上，我們採取「所有權絕對原則」。也就是說，原則上你愛怎麼使用或者怎麼處分你的個人財產，國家都不會干涉，認為基於個人的自由意思，財產屬於個人私有，有絕對的支配權，而不受侵犯。

（四）人的尊嚴

民法的規定，也可以實現個人自由，發展人格，及維護人的尊嚴。例如：民法第16條：「權利能力及行為能力，不得拋棄。」第17條第1項規定：「自由不得拋棄。」其他民法原則乃建立在此種以人為本位的倫理基礎之上。

（五）兩性平等

夫妻在其婚姻、財產及子女親權關係上居於平等地位，不因其性別，而受不合理的差別待遇。民法在親屬、繼承編的歷次修法中，都盡量朝向兩性平等的方向修正。

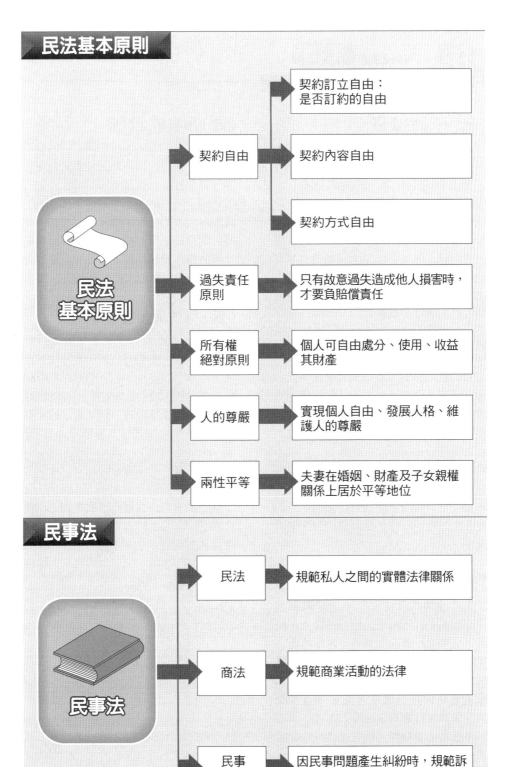

民法基本原則

民法基本原則

契約自由
- 契約訂立自由：是否訂約的自由
- 契約內容自由
- 契約方式自由

過失責任原則 → 只有故意過失造成他人損害時，才要負賠償責任

所有權絕對原則 → 個人可自由處分、使用、收益其財產

人的尊嚴 → 實現個人自由、發展人格、維護人的尊嚴

兩性平等 → 夫妻在婚姻、財產及子女親權關係上居於平等地位

民事法

民事法

民法 → 規範私人之間的實體法律關係

商法 → 規範商業活動的法律

民事訴訟法 → 因民事問題產生糾紛時，規範訴訟程序的法律

UNIT **1-3**
民法原則的改變

圖解民法

（一）民法的變遷

隨著時代的變遷及社會觀念的轉變，上述民法三大原則有了不一樣的變化，逐漸改變成「有限制的契約自由」、「逐漸偏向無過失責任」以及「所有權社會化」。由於強調這三個原則，造成貧富不均、勞資對立、公害勞動災害等社會問題。原本在法律上應該擁有平等地位的當事人，變成經濟上強者對弱者的脅迫。所以，民法也漸漸修正，將上述三個原則做了調整。

（二）契約自由的限制

為了避免經濟弱者被強者壟斷犧牲，當出現不公平的情形，民法會保護弱勢的交易者。例如：民法規定，法律行為不可以違反強制或者禁止的規定，也不可以違背公共秩序或善良風俗；對急迫輕率及沒有經驗的人給予保護；對最高利率做出限制；對出租人終止契約做出限制；勞工契約方面甚至受到國家強勢介入監督等，這些都是對契約自由的限制。

（三）無過失責任的採用

由於弱勢的受害人不一定能夠舉證證明加害人有所過失，所以法律漸漸調整，允許採取無過失責任，意味著讓弱勢的被告不需要舉證證明對方是否有過失，而可以照樣能得到賠償，例如：工廠機器設備因維護不善而使得員工受傷、火車出軌讓乘客受傷。至於，加害人無過失也要賠償，則是透過保險分擔風險。

（四）所有權之社會化

在以前，個人愛怎樣使用自己的財產都無妨，但是，現在為了整體的社會秩序，避免社會上貧富懸殊，因此開始有所限制，所有權人必須是在法令合法的範圍內，才能使用、處分、收益其所有物。國家為了公益的需要，也可以徵收人民財產，簡單來說，就是所有權的行使，必須要以社會大眾的利益為前提。

（五）憲法與兩性平等

過去民法強調男尊女卑，太太只是丈夫的附庸，在結婚之後，各種權利地位，都低於丈夫。例如：民法第1089條規定，父母對於子女管教的親權行使上，若意見不合時，以父親之意見為主。但是，大法官作出釋字第365號解釋，認為此種規定，違反憲法上男女平等規定，宣告其違憲。因此，民法配合修正，修正後的第1089條第2項：「父母對於未成年子女重大事項權利之行使意思不一致時，得請求法院依子女之最佳利益酌定之。」第3項：「法院為前項裁判前，應聽取未成年子女、主管機關或社會福利機構之意見。」

民法三大原則的變遷

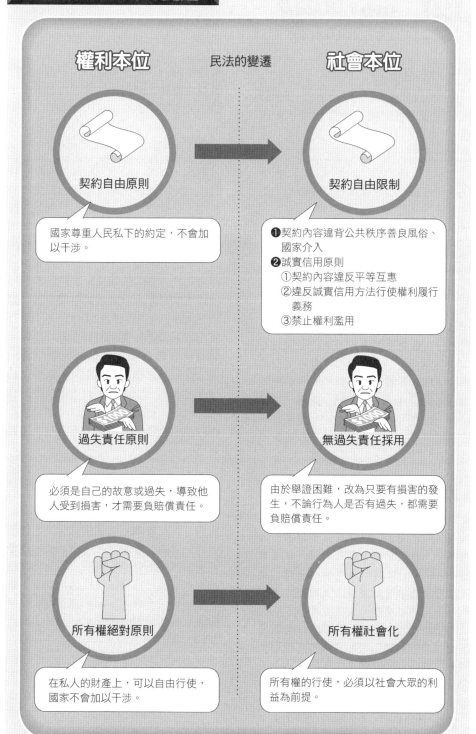

權利本位　　　　民法的變遷　　　　社會本位

契約自由原則
國家尊重人民私下的約定，不會加以干涉。

契約自由限制
❶契約內容違背公共秩序善良風俗、國家介入
❷誠實信用原則
　①契約內容違反平等互惠
　②違反誠實信用方法行使權利履行義務
　③禁止權利濫用

過失責任原則
必須是自己的故意或過失，導致他人受到損害，才需要負賠償責任。

無過失責任採用
由於舉證困難，改為只要有損害的發生，不論行為人是否有過失，都需要負賠償責任。

所有權絕對原則
在私人的財產上，可以自由行使，國家不會加以干涉。

所有權社會化
所有權的行使，必須以社會大眾的利益為前提。

UNIT 1-4
民法的法源

（一）法源

民法第1條規定：「民事，法律所未規定者，依習慣，無習慣者，依法理。」所以，民法的法源有三，第一優先適用民法法律的規定，第二優先為習慣，第三則為法理。民事問題，如果法律已有規定，則只能依照法律處理，不可根據習慣處理。只有當法律沒有規定時，才可以根據習慣處理。

圖解民法

（二）習慣法

民法此處所謂的習慣，指的是「習慣法」。哪些民間習俗可以成為「習慣法」？必須具備：❶多年慣行的事實，且；❷讓普通一般人對該習慣具有「法的確信」。民法第2條規定：「民事所適用之習慣，以不背於公共秩序或善良風俗者為限。」所以，當無法律規定時，雖然可依照習慣處理，可是此處之習慣，不可以違背公共秩序或善良風俗。

● 祖產有無優先購買權

例：甲與乙兄弟二人，繼承其父丙所遺留，位於某鎮的A、B古屋二棟，各有其一。但是甲想要移民美國，決定出售A棟古屋，乙則主張，賣祖產時，親屬應有優先承買的習慣法。甲則認為，此只是該地的習慣，並非習慣法。

對於此問題，最高法院認為，賣祖產前先問其他親屬是否願意承買，這個習慣會限制所有權的轉讓，對於經濟上流通及地方發達，構成障礙，且會助長把持挹勒之風，於社會經濟毫無實益，有背於公共秩序，不能認為有法之效力。此外，現行法中，不動產的近鄰，並沒有先買權的規定，即使有此習慣，對於經濟之流通，地方之發達，均有障礙，故不能予以法之效力。

（三）法理

所謂「法理」，指從法律精神演繹而出的一般法律原則，為謀社會生活事物而不可不然之理，有時也被稱為「條理」、「自然法」、「通常法律的原理」。法理的基本功能，在於補充法律及習慣法的不完備，使法官在判決時，得自立於立法者的地位，尋求該案件所應適用的法則，以實現公平與正義，調和社會生活上相對力的各種利益。現行民法體系嚴密，使用的概念非常抽象，又有許多概括條款，但偶爾還是會出現法律規定未預料到的情況，需要用法理進行裁判。王澤鑑認為，最常用的法理，就是「平等原則」，以「類似事物應該類似處理」的概念，去進行「類推適用」。

（四）間接法源

法律、習慣法、法理，屬於「直接法源」，此外還有「間接法源」，包括「判例」與「學說」。所謂判例，就是過去的法院所做過的判決，認為非常重要而有價值，被最高法院選為判例，讓下級法院法官參考。而所謂學說，則是重要學者所提倡的學術見解。

民法的法源

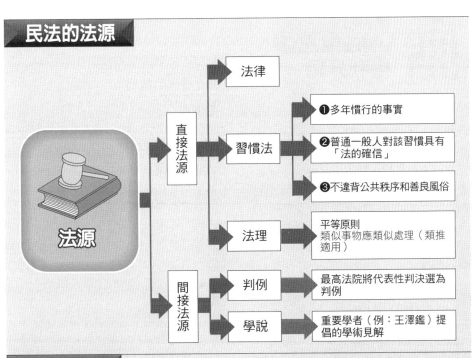

祖產問題

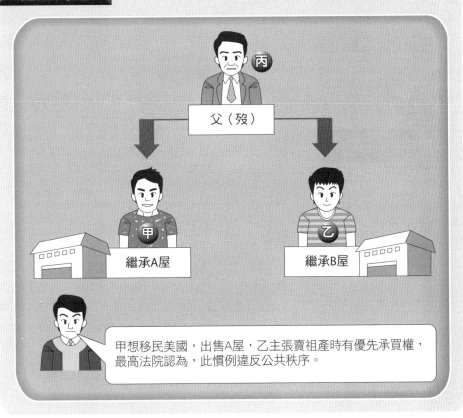

甲想移民美國，出售A屋，乙主張賣祖產時有優先承買權，最高法院認為，此慣例違反公共秩序。

UNIT 1-5
權利分類

（一）人身權

即以人身上之利益為內容，與人身不得分離（不得移轉）之權利，其包括人格權及身分權，為不可移轉之一身專屬權，且具有得對抗任何人之對世（絕對）效力。如以權利是否具有可移轉性為標準，可將權利區分為一身專屬權與非一身專屬權。

❶人格權

即為存在於權利人自己身體上之權利，即以人格為標的之權利。乃與權利人人格不可分離，且人格權與權利人之人格始終相終，因出生而取得，因死亡而消滅，在權利關係存續中，不可以讓與、繼承或拋棄，與權利能力的規定相同，專屬於權利人一身。權利人以其自身之人格利益之享受為目的之權利。包括生命權、身體權、名譽權、姓名權、信用權、肖像權等。

❷身分權

即存在於特定人身分關係上之權利，其主要係存在於親屬的身分關係上，亦可稱為親屬權。即與一定身分不可分離，且身分權與權利人的身分始終相終，例如家長權，以具有家長身分的權利人始能享有，從具有家長身分開始到不具有家長身分之期間，均享有家長權。另外尚有親權、監護權、繼承權均是。身分權與人格權同為專屬權，不得為移轉或拋棄。例如：登報聲明脫離親子關係即為無效。

（二）財產權

即以財產上利益為內容之權利，其包括債權、物權、準物權及無體財產權。

❶債權

以特定人之行為或不行為為標的之權利，即特定人對待定人，要求特定行為的能力。例如：某乙約定為某甲做工，某甲即對他享有要求做工的權利。如金錢給付之債權，有請求權者為債權人，被相對要求者為債務人。債權為一種相對權而非絕對權（對世權），只能對特定人為之，所以也無排他性，得對同一債務人有多數之內容債權併存。

❷物權

所有人在法令之範圍內得自由使用、收益、處分，即以對於特定物得享受一定利益為內容之權利。如所有人對於其所有物，得於法令限制範圍內，自由使用收益處分的所有權是。物權為一種絕對權（對世權），具有排他性，不容許其他同種類的權利並存。

❸準物權

直接存於一定權利上之權利，非為物權，但法律上之保障與物權相同，而得為支配之權。例如漁業權（漁業權被視為物權，準用民法關於土地之規定）、礦業權（礦業權被視為物權，除礦業法有特別規定外，準用關於不動產之規定），或對他人之債權。

❹無體財產權（智慧財產權）

無體財產權亦稱「專用權」，是個人精神智能的作品，為其內容的權利，受私法保障，其取得多須經主管機關之註冊登記。例如：著作權、專利權、商標權、商號權等智慧財產權。

人格權與身分權區分

人格權

即為存在於權利人自己身體上之權利，即以人格為標的之權利。

與權利人人格不可分離，且人格權與權利人之人格相始相終，因出生而取得，因死亡而消滅。

在權利關係存續中，不可以讓與、繼承或拋棄，與權利能力的規定相同，專屬於權利人一身。

包括生命權、身體權、名譽權、姓名權、信用權、肖像權等。例如某媒體報導某知名女星不欲為人所知的傷心往事，則媒體的行為侵害了女星的隱私權。

身分權

即存在於特定人身分關係上之權利，其主要係存在於親屬的身分關係上，亦可稱為親屬權。

即與一定身分不可分離，且身分權與權利人的身分相始相終，例如家長權，以具有家長身分的權利人始能享有，從具有家長身分開始到不具有家長身分之期間，均享有家長權。

有家長權、親權、監護權、繼承權均是。

身分權與人格權同為專屬權，不得為移轉或拋棄。例如登報聲明脫離親子關係即為無效。

財產權

即以財產上利益為內容之權利，其包括債權、物權、準物權及無體財產權。

債權	❶以特定人之行為或不行為為標的之權利，即特定人對待定人，要求特定行為的能力。 ❷如金錢給付之債權。有請求權者為債權人，被相對要求者為債務人。債權為一種相對權而非絕對權（對世權），只能對特定人為之，所以也無排他性，得對同一債務人有多數之內容債權併存。
物權	❶所有人在法令之範圍內得自由使用、收益、處分，即以對於特定物得享受一定利益為內容之權利。如所有人對於其所有物，得於法令限制範圍內，自由使用收益處分的所有權是。 ❷物權計有八種：所有權、地上權、不動產役權、農育權、抵押權、典權、留置權及質權。物權為一種絕對權（對世權），具有排他性，不容許其他同種類的權利並存。
準物權	直接存於一定權利上之權利，非為物權，但法律上之保障與物權相同，而得為支配之權。
無體財產權（智慧財產權）	無體財產權亦稱「專用權」，是個人精神智能的作品，為其內容的權利，受私法保障，其取得多須經主管機關之註冊登記。例如：著作權、專利權、商標權、商號權等智慧財產權。

UNIT 1-6
權利作用

圖解民法

民法上之權利，依權利之作用為區分下列四種：

（一）支配權

亦稱管轄權，直接支配權利客體之權利，權利人既有其權利，原則上即自得支配其權利之客體，直接對權利標的物為支配的權利，是謂支配權。亦即得直接支配權利客體，使權利發生作用之權。民法中之人格權、身分權、物權即為支配權。尚有禁止他人妨礙其支配之作用，稱之禁止權。

（二）請求權

得請求特定人為一定之作為或不作為之權利，是謂請求權。其有由債權發生關係者，如債權人對於債務人請求債務之履行；有由物權關係者，如所有人請求他人勿占有其所有物；有由親權發生者，如親權受到侵害時之除去妨害請求權。公法上亦有請求權，例如：公務員之退休金請求權。若一定期間不行使，他方則得拒絕請求之一方，謂之消滅時效。

（三）形成權

即依當事人一方之意思表示，使某種已成立之法律關係產生（得）發生、消滅（喪）、變更效力之權利，是謂形成權。形成權並非獨立之權利，只不過附隨某一法律關係，借以求法律關係之發展或使之歸於終結，主張被詐欺或被脅迫而為意思表示。形成權乃一般權利之先驅，僅具手段作用，故亦稱副權利。不得單獨讓與。解除、終止、撤銷權等屬之。例如：❶無代理權代本人所為的行為，本人加以承認，而使之對於本人發生一定效果；❷因被詐欺或被脅迫而為意思表示者，表意人得撤銷其意思表示（§92 I）。

（四）抗辯權

對於請求權具有反抗拒絕作用之一種債務人之特別權利，亦附隨於一定之法律關係而存在。簡言之，即拒絕他人之請求權，使其不得履行之權利。亦即妨礙他人行使請求權的對抗權，是謂抗辯權。例如：❶承租人以出租人未交還押租金為理由，拒絕交還房屋是；❷民法第264條：因契約互負債務者，於他方當事人未為對待給付前，得拒絕自己之給付。（本條又稱同時履行抗辯權）例如：承租人以出租人拒絕交還押金為理由，拒絕返還房屋；永久抗辯權乃具有永久拒絕他人請求權之作用，例如：消滅時效完成後債務人之抗辯權（§144）。此二者均有實體法上之效力。

抗辯權又可分為永久抗辯權及一時（延期）抗辯權。延期抗辯權乃具有暫時拒絕他人請求權之作用，僅使相對人之請求權之效力，一時的被排除。

支配權	亦稱管轄權,直接支配權利客體之權利,權利人既有其權利,原則上即自得支配其權利之客體,直接對權利標的物為支配的權利,是謂支配權。亦即得直接支配權利客體,使權利發生作用之權。民法中之人格權、身分權、物權即為支配權。尚有禁止他人妨礙其支配之作用,稱之禁止權。	
請求權	得請求特定人為一定之作為或不作為之權利,是謂請求權。其有由債權發生關係者,如債權人對於債務人請求債務之履行;有由物權關係者,如所有人請求他人勿占有其所有物;有由親權發生者,如親權受到侵害時之除去妨害請求權。公法上亦有請求權,例如公務員之退休金請求權。若一定期間不行使,他方則得拒絕請求之一方,謂之消滅時效。	
形成權	即依當事人一方之意思表示,使某種已成立之法律關係產生(得)發生、消滅(喪)、變更效力之權利,是謂形成權。形成權並非獨立之權利,只不過附隨某一法律關係,借以求法律關係之發展或使之歸於終結,主張被詐欺或被脅迫而為意思表示。形成權乃一般權利之先驅,僅具手段作用,故亦稱副權利。不得單獨讓與。解除、終止、撤銷權等屬之。	無代理權代本人所為的行為,本人加以承認,而使之對於本人發生一定效果。
		因被詐欺或被脅迫而為意思表示者,表意人得撤銷其意思表示(§92 I)。
抗辯權	對於請求權具有反抗拒絕作用之一種債務人之特別權利,亦附隨於一定之法律關係而存在。簡言之,即拒絕他人之請求權,使其不得履行之權利。亦即妨礙他人行使請求權的對抗權,是謂抗辯權。 永久抗辯權乃具有永久拒絕他人請求權之作用,例如:消滅時效完成後債務人之抗辯權(§144)。此二者均有實體法上之效力。 抗辯權又可分為永久抗辯權及一時(延期)抗辯權。延期抗辯權乃具有暫時拒絕他人請求權之作用,僅使相對人之請求權利之效力,一時的被排除。	承租人以出租人未交還押租金為理由,拒絕交還房屋。
		民法第264條:因契約互負債務者,於他方當事人未為對待給付前,得拒絕自己之給付。(本條又稱同時履行抗辯權)例如:承租人以出租人拒絕交還押金為理由,拒絕返還房屋。

第1章 總則編

UNIT 1-7
法例

（一）書面及簽名

在一般交易上，民法規定不須特別使用文字及書面，口頭約定即算是契約成立，而雙方必須遵守契約之約定。但是，在少數情況下，民法會規定特殊交易，一定要使用書面，亦即必須使用文字，以確定契約內容。例如：民法第756條之1規定，人事保證契約，一定要用書面簽約。

但縱使法律規定要用書面（文字），其書面文字並不需要親筆書寫，用打字的書面即可，根據第3條第1項：「依法律之規定有使用文字之必要者，得不由本人自寫，但必須親自簽名。」

（二）簽名與蓋章

一般民間交易，非常重視印章，以印章作為本人的證明。但實際上，民法第3條第2項規定：「如有用印章代簽名者，其蓋章與簽名生同等之效力。」所以，簽名的效力，其實高於印章。法律只是規定，印章可以等同簽名，但若沒有印章，簽名也可代表示本人同意。只是民間習慣上，還是認為印章高於簽名。

（三）畫押代替簽名

早期有些人不識字，不會寫自己名字。第3條第3項規定：「如以指印十字或其他符號代簽名者，在文件上，經二人簽名證明，亦與簽名生同等之效力。」所以，畫押也可代替簽名，但是必須有二人在旁簽名證明。

（四）文字與號碼

民法第4條規定：「關於一定之數量，同時以文字及號碼表示者，其文字與號碼有不符合時，如法院不能決定何者為當事人之原意，應以文字為準。」例如：甲經營自助餐廳，向乙購貨。某次，甲收到乙送來的帳單，上面記載：「……應付貨款伍萬伍仟捌佰陸拾元（55680元），……。前開伍萬捌仟伍佰陸拾元貨款，請於X月X日前付清。」根據第4條規定，當號碼（數字）與文字不符合時，法院應先確認當事人之原意。但若無法確認當事人原意，則以文字為準。故當伍萬伍仟捌佰陸拾元與55680元不符合時，以文字伍萬伍仟捌佰陸拾元為準。

（五）文字表示不符合

民法第5條規定：「關於一定之數量，以文字或號碼為數次之表示者，其表示有不符合時，如法院不能決定何者為當事人之原意，應以最低額為準。」在上述案例中，用文字來表達金額，但「伍萬伍仟捌佰陸拾元」和「伍萬捌仟伍佰陸拾元」二者表示的數量不同。此時，法院應先確定當事人原意，若不能確定當事人原意，則以最低額為準。亦即，在本例中，應以最低額「伍萬伍仟捌佰陸拾元」為準。

契約是否要用書面

契約

▶ 原則上不需使用書面

▶ 法律規定，或當事人約定使用書面

簽名與蓋章

契約

第一條 ….
第二條 ….

甲方 乙方
簽名 章 簽名 章

契約文字不必親自書寫，可用打字

❶簽名即可
❷蓋章與簽名具同等效力
❸習慣上蓋章重於簽名

文字使用

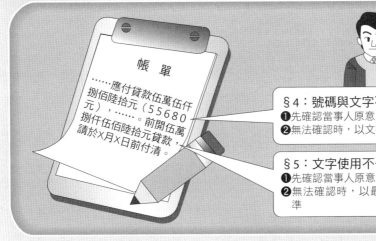

帳 單

……應付貸款伍萬伍仟捌佰陸拾元（55680元），……。前開伍萬捌仟伍佰陸拾元貸款，請於X月X日前付清。

§4：號碼與文字不符合
❶先確認當事人原意
❷無法確認時，以文字為準

§5：文字使用不一致時
❶先確認當事人原意
❷無法確認時，以最低額為準

UNIT *1-8* 權利能力

（一）自然人與法人

人，法律上會用「自然人」和「法人」這兩個用語，一般人還沒有接觸法律以前看不太懂。所謂的「自然人」，就是指我們這種真正的人，是自然的人類。而「法人」，則不是真正的人，是法律上虛擬的人，例如：公司或各種商號，我們就把它視為一個法律上的「法人」，讓法人也可以從事各種交易行為。當然，一定是有真正的人代表法人從事這些法律行為。

（二）自然人之權利能力

所謂自然人，是指由出生而存在於自然界的人類。而所謂的「權利能力」，指的是享受權利、負擔義務的能力。享有權利能力的，就是「權利主體」。民法第6條規定：「人之權利能力，始於出生，終於死亡。」所謂「出生」，指與母體完全分離，而能獨立呼吸，保有生命。至於臍帶是否剪斷，是否發生哭聲，則不影響。所謂「死亡」，原則上以心臟跳動停止作為判斷基準。但是，晚近為了想要進行器官移植手術，若真的等到心臟停止跳動，則心臟就已經無法使用，無法進行移植，因此，將死亡的判斷基準點提早，提早到「腦死」。也就是當醫生對病人進行腦死判定後，雖然心臟還在跳動，但已經可以將之當作死亡，而進行器官移植。

（三）胎兒之權利能力

民法第7條規定：「胎兒以將來非死產者為限，關於其個人利益之保護，視為既已出生。」這條規定主要是想保護胎兒的財產利益，例如：尚在母親肚中

的胎兒甲，還未出生，但父親出車禍，被第三人乙撞死，此時，此尚未出生的胎兒甲，可否要求加害人乙損害賠償？可否繼承父親的遺產？

倘若認為胎兒必須出生才享有權利能力，才能請求賠償，並繼承遺產，那麼對胎兒的保護不夠。因此，民法規定，只要胎兒將來順利出生，並非死產，「視為」既已出生。所謂的視為，就是事實上尚未出生，但在法律上當成已經出生，享有權利能力。因此，民法第192條第2項：「被害人對於第三人負有法定扶養義務者，加害人對於該第三人亦應負損害賠償責任。」父親對胎兒有扶養義務，但因為父親在胎兒尚未出生時，即被第三人撞死，此時，此胎兒可以主張該第三人，應負賠償責任。另外，繼承從父親死亡當時，立刻發生，而尚未出生的胎兒，也有權繼承父親的遺產。

自然人與法人

自然人

公司

法人

權利能力的主體

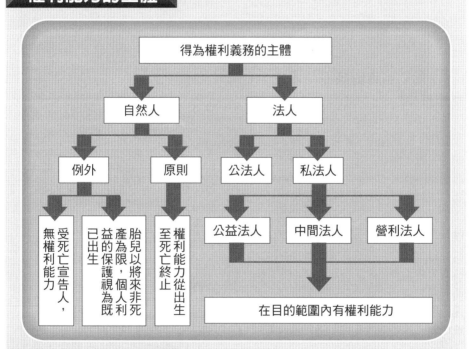

得為權利義務的主體

自然人

法人

例外

原則

公法人

私法人

受死亡宣告人，無權利能力

胎兒以將來非死產為限，個人利益的保護，視為既已出生

權利能力從出生至死亡終止

公益法人

中間法人

營利法人

在目的範圍內有權利能力

胎兒之權利能力

撞死

父

母

胎兒 甲

第三人 乙

胎兒非死產時：
❶得繼承父遺產
❷得向乙請求賠償
　①§192Ⅱ扶養費
　②§194慰撫金

UNIT **1-9**
死亡宣告（一）

圖解民法

一個人失蹤之後，與這個人相關的法律關係，不管是身分上的法律關係，例如：婚姻關係、配偶的再婚問題，或是財產上的法律關係，例如：繼承、保險金額請求權，都會陷入不確定的狀態，無法進行或是結束，這種狀態如果長期繼續下去，會對利害關係人以及社會秩序造成不良影響，所以設立「死亡宣告制度」，由法院宣告死亡，使得法律關係可以終結。

（一）死亡宣告的要件

❶須已失蹤

「失蹤」就是失蹤人離開最後的住所或居所，而陷於生死不明的狀態，所謂的「生死不明」不是一個絕對的狀態，而是一個相對的狀態，只要是聲請人、利害關係人以及法院不知道行蹤，就是「失蹤」。

❷失蹤狀態繼續一定期間

失蹤期間必須繼續不斷，如果失蹤之後有確定生存信息，例如：打電話、信件，則失蹤期間就應該從得到新信息之後，重新起算；反之，如果有確定死亡證據，那就是自然死亡，不需要做死亡宣告。

失蹤期間可以分為三種：

①普通失蹤期間

一般人失蹤滿7年後，法院得因利害關係人或檢察官的聲請為死亡宣告（§8 I）。

②老人失蹤期間

失蹤人是80歲以上的人，可以在失蹤滿3年後，為死亡宣告（§8 II）。

③特別災難失蹤期間

失蹤人如果是遭遇特別災難，例如：水災、火災、地震、戰爭、空難、海難、瘟疫，這時生存可能性更為渺茫，所以在特別災難終了滿1年後，為死亡宣告（§8 III）。

❸利害關係人或檢察官的聲請

①利害關係人

法律上的利害關係人，指會因失蹤人的死亡宣告，而有身分上或財產上利害關係的人，例如：失蹤人的配偶、繼承人、法定代理人、受贈人、債權人、人壽保險金受領人、國庫。

②檢察官

如果失蹤人沒有利害關係人，或是有利害關係人，但利害關係人不願意聲請死亡宣告的時候，法院也不能依職權做死亡宣告，失蹤人的法律關係就會長期陷入不確定的狀態，為了要維護公益並解決問題，檢察官可以居獨立地位而聲請。

③經過公示催告程序

法院應該以公式催告方式，來確定失蹤人是否還生存，以及是不是有人知道失蹤人的生死。

（二）死亡時期的推定

死亡宣告須要在法院判決中確定失蹤人的死亡時間，並且以判決的死亡時間，推定失蹤人死亡。前項死亡之時，應為前條各項所定期間最後日終止之時。但有反證者，不在此限（§9）。

普通死亡宣告

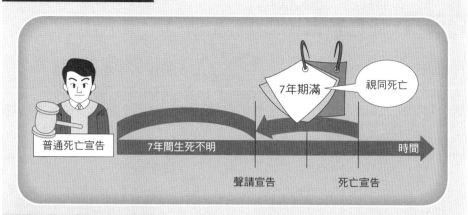

危難死亡宣告

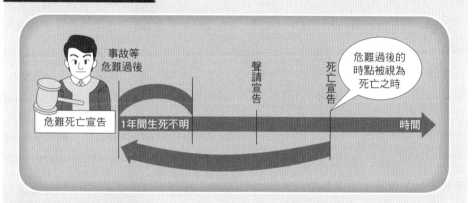

利害關係人

UNIT *1-10* 死亡宣告（二）

（一）死亡宣告的撤銷

失蹤人受死亡宣告以後，如果實際上還健在，而安然歸來，那就由本人、檢察官和在法律上有利害關係的人，向法院提起撤銷死亡宣告的訴訟，來撤銷死亡宣告（家事事件法§160）。撤銷死亡宣告或更正死亡之時之裁定，不論對於何人均有效力。但裁定確定前之善意行為，不受影響。因宣告死亡取得財產者，如因前項裁定失其權利，僅於現受利益之限度內，負歸還財產之責（家事事件法§163）。

例如：甲有妻乙，有一幼女丙，從小身體不好。甲出國經商後，音訊斷絕，生死不明。鄰君丁對乙和丙非常照顧。過了7年，甲仍無音訊，妻子乙聲請法院對甲進行死亡宣告。而妻乙再嫁給丁，丁並收養丙為養女。不料，一年後，甲從國外回來，發現乙、丁結婚，女兒丙被丁收養。而且甲的房屋被出售，價金500萬元，但為醫治丙的疾病已經花掉100萬元，其餘400萬元存放銀行。

本例中，甲可聲請法院撤銷死亡宣告，法院撤銷死亡宣告後，對任何人均有效力。但妻子乙和丁已經結婚，如果二人都是「善意」（民法中所謂的「善意」，就是「不知情」，亦即不知道甲還活著），那麼後婚姻不受影響。但若二人是「惡意」（民法中所謂的「惡意」，就是「知情」，也就是當初其實知道甲還活著卻去聲請死亡宣告），那就要撤銷後婚姻。至於房屋被賣掉而得到的500萬，假設乙和丁是善意，則因為500萬已經花掉100萬為女兒丙治病，僅就剩下的400萬，應該返還給甲。但若乙和丁是惡意，則應該返還甲500萬元。

（二）失蹤人財產的管理

失蹤人失蹤後，在還沒有受死亡宣告前，其財產管理，除其他法律另有規定者外，依家事事件法之規定（§10）。

（三）同時死亡

另外如果「二人以上同時遇難，不能證明其死亡之先後時，推定其為同時死亡。」（§11）。例如：甲、乙、丙父子三人參加某旅行團，遭遇空難死亡，不能證明其死亡先後，則推定其同時死亡。

推定同時死亡的主要法律效果，就是死亡者之間不能相互繼承。舉例來說，某A和妻子B，生有子C、子D、女E。C已婚，妻子為F，生一女G。D也已婚，妻子H，懷胎三月，胎兒為I。祖父A和子C、D三人同時出海捕魚，遭遇颱風，船毀人亡，三人死亡先後難以證明。A遺有財產80萬元，C遺有財產60萬元，D的遺產為40萬元。由於A、C、D三人同時死亡，彼此之間無法繼承財產，故C、D無法繼承父親A的遺產。此時，妻子B、女兒E為遺產繼承人，至於C和D雖然無法繼承遺產，但C的女兒G、D的胎兒I，可以「代位繼承」，亦即代替C、D的地位，直接繼承祖父A的遺產。因此，A的遺產，就由B（A之妻）、E（A之女）、G（C之女）、I（D之胎兒）四人共同繼承，而應繼分則平分，為四分之一，故各可分得20萬元遺產。

死亡宣告的效力

死亡宣告

身分關係
（配偶可以再婚）

財產關係
（財產可以繼承）

死亡宣告的撤銷

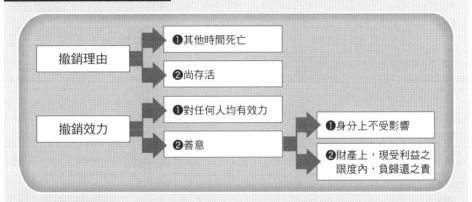

撤銷理由

❶其他時間死亡

❷尚存活

撤銷效力

❶對任何人均有效力

❷善意

❶身分上不受影響

❷財產上，現受利益之限度內，負歸還之責

同時死亡

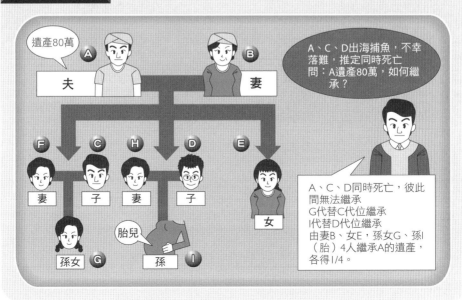

遺產80萬 A

夫

妻 B

A、C、D出海捕魚，不幸落難，推定同時死亡
問：A遺產80萬，如何繼承？

F 妻　C 子　H 妻　D 子　E 女

孫女 G　胎兒　孫 I

A、C、D同時死亡，彼此間無法繼承
G代替C代位繼承
I代替D代位繼承
由妻B、女E，孫女G、孫I（胎）4人繼承A的遺產，各得1/4。

UNIT 1-11
行為能力

圖解民法

（一）行為能力

「行為能力」就是指依照自己的意思來活動，而讓自己的行為引起法律上的效果的能力。進一步來說，只有具備完全行為能力的權利主體，才有資格獨立完成一個完全有效的法律行為，而跟別人發生法律關係。

既然行為能力跟法律行為有關，那就應該重在行為人是否具有足夠的智識，判斷與了解從所事的行為在法律上的意義，也就是應具有「意思能力」，所以說，一個權利主體必須要具有意思能力，才能享有完整的行為能力。

（二）意思能力

所謂的「意思能力」，是行為人必須要能正確、完整的，認識自己的行為在法律上所代表的意義、可能引起的效果。

但如果說要逐一按照個案，來判斷行為人在從事法律行為時，到底是否具有意思能力，從而確定是否具備完整的行為能力，進而決定法律行為的效力，這樣會無法符合現在要求快速交易的市場需求。因此需要一個客觀又容易判斷的標準，也就是「年齡」，以有沒有達到一定年齡，來作為是否有意思能力的判斷標準。

（三）完全行為能力人

原本民法規定，滿20歲為成年。自2023年1月起，改為滿18歲為成年。18歲以上的成年人，因為心智已經發展成熟，可以為自己的言行舉止負責，所以，屬於「完全行為能力人」，可以從事任何法律行為。

（四）無行為能力人

未滿7歲的小孩，由於心智年齡尚未成熟，缺乏判斷力，是「無行為能力人」，應由父母或監護人代替他作各種法律行為，才具法律效力。另外，受到監護宣告的人，也因為無法做出正確的判斷，所以，也是「無行為能力人」，應該由法定代理人替他做各種法律行為。

（五）限制行為能力人

至於，7到18歲的青少年，有點成熟但又不太成熟，屬於「限制行為能力人」，可以從事簡單的法律行為，但是，大部分的行為仍然有限制。

國中生屬於滿7歲而未滿18歲的限制行為能力人，所做的法律行為，原則上必須經過父母親（或監護人）事先允許或事後承認，才具有效力。例如：國中生想買一部機車，必須先得到父母的同意，此一購買行為才有效。如果沒有得到父母的事前同意，那個買賣並不是當然無效，而是效力未定。機車行老闆可以催告父母是否要事後承認這筆交易，如果不承認，這個交易就無效。

能力區分

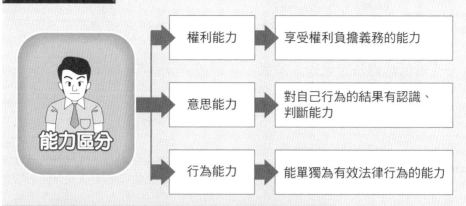

能力區分

權利能力 → 享受權利負擔義務的能力

意思能力 → 對自己行為的結果有認識、判斷能力

行為能力 → 能單獨為有效法律行為的能力

民法、刑法及公法上未成年人的界定

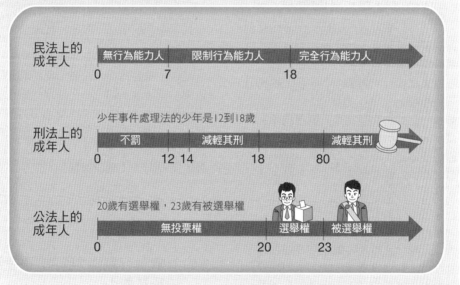

民法上的成年人

無行為能力人　限制行為能力人　完全行為能力人

0　　　7　　　　　18

刑法上的成年人

少年事件處理法的少年是12到18歲

不罰　　減輕其刑　　　減輕其刑

0　　12 14　　18　　80

公法上的成年人

20歲有選舉權，23歲有被選舉權

無投票權　　選舉權　被選舉權

0　　　　　20　23

★無行為能力人與限制行為能力人

知識補充站

19歲已婚的甲，贈送電動機器人給鄰居6歲的乙，由乙的父親代為接受並表達謝意。後來，乙用該玩具和鄰居7歲之丙的漫畫書互易。

解答：

❶19歲之甲，有完全行為能力，其贈送電動機器人玩具給6歲的乙。乙未滿7歲，為無行為能力人，需由法定代理人代為並受意思表示（§76）。本題中乙乃由父親代受玩具之贈與並非表達謝意，故雙方乃有效成立該贈與契約，並移轉玩具所有權。

❷乙將玩具與丙之漫畫互易，乙為無行為能力人，7歲丙為限制行為能力人，由於此行為並沒有由乙父代為並代受意思表示，故此法律行為無效。

UNIT 1-12
限制行為能力人

（一）事前需得法定代理人同意

第77條：「限制行為能力人為意思表示及受意思表示，應得法定代理人之允許。」所以，限制行為能力人，在為法律行為前，應事先得到法定代理人同意。例如：父母親給小孩自由使用的零用錢或紅包，同意小朋友可以拿去繳納學雜費、旅遊活動費用等。

（二）不必得到允許的行為

限制行為能力人，對日常生活已有相當的經驗和知識，因此民法規定下列生活日常瑣事，未成年人不必在事前一一取得父母親（或監護人）同意，也算有效（§77）。

❶若所做的法律行為是「純獲法律上利益」，例如：領取獎學金。

❷依據年齡及身分，是日常生活所必需者，例如：購買文具及日常生活用品、搭公車、看電影等。

①特定行為的允許

第84條：「法定代理人允許限制行為能力人處分之財產，限制行為能力人，就該財產有處分之能力。」例如法定代理人允許限制能力人使用某筆款項進行環島旅行，限制行為能力人即得處分該筆款項於購買車票、租車、住宿等。

第85條：「法定代理人允許限制行為能力人獨立營業者，限制行為能力人，關於其營業，有行為能力。」「限制行為能力人，就其營業有不勝任之情形時，法定代理人得將其允許撤銷或限制之。但不得對抗善意第三人。」此處所為的獨立營業，包括父母同意未成年人出外打工或工作，故包括租屋、進貨、銷售、雇用店員，以及受雇於他人等行為。

②未得同意之行為效力未定

第78條：「限制行為能力人未得法定代理人之允許，所為之單獨行為，無效。」若非單獨行為，而是契約行為，則「效力未定」。第79條：「限制行為能力人未得法定代理人之允許，所訂立之契約，須經法定代理人之承認，始生效力。」

（三）相對人催告

和限制行為能力人訂定契約的「相對人」，在法定代理人尚未「承認」這個契約之前，可以定1個月以上的期限，「催告」法定代理人快點回覆到底是不是要承認這個契約。如果法定代理人在這個期限內，沒有回覆說要承認契約的話，便「視為」拒絕承認。一旦拒絕承認，則該契約就不生效力（§80）。另外，第82條：「限制行為能力人所訂立之契約，未經承認前，相對人得撤回之。但訂立契約時，知其未得有允許者，不在此限。」

（四）限制行為能力人取得完全行為能力

第81條第1項：「限制行為能力人於限制原因消滅後，承認其所訂立之契約者，其承認與法定代理人之承認，有同一效力。」如果限制行為能力人的限制原因消滅，例如：未成年人因結婚而獲得完全行為能力，在這種情形下，他的承認和法定代理人的承認，就會具有同樣的效力。

限制行為能力人

限制行為能力人（滿七歲之未成年人）

- 法定代理→有效
- 自為意思表示
  - 得獨立為之
    - 純獲法律上利益（§77但）
    - 日常生活所必需（§77但）
  - 法定代理人允許
    - 個別（§77）
    - 限定
      ❶財產處分（§84）
      ❷獨立營業（§85）
  - 未得法定代理人允許
    - 單獨行為（§78）：無效
    - 契約（§79）：效力未定
    - 承認：生效（§79～§81）
    - 撤回：不生效力（§82）
    - 詐術行為（§83）：強制有效

未成年人進行交易是否有效？

未得到同意

甲（未成年人）　←　乙（法定代理人）

買賣機車

交易相對人

丙（機車行老闆）

看法定代理人是否承認，可催告法定代理人快點承認，等不下去了，也可以撤回。

倘若未成年人沒有得到法定代理人的同意，是不可以進行大金額的交易。假設未成年人甲私自購買一台機車，該筆交易效力未定，必須得到法定代理人乙事後的承認，買賣契約才生效。這時候交易相對人機車行老闆丙，可以催告法定代理人乙是否承諾。機車行老闆丙若等不下去，也可以主動撤回。

UNIT 1-13
受監護宣告

圖解民法

(一)受監護宣告之人的監護制度

對於因精神障礙或其他心智缺陷，導致不能做意思表示或受意思表示，或不能辨識其意思表示的效果，法院可以因本人、配偶、四親等內的親屬、最近1年有同居事實的其他親屬、檢察官、主管機關、社會福利機構、輔助人、意定監護受任人或其他利害關係人的聲請，作監護的宣告（§14 I）。

受監護宣告的人為「無行為能力人」（§15），須設置監護人，作為受監護宣告人的法定代理人，代替受監護宣告人做出意思表示，並代受意思表示（§76）。無行為能力人所為的法律行為（意思表示），一律無效，就算其精神暫時清醒過來，從事的法律行為仍然無效。

例如：某甲因為精神病而受監護宣告，但偶爾也有清醒的時候，其在清醒期間，以自己的電腦和隔壁鄰居的機車「互易」，並同時履行。雖然某甲在清醒期間進行交易，但此行為仍然無效。雙方應互相返還物品給對方。

(二)監護人的順序和選定

法院為監護之宣告時，應依職權就配偶、四親等內之親屬、最近1年有同居事實之其他親屬、主管機關、社會福利機構或其他適當之人選定1人或數人為監護人，並同時指定會同開具財產清冊之人。

法院在作選定及指定前，可以命令主管機關或社會福利機構進行訪視，提出調查報告及建議。監護之聲請人或利害關係人同樣也可以提出相關資料或證據，來供法院斟酌決定。

實例：30歲的A因為車禍，而成為植物人，沒有意識能力，經法院為監護宣告，A的母親B，和配偶C都想擔任監護人，這時法院要依職權，選定監護人。定監護人並無優先順序，法院應該在A的配偶、四等親內的親屬、最近1年內有同居事實的其他親屬、主管機關、社會福利機構，或其他適當的人中選定一人或數人，來做A的監護人，並同時指定會同開具財產清冊的人。

(三)監護職務的執行

監護人在執行監護職務的時候，有關受監護人之生活、護養療治及財產管理這些事項，應該要尊重受監護人本身的意思，並且考量受監護人的身心狀態與生活狀況（§1112）。

實例：A罹患罕見疾病，在神智還清楚時，交代家人當他病情惡化的時候，將他送入養護中心療養，後來A成為植物人，法院為監護宣告，並選任A的姊姊B擔任監護人。B執行職務的時候，如何照顧A也是個重要工作，除了要符合A的身體需求之外，也要尊重A的意願，因此B應該要尋找合適的養護中心，來照護A。

受監護宣告人為無行為能力

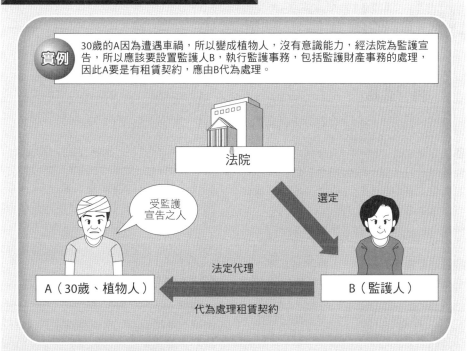

實例 30歲的A因為遭遇車禍，所以變成植物人，沒有意識能力，經法院為監護宣告，所以應該要設置監護人B，執行監護事務，包括監護財產事務的處理，因此A要是有租賃契約，應由B代為處理。

法院

選定

受監護宣告之人

A（30歲、植物人）

B（監護人）

法定代理

代為處理租賃契約

監護職務的執行

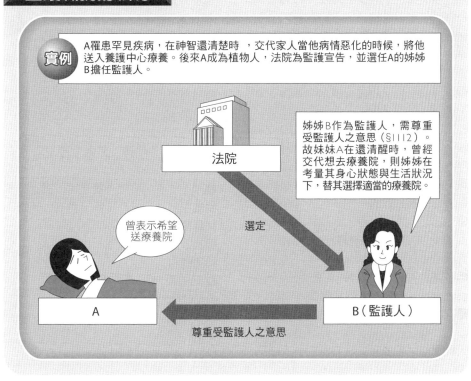

實例 A罹患罕見疾病，在神智還清楚時，交代家人當他病情惡化的時候，將他送入養護中心療養。後來A成為植物人，法院為監護宣告，並選任A的姊姊B擔任監護人。

法院

姊姊B作為監護人，需尊重受監護人之意思（§1112）。故妹妹A在還清醒時，曾經交代想去療養院，則姊姊在考量其身心狀態與生活狀況下，替其選擇適當的療養院。

曾表示希望送療養院

選定

A

B（監護人）

尊重受監護人之意思

UNIT 1-14
監護宣告與輔助宣告

（一）受監護宣告人的監護人的權利義務

監護人是受監護人的法定代理人，並有下列權利義務（§1098）：

❶監護開始時，應會同遺囑指定、當地直轄市、縣（市）政府指派或法院指定的人選，在2個月內開具受監護人財產的「財產清冊」，並陳報法院。

❷應盡善良管理人的注意義務，執行監護職務。

❸對於受監護人的財產，除非是為了受監護人的利益，不然不可以使用、代為或同意處分。非經法院許可，下列行為不生效力：①代理受監護人購置或處分不動產；②代理受監護人，就供居住的建築物，或基地出租、供他人使用或終止租賃；③不能以受監護人的財產來投資。但可以購買公債、國庫券、中央銀行儲蓄券、金融債券、可轉讓定期存單、金融機構承兌匯票或保證商業本票。

❹監護人不可受讓受監護人的財產：由於監護人管理受監護人的財產，在執行監護職務時，一些必要的費用就由受監護人的財產來支出。法院在必要時，可以命令監護人提出監護事務的報告、財產清冊或結算書，來檢查監護事務或受監護人的財產狀況。

❺在執行監護職務時，因故意或過失，而使受監護人受到損害，應負賠償之責。

❻監護人可以請求報酬，由法院按勞力及受監護人的資力來酌定數額。

❼在執行有關受監護人的生活、護養療治及財產管理之職務時，應尊重受監護人的意思，並考量其身心狀態與生活狀況。

（二）輔助宣告

對於精神障礙或其他心智缺陷程度沒那麼嚴重，但其為意思表示或受意思表示，或辨識其意思表示效果之能力，顯有不足者，法律另設一個等級，稱為「輔助宣告」。法院可以因本人、配偶、四親等內的親屬、最近1年有同居事實的其他親屬、檢察官、主管機關或社會福利機構的聲請，為「輔助宣告」。

（三）輔助宣告後的法律效力

自然人如受法院為輔助的宣告，依法應置「輔助人」。在純獲法律上利益或依其年齡及身分、日常生活所必需的部分，受輔助宣告人對這些行為有完全行為能力。但涉及利益較大的情況，也就是受輔助宣告的人為下列行為時，應經「輔助人」同意（§15-2Ⅰ）：

❶為獨資、合夥營業或為法人的負責人。

❷為消費借貸、消費寄託、保證、贈與或信託。

❸為訴訟行為。

❹為和解、調解、調處或簽訂仲裁契約。

❺為不動產、船舶、航空器、汽車或其他重要財產的處分、設定負擔、買賣、租賃或借貸。

❻為遺產分割、遺贈、拋棄繼承或其他相關權利。

❼其他依民法「聲請權人」或「輔助人」的聲請，所指定的其他行為。

受輔助宣告

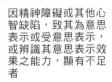

因精神障礙或其他心智缺陷，致其為意思表示或受意思表示，或辨識其意思表示效果之能力，顯有不足者

法院

本人、配偶、四親等內之親屬、最近 1 年有同居事實之其他親屬、檢察官、主管機關或社會福利機構

選定

受輔助宣告人

聲請人

輔助人

受輔助宣告人法律行為的撤銷

受輔助宣告人A向汽車行買汽車，汽車行同意出賣，但是受輔助宣告人A的監護人B根本就不知有買賣汽車的這件事。此時，準用限制行為能力人之規定，此買賣「效力未定」，須看B是否願意承認，倘若B不願意承認，此買賣行為無效。

Ⓐ

受輔助宣告人

買賣

（效力未定）

汽車行

受輔助宣告之人，原則上準用「限制行為能力人」的規定處理（§15-2 Ⅱ）。

我不知道……

Ⓑ

輔助人

UNIT 1-15 人格權

（一）權利能力、行為能力、自由不得拋棄

民法以人為本位，以人之尊嚴為其倫理基礎。人格的保護為民法的首要任務。人格包括能力、自由及人格關係。故民法第16條規定：「權利能力及行為能力，不得拋棄。」第17條規定：「自由不得拋棄。自由之限制，以不背於公共秩序或善良風俗者為限。」

（二）人格權之保護

除了上述權利能力等不得拋棄外，民法還是特別規定人格權之保護。民法第18條：「人格權受侵害時，得請求法院除去其侵害；有受侵害之虞時，得請求防止之。」「前項情形，以法律有特別規定者為限，得請求損害賠償或慰撫金。」此處的人格權，為「一般人格權」，只關於人之存在價值及尊嚴的權利。一般人格權，若經個別法條的具體化，可形成「特別人格權」，包括姓名（§19）、生命（§194）、身體、健康、名譽、自由（§195）。一般人格權與特別人格權的差別，在於一般人格權受侵害時，只能請求法院除去其侵害；但特別人格權受侵害時，法律有特別規定，故可以請求損害賠償或慰撫金。

例如：甲女為高中公民老師。某日在家中穿泳裝做日光浴，被隔壁鄰居乙偷拍，並刊登於雜誌上。甲女的人格權（隱私權、肖像權）受到侵害，可依據第18條第1項，請求乙廢棄底片，及回收雜誌。倘若乙還想要再版雜誌，甲得請求中止之。

（三）侵害人格權之不法性

人格權的保護範圍有不確定性，有的時候我們會傷害他人人格，卻是社會允許的，故侵害人格是否具有「不法性」，採法益衡量原則，就受侵害的人格法益、加害人的權利及社會公益，依比例原則而為判斷。例如：甲與乙參加議員選舉，競爭激烈。乙散發傳單，內載甲虐待其妻經裁判離婚的判決書全文，以及逃漏所得稅的資料。甲認為此傳單侵害其人格權（名譽及隱私），但在選舉期間，民眾對候選人有「知」的權利，參與政治活動人物，須接受較公開的批評及暴露，故在利益衡量性，認為此對甲的人格未構成「不法」的侵害。

（四）姓名權之保護

民法第19條：「姓名權受侵害者，得請求法院除去其侵害，並得請求損害賠償。」姓名權的侵害，指侵害他人使用姓名的權利，其主要情形有：

❶干涉他人自己決定姓名，如強迫名歌星變更其藝名。

❷盜用他人姓名，及擅以他人名義而為某種活動，如自稱為某人之子而推銷物品。

❸冒用他人姓名，例如：夫的情婦與夫同宿旅館，而於名簿填寫妻名。

❹對他人姓名權的不當使用，如以他人的姓名稱家中飼養的寵物、以某名女子姓名作為應召站名稱、將他人姓名為不當的發音。

人格權的保護

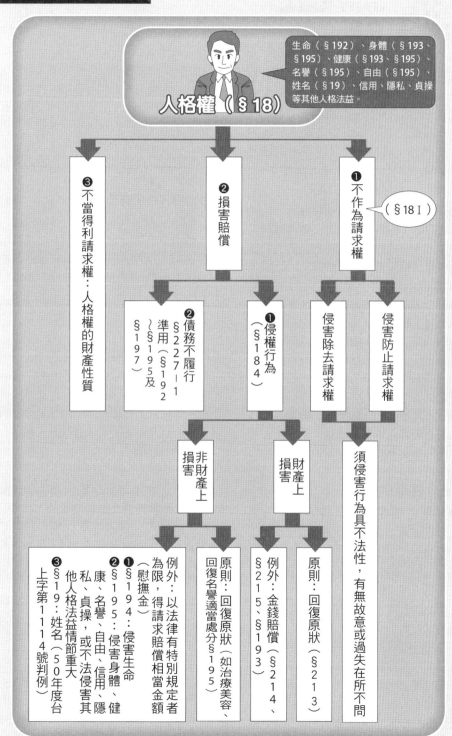

人格權（§18）

生命（§192）、身體（§193、§195）、健康（§193、§195）、名譽（§195）、自由（§195）、姓名（§19）、信用、隱私、貞操等其他人格法益。

❸ 不當得利請求權：人格權的財產性質

❷ 損害賠償

❷ 債務不履行§227-1準用（§192～§195及§197）

❶ 侵權行為（§184）

❶ 不作為請求權 （§18 I）

侵害除去請求權

侵害防止請求權

非財產上損害

財產上損害

須侵害行為具不法性，有無故意或過失在所不問

❸ §19：姓名（50年度台上字第1114號判例）

❷ §195：侵害身體、健康、名譽、自由、信用、隱私、貞操，或不法侵害其他人格法益情節重大

❶ §194：侵害生命

例外：以法律有特別規定者為限，得請求賠償相當金額（慰撫金）

原則：回復原狀（如治療美容、回復名譽適當處分§195）

例外：金錢賠償（§214、§215、§193）

原則：回復原狀（§213）

UNIT *1-16*
住所

（一）住所是法律上生活的中心

所謂的「住所」，就是依一定的事實，是以永久居住在一個地方的意思，住在那個地方，那個地方就是那個人的住所，一個人不能同時有兩個住所（§20）。

（二）住所的法律效果

法律賦予住所種種效力，使得權利主體本人、法律行為的相對人、第三人以及機關法院，可以有所依據，因此住所的設定，在法律上發生重大的效果：❶關於民法的有決定失蹤和債務清償地的準據；❷決定行使或保全票據上權利所應行為的處所；❸關於訴訟法的有決定法定土地管轄的標準，以及訴訟書狀的送達處所；❹關於國際私法的有決定無國籍人外國法人和監護關係所適用的法律和要約人行為的標準；❺關於國籍法的有外國人或是無國籍人的歸化，都以住所為主要的條件。

（三）住所的種類

❶**住所依照成立的準據，可以分為「意定住所」與「法定住所」二種：**

①意定住所：以當事人的意思所設定的住所，一般來說住所都是意定住所，又稱為「任意住所」。

②法定住所：法律所規定的住所，主要可以分為：

🅐無行為能力人及限制行為能力人的住所：受監護宣告的人以及未成年人，都欠缺健全的意思能力，也就是欠缺設定住所的主觀要件，而且通常都會跟法定代理人同住，因此無行為能力人與限制行為能力人，以法定代理人的住所作為住所。

🅑夫妻的住所：以夫妻當事人共同的意思，也就是夫妻雙方協議好所設定的住所，在性質上是意定住所的一種；但如果雙方沒有作協議，或是協議不成的時候，可以聲請法院來決定，這時法院所定的住所及法律推定住所，宜解釋成是法定住所的一種。

❷**自然人住所與法人住所**

自然人有住所，法人為權利主體，自然也有住所。法人的住所由法律直接規定，以法人主事務所的所在地作為住所，公司法也明定，公司以本公司所在地為住所，屬於「法定住所」（§29）。

（四）居所視為住所

「居所」就是因為某種目的，而暫時居住的處所，例如：在外求學而住宿、在他地工作而暫居、因患病而住院治療、被判處徒刑而入監執行，跟「住所」的區別就在於有沒有「久住的意思」。

居所的作用主要在於代替住所，也就是在某種情況下擬制為住所，以補充住所的效力，性質上是一種「擬制住所」，遇有下列情形之一時，就居所視為住所（§22）：

❶**住所不可考**

包括在我國及國外均無住所，以及雖然有住所，但不明住所的所在的這二種情況在內。

❷**在我國無住所**

這是指在國外有住所，但在我國沒有住所的情形，這時就以在我國的居所充當作住所，可是若是依法律規定須要依「住所地法」來決定的，就不能以「居所地法」來代替。

選定居所

當事人為了特定行為選定的居所，稱為「選定居所」。

實例 商人A的住所在台北市，但在高雄市經商，就A在高雄市的商業行為，以高雄市的選定居所視為住所，這時，選定居所在法律上擬制為住所，發生住所的效力（§23）。

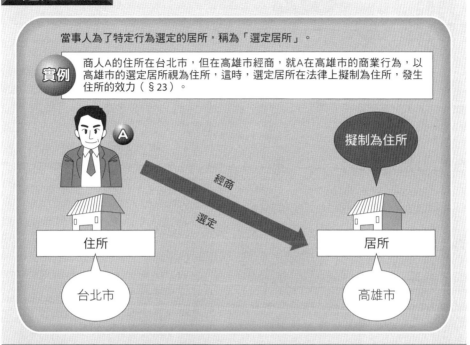

夫妻住所與法律效力

實例 甲與乙結婚，居住於彰化，並共同辦理戶籍登記。以彰化為夫妻之住所。後來二人共同商議，決定長久居住於桃園大溪，並已辦理戶籍登記，係設定夫妻之住所於該地。後來甲欲納妾，夫妻雖然互負同居義務，但此已構成乙不能同居之正當理由。乙回彰化娘家，雖有居住之意思，且有居住之事實，但此僅為乙之居所，其住所地仍然在桃園大溪。乙想提起離婚之訴，依據家事事件法第52條規定，離婚之訴，專屬夫妻之住所地之法院管轄，故乙應於桃園地方法院提出離婚之訴。

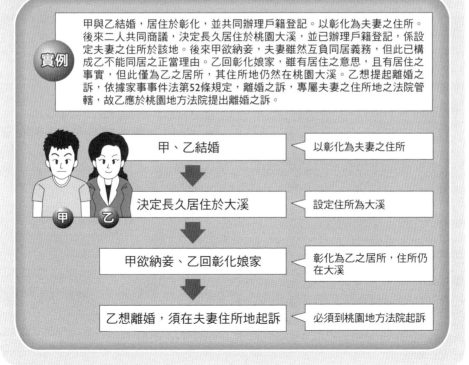

UNIT **1-17**
法人（一）

圖解民法

民法創設以「公益」為目的的「社團法人」和「財團法人」，並承認它們有權利能力，但是這並不意味著它們的權利能力和「自然人」相同。

（一）什麼是法人？

「法人」是「自然人」以外，由法律所創設，可以做權利和義務主體的團體。法人可分為：

❶社團法人

為人的組織體，組成基礎在於社員，沒有社員就沒有社團法人，詳細來說，社團就是結合社員的組織，社團本身和他所組成的人員，彼此間保持其獨立的主體性，例如：農會、工會、商會、同業公會等都包括在裡面。

❷財團法人

就是財產的集合體，它的成立基礎是財產，也可以說，財團是集合財產的組織，為達到一定的目的而加以管理使用，財團必須設立管理人依照捐助章程，忠實的來管理財產。例如：寺廟、慈善機關、慈善醫院、基金會、青年會等均包括在裡面。

（二）社團法人與財團法人的區別

這二者間有很多實質上的差異，主要有：

❶設立社團法人需要有數人的共同行為，但財團法人可由一人單獨捐助設立。

❷社團法人除了以公益為目的而設立的以外，為其他目的設立的話就無須得到許可（§46）；財團法人性質上就是公益法人，在設立前應得到主管機關的許可（§59）。

❸社團法人有社員總會，性質上屬於自律法人；財團法人既沒有社員也沒有總會，性質上屬於他律法人。

❹社團法人的組織富有彈性，可以由社員總會決議，來變更組織跟章程；財團法人則比較固定，組織或管理方法不完備的話，只能聲請法院作必要的處分（§62，§63）。

❺社團法人可以隨時由社員決議解散（§57）；財團則只能在目的不能達成時，由主管機關宣告解散（§65）。

例如：①民主進步黨屬於社團法人，依據人民團體法成立；②京華城百貨公司屬於社團法人，依據公司法成立；③第一商業銀行屬於社團法人，依據銀行法成立；④海峽交流基金會屬於財團法人，屬公益法人；⑤北港朝天宮為民間寺廟，政府宣導登記成為財團法人，屬於公益法人；⑥洪健全教育文化基金會屬於財團法人；⑦長庚紀念醫院，醫院雖然有營利，但目前多以財團法人方式登記；⑧文化大學屬於私人設立，乃根據私立學校法成立之學校法人。

（三）社團法人和財團法人的設立

法人非依民法或其他法律的規定不得成立（§25）。社團法人和財團法人的設立應得主管機關的許可，需要：

❶社團法人

應訂立社團的章程。

❷財團法人

應訂立捐助章程，其中應該訂明法人的目的和所捐助的財產，但是以遺囑捐助成立的，就不必訂立。

法人分類

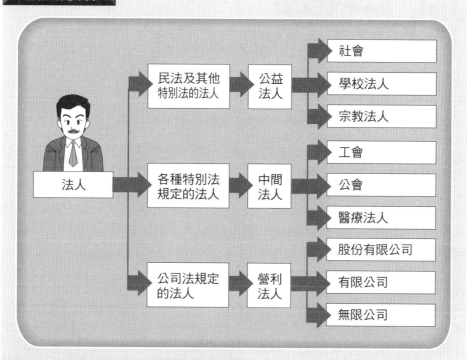

社團法人與財團法人比較

	社團法人	財團法人
成立基礎	人：社員（包括自然人、法人）	財產
設立行為	二人以上的共同行為	單獨行為、遺囑
種類	營利社團、公益社團	公益社團
設立依據	❶營利社團依特別法 ❷公益社團應經主管機關核准	應得主管機關核准
組織	❶社員總會 ❷董事 ❸監察人	❶董事 ❷監察人
消滅（解散）	❶一般事由 ❷特別事由	❶一般事由 ❷特別事由
定性	自律法人	他律法人

UNIT *1-18*
法人（二）

圖解民法

（四）法人的能力

❶享受權利和負擔義務的能力

　　法人在法令限制內，有享受權利和負擔義務之能力，但專屬於自然人的權利義務，也就是自然人「身分」上的權利義務，例如：親屬法上的親權、扶養義務，則法人無法享有。因為法人是由法律創設的人，沒有像自然人有親屬的身分關係，就當然不能享有（§26）。

❷行為能力

　　由法人的機關代表行使。

❸侵權行為能力

　　法人對於董事或其他有代表權的人，因為執行法人的職務所加於他人的損害，和行為人連帶要對受損害的人負損害賠償的責任（§28）。

　　例如：甲公司與乙公司皆經營進口牛肉，競爭激烈。甲公司董事A散布不實消息，偽稱乙公司自澳洲進口的牛肉混有袋鼠肉，導致乙公司商譽受損，減少營業收入甚鉅。此時，乙公司是法人，有權利能力，享有商譽及信用權等人格法益。因受甲公司董事A的不法侵害，得請求法院除去其侵害，有受侵害之虞時，得請求防止之（§18）。此外，乙公司得依民法第28條，請求甲公司與A負連帶損害賠償責任，並得請求回復名譽的適當處分，如登報道歉（§195 I）。

（五）法人的機關

　　所謂法人的機關，就是自然人，因為法人不能自己行使權利，須要由自然人代表行使。社團應有的機關為董事及社員總會，財團應有的機關為董事，而社團及財團得設置監察人。

❶董事

　　就法人一切事務，對外代表法人，董事有數人時，法人事務的執行，除了章程另有規定外，要全體董事過半數的同意。法人對於董事代表權的限制，不可以對抗善意第三人。

❷監察人

　　監察法人事務的執行，有數人的時候，除了章程有規定外，各監察人都可以單獨行使監察權。

（六）法人的解散

　　法人的解散會使得法人人格因此而消滅，法人不再存在，也就和自然人的死亡相同。原因如下：

❶撤銷許可

　　公益法人的設立，是採取許可制度，所以若法人違反許可條件，主管機關可以撤銷它的許可。

❷宣告破產

　　要是法人的財產不能清償債務，而無法繼續運作，可以經董事向法院聲請破產。

❸宣告解散

　　法人的目的或是它的行為，有違反法律、公共秩序、善良風俗的情事，法院得因主管機關、檢察官或是利害關係人的請求，宣告解散。

❹聲請解散

　　①社團法人：事務無從依照章程所定進行時，法院得因主管機關、檢察官或利害關係人的聲請解散。

　　②財團法人：因為情事變更使目的不能達成時，主管機關得斟酌捐助人的意思變更目的或解散。

私法人的民事責任

<table>
<tr><td rowspan="3">契約</td><td>給付義務</td><td>主給付義務、從給付義務、附隨義務</td></tr>
<tr><td>債務不履行</td><td>給付不能、給付遲延、不完全給付</td></tr>
<tr><td rowspan="2">歸責事由</td><td>董事或其他有代表權之人（機關）的故意或過失，即為法人之故意或過失</td></tr>
<tr><td>不具機關地位使用人之故意或過失，法人應與自己之故意過失負同一責任，但當事人另有約定者不在此限（§224）</td></tr>
<tr><td rowspan="2">侵權</td><td>機關行為</td><td>❶法律基礎：第28條
❷性質：法人自己責任
❸要件：
　①行為人須為董事或其他有代表權人
　②須因執行職務
　③須具備一般侵權行為之要件
❹不得舉證免責
❺賠償損害後得依關於委任規定，對行為人求償</td></tr>
<tr><td>受僱人行為</td><td>❶法律基礎：第188條
❷性質：法人對他人行為負責
❸要件：
　①行為人須為受僱人（非董事或其他有代表權之人）
　②須因執行職務
　③須具備一般侵權行為之要件
❹得舉證免責；負衡平責任（§188Ⅰ但書、§188Ⅱ）
❺賠償損害後得對行為人有求償權（§188Ⅲ）</td></tr>
</table>

社團法人的機關

財團法人的機關

UNIT **1-19**
物（一）

圖解民法

（一）物的意義

法律上之物為一種社會觀念，可因時因地而有不同，但須具以下要件：

❶須在人力所能及之範圍

如日月星辰雖其不失為物理上之物，但非人力所能及，仍不能謂為法律上之物。然其範圍隨科技發達，日漸擴張，自然力若能由人力支配，亦得成為「物」而為權利義務之客體，例如：電力。

❷須足供吾人所需

凡能為權利義務之客體者，必能滿足吾人生活之需要也，否則不構成法律上之物。

❸須為獨立之物體

須為獨立之個體，非物之成分。惟原物解體後，其成分倘能獨立為一體，而足供吾人生活之需要者，亦仍為權利義務之客體，例如：房屋拆毀之木料、磚瓦。

❹須為外界之一部，非屬於人身

即指不能以人之身體或其部分為物權之客體而言，否則即視人為奴隸。但是屍體於符合公序良俗或法律許可要件下，得為法律關係之客體，其繼承人對之僅具依習俗祭拜、埋葬、焚化等之權利義務；若以身體之一部分分割而為處分之標的，倘不違背公序良俗，亦可成立契約，即得為「物」。例如：已剪下之胎毛，即得為交易客體。

（二）學理上物之分類

❶融通物與不融物

此係以物之能否為私權客體而為區分。凡得為私權之客體，並得為交易之標的者，謂之「融通物」，如一般之物；凡不得為交易之客體者，稱「不融通物」，如公有物、公用物、違建之於原則上不得為「融通物」。

❷代替物與不代替物

此係以物之能否以他物替代交易為標準而為區分。凡得以同種類之他物代替之物，稱為「代替物」，例如：柴、米、油、鹽；凡不得以同種類之他物代替者，稱為「不代替物」，例如：犬、牛、羊等。

❸可分物與不分物

此係以物之得否分割為標準而為區分。凡不須變更其原來之性質或減少其價值，而仍得將物分割者，稱為「可分物」，例如：土地；凡一經分割，即變更其性質，並減少其價值者，稱為「不可分物」，例如：房屋、汽車等。

❹特定物與不特定物

此係以物之是否得依主觀之意思具體指定為標準而為區分。凡於交易時，依當事人之意思或他事實而具體指定之物，稱「特定物」，如交易中指定購買某一物件是；凡於交易時，僅以品質、種類、數量……抽象指定之物，則為「不特定物」，如指名購米一包之未具體確定某一包者。

❺消費物與不消費物

此係以物之是否因使用而消滅為標準而為區分。凡依通常方法，使用一次即行消滅而不得再重行使用者，稱「消費物」，例如：米、燃料；凡依通常使用方法，用後仍不失其形體者，則為「不消費物」，例如：汽車、書本、餐具。

物的意義

要件	意義	舉例
須在人力所能及之範圍	如日月星辰雖其不失為物理上之物，但非人力所能及，仍不能謂為法律上之物。然其範圍隨科技發達，日漸擴張，自然力若能由人力支配，亦得成為「物」而為權利義務之客體。	電力
須足供吾人所需	凡能為權利義務之客體者，必能滿足吾人生活之需要也，否則不構成法律上之物。	一滴之酒、一粒之米，雖不失為物理上之物，然以其不能滿足吾人生活需要。
須為獨立之物體	須為獨立之個體，非物之成分。惟原物解體後，其成分倘能獨立為一體，而足供吾人生活之需要者，亦仍為權利義務之客體。	房屋拆毀之木料、磚瓦是，倘尚足為吾人經濟上之所需者，亦可為物。
須為外界之一部，非屬於人身	即指不能以人之身體或其部分為物權之客體而言，否則即視人為奴隸。但是屍體於符合公序良俗或法律許可要件下，得為法律關係之客體，其繼承人對之僅具依習俗祭拜、埋葬、焚化等之權利義務；若以身體之一部分割而為處分之標的，倘不違背公序良俗，亦可成立契約，即得為「物」。	已剪下之胎毛，即得為交易客體。

物之區分

❶融通物與不融物：此係以物之能否為私權客體而為區分

融通物	凡得為私權之客體，並得為交易之標的者，如一般之物
不融通物	凡不得為交易之客體者，如公有物、公用物、違建之於原則上不得為「融通物」

❷代替物與不代替物：此係以物之能否以他物替代交易為標準而為區分

代替物	凡得以同種類之他物代替之物，如柴、米、油、鹽
不代替物	凡不得以同種類之他物代替者，如犬、牛、羊等

❸可分物與不分物：此係以物之得否分割為標準而為區分

可分物	凡不須變更其原來之性質或減少其價值，而仍得將物分割者，如土地
不可分物	凡一經分割，即變更其性質，並減少其價值者，如房屋、汽車等

❹特定物與不特定物：此係以物之是否得依主觀之意思具體指定為標準而為區分

特定物	凡於交易時，依當事人之意思或他事實而具體指定之物，如交易中指定購買某一物件
不特定物	凡於交易時，僅以品質、種類、數量……抽象指定之物，如指名購米一包之未具體確定某一包者

❺消費物與不消費物：此係以物之是否因使用而消滅為標準而為區分

消費物	凡依通常方法，使用一次即行消滅而不得再重行使用者，如米、燃料
不消費物	凡依通常使用方法，用後仍不失其形體者，如汽車、書本、餐具

UNIT 1-20
物（二）

圖解民法

（一）不動產與動產

　　物可以分為「動產」及「不動產」。民法第66條：「稱不動產者，謂土地及其定著物。」「不動產之出產物，尚未分離者，為該不動產之部分。」所謂不動產，乃指固「定」，且附「著」於土地之物，例如：已完工的房屋。第67條：「稱動產者，為前條所稱不動產以外之物。」例如：臨時搭設的廟會戲臺，可隨時移動，就是動產。花草樹木、圍牆等與土地密切不可分離的，乃不動產的成分。

　　實務上具有爭議的，是未完工的房屋。最高法院認為，屋頂尚未完全完工的房屋，其足以避風雨，而達經濟上使用之目的的，為定著物。其未構成定著物的未完工房屋（尚不足以避風雨），係屬動產，而非土地的成分。另外，大法官釋字第93號解釋：「輕便軌道，除係臨時敷設者外，凡繼續附著於土地而達其一定經濟上之目的者，應認為不動產。」

　　例如：甲在A筆及B筆土地上蓋小型漫畫圖書館，藏書一千冊，書架八個，電腦二部。庭院植樹二棵。此時，甲有A、B二筆土地，而圖書館本身為定著物，也是不動產，故甲共有三個不動產。至於漫畫書一千冊，為一千個動產、八個書架、二部電腦，均為動產。庭院中的大樹二棵，而為土地的成分。

（二）主物及從物

　　物，可分為主物及從物。民法第68條第1項規定：「非主物之成分，常助主物之效用，而同屬於一人者，為從物。但交易上有特別習慣者，依其習慣。」

從物的要件有四：❶非主物的成分；❷須常助主物的效用；❸須與主物同屬一人；❹須交易上無特別習慣。例如：車庫屬於房屋的從物、書架屬於圖書館的從物、燈罩屬於燈臺的從物、眼鏡盒屬於眼鏡的從物等。

　　第68條第2項：「主物之處分，及於從物。」因為某物既然常助他物的效用，如果分屬二人，勢必減其效用，對社會經濟不利。所謂的「處分」，包括交易上的契約（債權行為），以及轉讓所有權的行為（物權行為）。例如：遙控機屬於電視機的從物，買賣電視機時，雖然沒有特別約定是否包括遙控器，但應及於遙控器。另外，工廠中的機器生財，如與工廠一人，則為工廠的從物。若以工廠設定抵押權，除有特別約定外，其抵押權的效力，當然及於工廠內的機器。

（三）天然孳息與法定孳息

　　第69條：「稱天然孳息者，謂果實、動物之產物，及其他依物之用法所收穫之出產物。」「稱法定孳息者，謂利息、租金及其他因法律關係所得之收益。」而孳息之歸屬，第70條：「有收取天然孳息權利之人，其權利存續期間內，取得與原物分離之孳息。」「有收取法定孳息權利之人，按其權利存續期間內之日數，取得其孳息。」

甲於梨山開闢土地，種植果樹，因年老體弱，乃將果樹出賣於乙。甲病故，其獨子丙在台北工作，不知其事，將農場出租於丁，交丁占有，租期十年，並辦理公證。租金每年五十萬元。丙於第二年第三個月，又將該地出售於戊，並移轉其所有權。

第1章 總則編

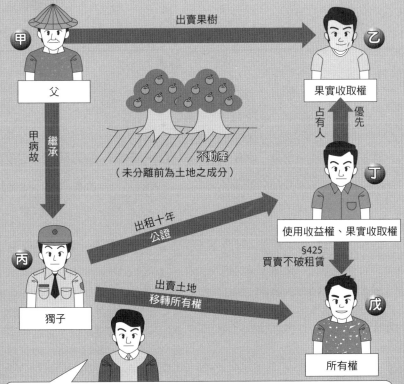

此例中，甲將果樹出賣給乙，但果樹在尚未與土地分離之前，並非獨立之財產，只屬於土地之成分（§66 II）。此處之買賣果樹，最高法院認為，僅對於果樹有收取孳息或砍伐之權利，但在未砍伐之前，並未取得該樹木所有權。故乙僅取得果實收取權，並未真正擁有該果樹之所有權。

甲病故之後，繼承人丙將農場出租於丁，丁因而取得租賃物使用收益之權利，也有果實收取權。此時發生收取權的順序問題，民法對此沒有規定，解釋上，應以占有原物的承租人優先，故丁對果實有收取權。

果樹尚未與土地分離者，為不動產之部分（§66 II），丙將土地出租於丁後，再將土地所有權讓售於戊，果樹雖仍為戊所有土地之部分，但依民法第425條第1項：「出租人於租賃物交付後，承租人占有中，縱將其所有權讓與三人，其租賃契約，對於受讓人仍繼續存在。」故丁對果實的收取權不受影響，倘戊擅自收取果實出售時，應構成債務不履行。此外，丁得依不當得利（§179），對戊請求返還其所受利益，或依侵權行為規定（§184）請求戊負損害賠償責任。

UNIT *1-21* 法律行為與意思表示

（一）法律行為

依據當事人之意思表示發生一定私法上法律效果之法律事實，是謂法律行為。也就是說，法律行為是以意思表示為要素，以發生私法上法律效果為目的之一種法律要件，即法律行為乃以欲發生私法上效果之意思表示為要素之一種適法的行為。

「法律行為」就是由於「意思表示」而發生、變更、消滅權利和義務的行為。例如：當事人間所做的物品的買賣、房屋的租賃、金錢的借貸、承攬契約的訂立、僱傭契約的訂立、物品的贈與等行為都是。

（二）違法行為

人的行為（有意識的行為）通常是法律關係發生的主要原因，大體上可分為適法行為和違法行為兩類。違法行為可發生公私法上的制裁效果，例如：侵權行為、債務不履行、行政法上的違法行為、犯罪行為。

（三）事實行為

事實行為乃未意識到法律效果，只事實上有所行動法律即予其效果，例如：無主物先占。

（四）表示行為

表示行為乃有意識到法律效果，可分為：

❶觀念通知

即表意人表示對事實之觀念，例如：承諾遲到之通知（§159）。

❷意思通知

即表意人雖非直接欲發生法律關係，但已意識到某種法律效果，因之為表示行為，作為效果發生之準備，例如：要約之拒絕（§155）。

❸情感表示

即表示情感之行為間，有能發生法律效果者，例如：通姦之宥恕（§1053）。

❹意思表示

即表意人意欲發生一定的法律效果，因之而表示其意思，僅此項屬於法律行為，其他則為準法律行為。

（五）法律行為的成立及生效要件

一個法律行為要「成立」的話，需要具備三大基本要件：當事人、意思表示、標的。但是這只是法律行為「成立」的要件，若要讓該法律行為「有效」，則其三基本要件，還必須滿足一些條件。

❶當事人

法律行為實質上就是權利主體的社會活動，所以假設缺少了主體，法律行為就無法成立。要讓法律行為有效，當事人需有行為能力。

❷意思表示

有了主體，也就是當事人之後，還需要有「意思表示」來充實法律行為的內容。想要進一步做成有效的法律行為，構成法律行為的意思表示，就必須是健全的。

❸標的

是法律行為的內容，例如：A、B之間有租賃契約，A將自己所有的房屋，出租給B居住，那麼這個租賃契約的標的就是A將房屋的使用收益權售予給B使用，以及B應該支付租金等。要讓法律行為有利，標的需可能、確定、適法、妥當。

圖解民法

法律行為的分類

違法行為		違法行為可發生公私法上的制裁效果，例如侵權行為、債務不履行、行政法上的違法行為、犯罪行為。
適法行為	事實行為	事實行為乃未意識到法律效果，只事實上有所行動法律即予其效果，例如無主物先占。
	表示行為	觀念通知：即表意人表示對事實之觀念，例如承諾遲到之通知（§159）。
		意思通知：即表意人雖非直接欲發生法律關係，但已意識到某種法律效果，因之為表示行為，作為效果發生之準備，例如要約之拒絕（§155）。
		情感表示：即表示情感之行為間，有能發生法律效果者，例如通姦之宥恕（§1053）。
		意思表示：即表意人意欲發生一定的法律效果，因之而表示其意思，僅此項屬於法律行為，其他則為準法律行為。

適法行為以發生私法上之權利義務關係為主

法律行為的要件

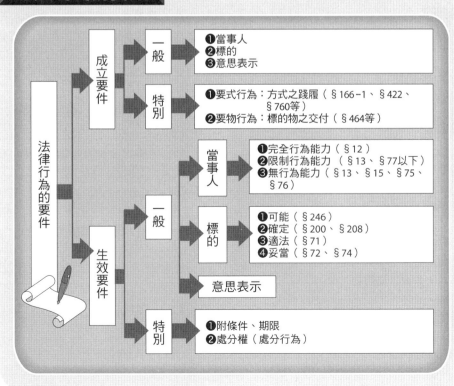

UNIT *1-22*
法律行為分類

圖解民法

法律行為依其構成的方式，可分為單獨行為或契約、債權行為或物權行為、要式行為與不要式行為、要物行為與不要物行為、有償行為與無償行為，以下分別予以敘述之。

（一）單獨行為、契約、合同行為

❶單獨行為

單獨行為，指由當事人一方的意思表示而成立的行為。單獨行為可分為有相對人的單獨行為，及無相對人的單獨行為。前者，例如：撤銷、解除契約、所有權拋棄（§764）、認領非婚生子女（§1065），於意思表示到達相對人時發生效力。後者如遺囑（§1065）、財產捐助設立財團（§60）。

❷契約

契約為法律行為的一種，因當事人互相意思表示一致而「成立」。所謂意思表示一致，先有一方當事人提出「要約」，他方當事人提出「承諾」，雙方意思表示一致，契約才能成立。

❸合同行為

合同行為（協同行為），與契約同樣屬於「多方契約」，但與契約不同的是，契約是由內容互異而相「對立」的意思表示的「合致」所構成。合同行為則是由同一內容的多數意思表示的合致而成立。屬於合同行為的，例如：社團的設立行為、社員總會決議（開除社員等），具有二點特徵：

①其意思表示不是向其他社員為之，而是向社團為之。

②決議係採多數決，對不同意的社員亦具有拘束力。

（二）債權行為或物權行為

債權行為乃發生債的關係為目的之法律行為，又稱為負擔行為，例如：買賣、租賃、拍賣等。物權行為乃發生物權直接變動為目的之法律行為，例如：依據買賣契約移轉占有買賣物、債務承擔、債務免除、債權讓與等。債權行為與物權行為可以同時存在，例如：向小販購買水果，其中即有一個債權行為（買賣契約），二個物權行為（移轉償金、水果所有權）。

（三）要式行為與不要式行為

要式行為乃意思表示依一定方式為之始能成立之法律行為，可分為：依法律規定的方式者，為法定要式行為，例如：結婚應有書面、2人以上之證人簽名，並向戶政機關登記；依當事人約定的方式者，為約定要式行為。不要式行為乃意思表示無須依一定方式為之者。

（四）要物行為與不要物行為

要物行為乃於意思表示之外，尚須有物之交付始能成立，例如：消費借貸與使用借貸。不要物行為乃僅意思表示即可成立者。

（五）有償行為與無償行為

有償行為乃當事人一方為財產上的給付而取得他方對待給付，通常具有交換利益的性質，亦即一方之給付取決於他方的給付，例如：買賣。但無償行為則無此情形，例如：贈與。

法律行為的種類

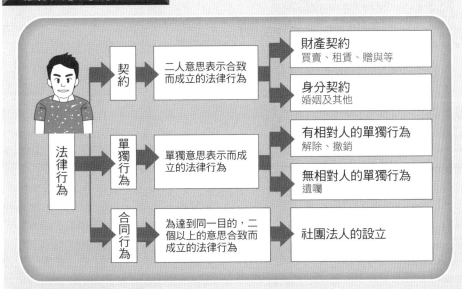

法律行為分類

單獨行為或契約	單獨行為係指依照當事人一方之意思而成立者，故僅當事人一方負有給付義務之契約，為無償行為之單務契約。例如：解除、撤銷、贈與、遺囑等即屬之。
	契約，係指當事人雙方意思表示合致始可成立者而言，故動產及不動產之買賣均為雙務契約。例如：買賣、贈與、租賃等即屬之。
債權行為或物權行為	債權行為乃發生債的關係為目的之法律行為，又稱為負擔行為，例如：買賣、租賃、拍賣等。
	物權行為乃發生物權直接變動為目的之法律行為，例如：依據買賣契約移轉占有買賣物、債務承擔、債務免除、債權讓與等。
	債權行為與物權行為可以同時存在，例如向小販購買水果，其中即有一個債權行為（買賣契約），二個物權行為（移轉償金、水果所有權）。
要式行為與不要式行為	要式行為乃意思表示依一定方式為之始能成立之法律行為，可分為：依法律規定的方式者，為法定要式行為，例如結婚應有書面、2人以上之證人簽名，並向戶政機關登記；依當事人約定的方式者，為約定要式行為。
	不要式行為乃意思表示無須依一定方式為之者。
要物行為與不要物行為	要物行為乃於意思表示之外，尚須有物之交付始能成立，例如：消費借貸與使用借貸。
	不要物行為乃僅意思表示即可成立者。
有償行為與無償行為	有償行為乃當事人一方為財產上的給付而取得他方對待給付，通常具有交換利益的性質，亦即一方之給付取決於他方的給付，例如：買賣。
	無償行為則無此情形，例如：贈與。

UNIT 1-23
法律行為的限制

圖解民法

（一）法律的限制和法律行為

當事人間做法律行為應該符合法律的規定，如果違反法律強制或禁止的規定是無效。基於契約自由的原則，對當事人所做的法律行為原則上不加以限制。但是法律為維持社會的秩序，因此有強制和禁止的規定，使當事人不得違反，如果違反，那麼法律行為就不發生效力。民法第71條規定：「法律行為，違反強制或禁止之規定者，無效。」例如：結婚與離婚均應該以書面為之，有兩個以上證人簽名，並應該向戶政機關登記、有配偶不能重婚、一人不得同時和兩人以上結婚，這都是法律上強制和禁止的規定。

（二）強行規定和任意規定

民法是由強行規定和任意規定集合而成。就大體來說，債權因基於契約自由的原則多屬於任意規定，而物權和親屬繼承基於社會公益的原則大都屬於強行規定。

❶任意規定

就是得依當事人的意思排斥其適用的法律規定，又可分為補充規定和解釋規定：

①補充規定：就是當事人無特別意思表示的時候，補充其意思表示的法律規定。

②解釋規定：就是當事人意思不明的時候解釋其意思的法律規定。

❷強行規定

就是不問當事人的意思如何，必須適用的法律規定。

（三）強制規定和禁止規定

❶強制規定：命令其應該做某行為的法律。例如：民法第1189條規定，遺囑應依法定方式之一為之。

❷禁止規定：命令不能做某行為的法律，需注意的是，此種禁止規定，通常都是民法以外的法律規定。例如：刑法關於禁止殺人、販賣毒品、賭博等規定。此外，在行政法規中，雖有很多規定禁止我們為某種行為，但其又可區分為「取締規定」和「效力規定」。違反取締規定，只是會受到行政處罰，而違反效力規定，才會因而無效。民法第71條但書：「但其規定並不以之為無效者，不在此限。」就表示某些行為雖然違反強制或禁止規定，但不一定會無效。

（四）違反公共秩序和善良風俗

法律行為違反公共秩序和善良風俗者無效（§72）：

❶公共秩序

就是指社會的公安和公益。例如：給付金錢僱用殺手去殺人，這種給付報酬行為的約定，就是屬於違反公共秩序，這種約定在法律上是無效的。

❷善良風俗

就是一般國民的道德觀念。例如：人身買賣的契約、以人身做抵押的契約、出賣身體器官換取金錢的契約等，都是違反善良風俗的行為，在法律上是無效的。

任意規定與強行規定

任意規定

民法債編規定大多為任意規定

→ 補充規定

→ 解釋規定

強行規定

物權、親屬、繼承大多為強行規定

強制規定和禁止規定

強制規定
（要求一定要做某事）

禁止規定
（規定不可做某事）

→ 取締規定
違反取締規定，法律行為仍然有效，但會受處罰

→ 效力規定
違反效力規定，法律行為無效

公共秩序與善良風俗

公共秩序 → 僱用殺手契約

善良風俗 →

人身買賣契約

以人身做抵押的契約

器官買賣契約

預立離婚契約

離婚後約定不得與他人再婚

性愛契約

UNIT **1-24**
法律行為的效力與方式

（一）暴利行為

第74條：「法律行為，係乘他人之急迫、輕率或無經驗，使其為財產上之給付，或為給付之約定，依當時情形顯失公平者，法院得因利害關係人之聲請，撤銷其法律行為或減輕其給付。」「前項聲請，應於法律行為後一年內為之。」為保護弱者在交易上因急迫、輕率或無經驗，受人欺騙，做出顯失公平之約定，民法設有保護的規定。在我國，乃規定無經驗者，可聲請撤銷該法律行為，或請求減輕給付。

本條之要件有二：

❶主觀上須乘他人之急迫、輕率或無經驗。所謂輕率，是指行為人對其行為的結果，因不注意或未熟慮，不知其對自己的意義而言。例如：出賣人不知買賣標的的價值，而率與買售人訂立契約，就屬於輕率。

❷在客觀上須有財產上之給付，或為給付之約定，依當時情形，顯失公平。

在實務上，往往是因為不動產的交易，賣方認為賣便宜了，或者買方認為買貴了，而主張自己乃出於急迫、輕率或無經驗，請求法院撤銷該買賣行為。但法院通常傾向不同意此一主張，故實際上要主張暴利行為，在法院成功的機率很低。

（二）法律行為的方式

民法原則上採取「方式自由」，亦即沒有要求為法律行為一定要踐行某種方式。但在少數例外情形，才會要求要採取一定方式。

（三）要式行為

民法規定的要式行為，多為書面，例如：設立社團章程、設立財團的捐助行為，均應以書面為之（§47、§60）。要式行為也多見於身分行為，例如：結婚（§982）、夫妻財產制契約（§1007）、兩願離婚（§1050）、收養（§1079 I）、繼承權拋棄（§1174 II）、遺囑（§1189）。民法債編則有三種要式行為，一是合會（§709-3），二為人事保證（§756-1），三為不動產物權交易（§166-1）。

（四）不依法定方式之效力

民法第73條：「法律行為，不依法定方式者，無效。」例如：遺囑應依法定方式為之，於「自書遺囑」，第1190條規定：「自書遺囑者，應自書遺囑全文，記明年、月、日，並親自簽名；如有增減、塗改，應註明增減、塗改之處所及字數，另行簽名。」不依此方式所為的自書遺囑，其遺囑無效。第73條但書規定：「但法律另有規定者，不在此限。」例如：民法第422條規定：「不動產之租賃契約，其期限逾一年者，應以字據訂立之，未以字據訂立者，視為不定期限之租賃。」

法律行為不依法定方式而無效時，雖不發生法律行為上的效果，但不排除得發生其他法律效果。例如：一方當事人明知某種法律行需要要式，故意不為告知時，導致他方因相信契約為有效，而受損害者，得依侵權行為規定（§184 I）請求賠償。

訂立書面

 實例　乙向甲借錢，由丙為保證人。甲於乙屆期未清償，向丙求償。丙抗辯說，
❶甲與乙間的消費借貸未訂立書面。
❷甲與丙間的保證契約未訂立書面，而拒絕履行。

借用人 **乙**　←—— 消費借貸契約（未訂立書面） ——

保證人 **丙**　←—— 保證契約（未訂立書面） ——

貸與人 **甲**

 消費借貸（借錢）契約，民法並未規定要用書面，故甲乙之間的契約，並不因為沒有訂立書面而無效。而一般的保證契約，民法也未規定要用書面，只有在人事保證契約，民法才規定一定要用書面。故縱使甲丙之間的保證契約未訂立書面，口頭承諾仍然有效。不過，由於二種契約均未訂立書面，至法院訴訟時，法官會要求甲提出證據或證人，證明真的有與乙和丙之間，口頭達成契約。

法律行為之方式

法律行為之方式

約定方式
- ❶方式種類：依當事人約定
- ❷不履行方式的效果：推定契約不成立（§166）

法定方式
- ❶以法律有明定者為限：方式自由原則的例外
- ❷方式種類
  - ①書面（§47、§60、§422、§709-3、§756-1、§760、§904、§1007、§1079、§1189）
  - ②書面、二人以上證人之簽名及向戶政機關登記（兩願離婚§1050）
  - ③以書面向法院為之（拋棄繼承§1174Ⅱ）
  - ④由公證人做成公證書（§166-1Ⅰ）
  - ⑤書面，有二人以上證人，及向戶政機關登記（結婚§982）
- ❸不依方式的效果
  - ①原則：無效（§73本文）；無效法律行為的治療（§166-1Ⅱ）
  - ②例外：§422、§1193

UNIT 1-25
意思表示生效與解釋

圖解民法

（一）有相對人之意思表示

有相對人之意思表示，通常經過四個階段：❶意思表示的作成（如寫好傳真稿、信件）；❷發生；❸到達相對人；❹相對人了解意思表示內容。民法對於對話意思表示，採取「了解原則」，對於非對話意思表示，採取「到達原則」。

第94條：「對話人為意思表示者，其意思表示，以相對人了解時，發生效力。」所謂的「對話」，只意思表示可直接溝通，例如：對面相談、打電話、使用旗語。而第95條第1項：「非對話而為意思表示者，其意思表示，以通知達到相對人時，發生效力。」所謂「到達」，指意思表示以進入相對人的支配範圍，至於相對人可了解的狀態。例如：解除契約的信函於通常時間投入相對人的信箱時，即為到達，縱使相對人未閱讀，理由為何，均可不論。

（二）意思表示撤回

第95條第1項但書：「但撤回之通知，同時或先時到達者，不在此限。」肯定「意思表示可以撤回」。例如：甲某日寫A信給乙，表示欲解除買賣契約，後來改變心意，立刻發B信表示不欲解約，倘若郵差將二信同時送達到乙的信箱，屬於同時到達。不管乙先閱讀哪一封信，甲都已經成功地撤回A信的意思表示。

第95條第2項：「表意人於發出通知後死亡或喪失行為能力或其行為能力受限制者，其意思表示，不因之失其效力。」所謂「發出通知」，指使意思表示進入得預期其到達受領者的過程，例如：將書信投入郵筒、將電報交付於電信局、將文件交與友人送達、發出傳真等。

（三）向無行為能力人或限制行為能力人為意思表示

第96條：「向無行為能力人或限制行為能力人為意思表示者，以其通知達到其法定代理人時，發生效力。」對於無受領能力人，在非對話意思表示，必須將通知送達到其法定代理人處。若為對話意思表示，則需讓法定代理人了解，才發生效力。

（四）公示送達

第97條：「表意人非因自己之過失，不知相對人之姓名、居所者，得依民事訴訟法公示送達之規定，以公示送達為意思表示之通知。」以公示送達替代意思表示的達到，必須依據民事訴訟法第149條至第153條之規定辦理。

（五）意思表示之解釋

第98條：「解釋意思表示，應探求當事人之真意，不得拘泥於所用之辭句。」解釋當事人之契約，應以當事人立約當時之真意為準，而真意何在，又應以過去事實及其他一切證據資料為斷定之標準，不能拘泥文字致失真意。雖然說解釋意思表示要探求當事人真意，不得拘泥於所用之詞句，但我國法院重視文件證據，倘若契約書已經明白寫明某些內容，法院通常不願意探求當事人真意，而傾向遵守契約字面意思處理。

意思表示的生效

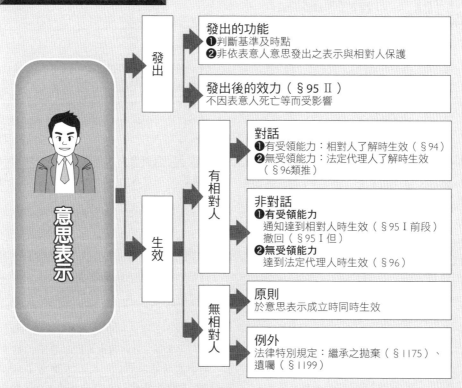

發出

發出的功能
❶判斷基準及時點
❷非依表意人意思發出之表示與相對人保護

發出後的效力（§95Ⅱ）
不因表意人死亡等而受影響

生效

有相對人

對話
❶有受領能力：相對人了解時生效（§94）
❷無受領能力：法定代理人了解時生效
　（§96類推）

非對話
❶有受領能力
　通知達到相對人時生效（§95Ⅰ前段）
　撤回（§95Ⅰ但）
❷無受領能力
　達到法定代理人時生效（§96）

無相對人

原則
於意思表示成立時同時生效

例外
法律特別規定：繼承之拋棄（§1175）、
遺囑（§1199）

 ★意思表示的送達

甲請乙為丙作保，乙於保證書上簽名，放入信封，貼妥郵票，是否發出，尚未決定，乙家中菲傭發現該信，自動投寄該信。乙應否負保證責任？
解説：
本案例中，乙尚未決定要將信寄出，但菲傭卻誤寄該信，由於乙將貼好郵票的信件放置在桌上，故其支配管理範疇，有可歸責的事由，因而乙應負保證人責任。但倘若表意人無可歸責的事由，例如甲搶奪乙的皮包，發現某信件時代為投遞，則應認為其意思表示未為發出，不生效力。此時，雖不必撤銷，但應類推適用意思表示錯誤（§91），對相對人負信賴利益的損害賠償責任。

 ★意思表示的解釋

甲與乙結婚後多年，因感情不合，協議離婚，其離婚書載明：「甲願將坐落某處房屋一戶過戶於乙。」乙據此契約項甲請求移轉該屋基地所有權，有無理由？
解説：
最高法院86年度台上字第1843號判決：「系爭離婚協議書第五條雖僅記載『男方其名下坐落於台北市○○○路○段一四八巷一號房屋一幢（原判決載為一棟）過戶給女方』，惟兩造均非專習法律之人，其用字遣詞自難與法律所規定完全一致，參酌兩造係約定『房屋一棟過戶』及社會一般人之通念，應認兩造約定贈與者，除系爭房屋外，尚包括該房屋坐落之基地。上訴人辯謂：伊並無贈與系爭土地予被上訴人之意思等語，為無足取。」

UNIT 1-26
虛偽意思表示

所謂虛偽意思表示，就是外在的表示行為，與內在的意思，並不一致。虛偽意思表示，可分成單獨虛偽意思表示，以及通謀虛偽意思表示。

圖解民法

（一）心中保留的意義

單獨的虛偽表示，又稱作「心中保留」或「真意保留」，也就是表意人不希望受他的意思表示所拘束而做出意思表示。例如：在朋友稱讚衣服時髦時，戲稱：「那就送給你。」就屬於單獨虛偽意思表示。

第86條：「表意人無欲為其意思表示所拘束之意，而為意思表示者，其意思表示，不因之無效。但其情形為相對人所明知者，不在此限。」例如：甲明明心裡是想要賣東西，卻說要把東西送給乙，乙也立刻同意，那麼甲的贈與行為，仍然發生效力。但是，若相對人乙知道表意人甲心裡要賣東西，卻說是贈送給人家，既然相對人乙明知表意人的真意，此時表意人的意思表示無效。

（二）通謀所為的虛偽意思表示

「虛偽意思」就是非真意的意思表示，「通謀」就是互相勾串的意思。表意人和相對人互相勾串所做的非真意的意思表示，這種非真意的意思，在法律上來講是無效的。

第87條第1項：「表意人與相對人通謀而為虛偽意思表示者，其意思表示無效。但不得以其無效，對抗善意第三人。」

（三）通謀虛偽意思表示的效力

表意人和相對人通謀而為虛偽意思表示，雙方當事人間欠缺真意，而且是出於不良動機，因此意思表示應不發生效力，在當事人間效力都已經確定無效，那麼任何第三人也都可以主張這個表示無效。

實例：A假裝將房子賣給B，B假裝向A購買，那麼A、B之間的房屋買賣行為是無效。

❶對於善意第三人的效力

通謀的虛偽意思表示，對於「不知情」的「善意」第三人，也就是不知道表意人跟相對人通謀的事實的人，可以對當事人主張這個行為有效或無效，但是當事人對第三人不能主張行為無效。

實例：A假裝出賣他的房子給B，B假裝向A購買，B再將向A買的房子，轉賣給善意的第三人C，此時，善意第三人C若主張此買賣行為有效，A、B則無法否認此一買賣行為。

❷隱藏行為

第87條第2項：「虛偽意思表示，隱藏他項法律行為者，適用關於該項法律行為之規定。」表意人跟相對人間，因為礙於情面或是其他原因，所為的意思表示雖非出於真意，卻隱藏了他項法律行為的真正效果意思，例如：被繼承人A以贈與的意思，卻以買賣的方式，將土地移轉登記給繼承人B，這時買賣行為因通謀虛偽意思表示而無效，所隱藏的真正贈與行為，因為具備成立要件與有效要件，所以應該有效。

單獨虛偽意思表示（心中保留）

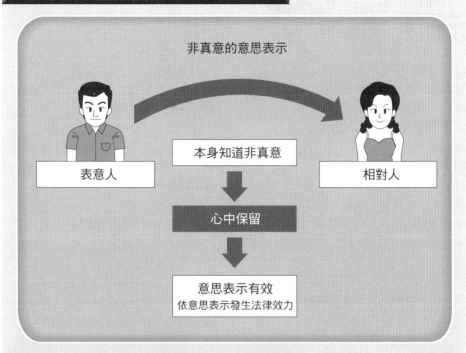

通謀虛偽意思表示與善意第三人

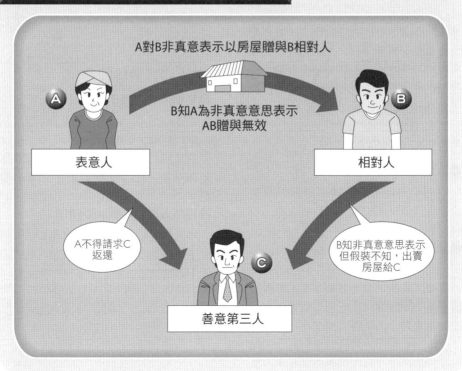

UNIT *1-27* 錯誤與誤傳

「錯誤」的意思表示就是表意人在意思表示的時候,因認識不正確或缺乏認識,以致內心的「效果意思」和外部的「表示行為」不一致。

(一) 動機錯誤

所謂「動機錯誤」,指內心的意思和外部表示行為,並沒有不一致,但是形成意思階段的動機卻有錯誤。動機並不是意思表示的一部分,只是法律行為的間接原因,因為表意人的動機只存在於表意人內心的深處,外面的人難於知曉,如果動機的錯誤會影響到意思表示的效力,法律行為的安定性就會難以確保,所以動機的錯誤並不得主張意思表示無效。

但如果交易當事人的資格,例如:法律行為相對人所具有的身分、學經歷、專長、職業,或是物品的性質,例如:物的品質、數量、形狀、產地、年代、真假,若是在交易上認為是重要的,這些錯誤也被認為是意思表示內容的錯誤(§88 II)。

(二) 表示內容的錯誤

❶法律行為性質的錯誤

例如:一般人常將連帶保證誤認為通常保證債務、將動產租賃誤為使用借貸。

❷當事人本身的錯誤

指當事人「同一性」的錯誤,例如:想要跟A買花,但卻誤跟B買,這種錯誤原則上不影響法律行為的效力,因為在日常交易上,跟誰為法律行為,並沒什麼不同;但如果是特別重視當事人個人身分的法律行為,例如:以當事人信任關係為基礎的委任、贈與、借貸契約,會影響當事人較多。

❸標的物本身的錯誤

指標的物「同一物」的錯誤,例如:將名為「六法全書」的小說當成法典而購買、將特級白糖誤當麵粉而賣出,這裡的標的物包括物及權利在內。

(三) 表示行為的錯誤

表示行為的錯誤,就是表意人若知道錯誤,就不會做意思表示,例如:書寫收據的時候誤將千元寫成萬元、在商店買東西時誤指到別項商品,事實上表意人並不知道事情,而只是筆誤或是誤指,對於這個表示行為完全欠缺認識。雖然表意人在客觀上有表示行為,使一般人了解成某種意思,但在主觀上表意人並無想要這個效果發生的意思(§88 I)。

(四) 錯誤得撤銷

❶當事人可以撤銷意思表示

經撤銷之後,錯誤的意思表示就會自始歸於無效,但要行使的話,表意人要受到限制:①表意人須無過失;②錯誤須在交易上認為重要;③須在1年內撤銷。

❷表意人應負損害賠償責任

賠償的對象是意思表示的相對人或第三人,範圍限於「信賴損害」,也就是相信這個意思表示是有效的,因而所受到的損害,也稱為「消極利益」。

動機錯誤

實例 甲向乙購買A畫，欲贈丙作為結婚禮物，不知丙已經離婚。甲想要向乙撤銷買賣契約。

不知他人業已離婚，而購畫作為禮物，這是一種動機錯誤，但動機錯誤不得作為撤銷意思表示的理由。

表示内容（當事人）的錯誤

實例 甲誤乙為丙，贈與某畫。後來發現搞錯對象，希望撤銷贈與契約。

甲誤乙為丙而贈與某物，這屬於意思表示内容（當事人）的錯誤，得主張撤銷。

表示行為的錯誤

實例 甲欲贈乙A畫，卻誤說為B畫。

甲欲贈乙A畫，卻誤說為B畫，屬於表示行為的錯誤，亦得主張撤銷。

錯誤的架構

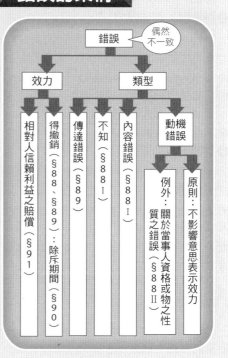

UNIT *1-28* 詐欺及脅迫

圖解民法

（一）詐欺的概念

詐欺就是故意欺騙他人，讓人陷於錯誤，而做出不利於自己，且原本不願意表示的意思。詐欺行為主要有兩種型態：

❶ 積極的虛構事實

例如：用畫匠的作品，冒充作名家的墨寶，或捏造事實、虛偽誇張性能，在客觀上有讓人陷於錯誤的可能性，誘導表意人陷於錯誤。

❷ 消極的隱匿事實

當事人有說出真相的義務，然而卻隱匿真情，使人陷於錯誤，例如：出賣人故意不告訴買受人買賣的標的物有瑕疵。

（二）詐欺的效果

❶ 對當事人間的效力

因為被詐欺而所做意思表示的表意人，可以撤銷他的意思表示。但詐欺若非由相對人所為，而是由第三人所為，則只有在相對人明知這個事實，或雖然不知道事實但也有過失，表意人才可以撤銷意思表示（§92）。

❷ 對第三人的效力

被詐欺的意思表示，其撤銷不得以對抗善意第三人，例如：A受B的詐欺，將房子低價賣給B，B再將房子轉賣給不知情的C，那麼A不可以因受到B的詐欺，而向C主張買賣無效，請求C返還房子（§92 II）。

（三）脅迫的概念

脅迫就是相對人或第三人，故意告以表意人危害，致表意人生恐懼而為意思表示。例如：對於他的女友說你不和我結婚，我就殺你；或是你不賣我這個東西，我就殺你。

❶ 須有雙重故意

要先讓他人內心有壓迫感和恐怖感的故意，並且基於這個心理壓力，而做出一定表示的故意。

❷ 行為的脅迫性

行為在客觀上必須要是違法不當，而且足以讓人有恐怖感，「違法」在性質上可以分成：①手段違法：例如：債權人通知債務人，如果不按時清償債務，就要綁架債務人；②目的違法：例如：以揭發公司偽造股票要挾，要求買賣毒品武器；③須有相當因果關係：脅迫行為跟發生恐怖並進，而為一定的意思表示，也就是說，雖然有脅迫行為，但是被脅迫人沒有因此有恐懼感，或是雖然有感到害怕，卻沒有做出一定的意思表示；又或是雖然有脅迫，但做出意思表示卻是因為別的因素。例如：不肖兒子跟父母強索財產，父母因為疼愛兒子而給予財產，這些都欠缺因果關係，而不構成脅迫。

（四）脅迫的效果

受脅迫之人，得於除斥期間內行使撤銷權，撤銷其所為的意思表示。

被脅迫的意思表示，不管是對於相對人或是善意的第三人，都可以主張撤銷。實例：A受B的脅迫，將A的房子低價賣給B，B再轉賣不知情的C，此時A可以主張撤銷AB之間的賣賣，也可撤銷BC之間的買賣。故A可以請求C返還房子。

意思表示不自由

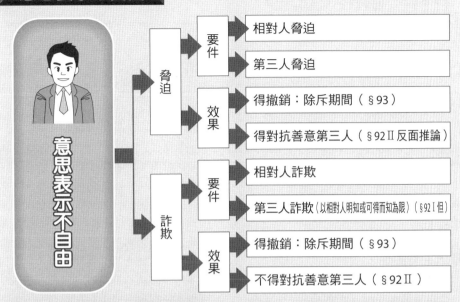

意思表示不自由

脅迫
- 要件
  - 相對人脅迫
  - 第三人脅迫
- 效果
  - 得撤銷：除斥期間（§93）
  - 得對抗善意第三人（§92Ⅱ反面推論）

詐欺
- 要件
  - 相對人詐欺
  - 第三人詐欺（以相對人明知或可得而知為限）（§92Ⅰ但）
- 效果
  - 得撤銷：除斥期間（§93）
  - 不得對抗善意第三人（§92Ⅱ）

受脅迫而為意思表示

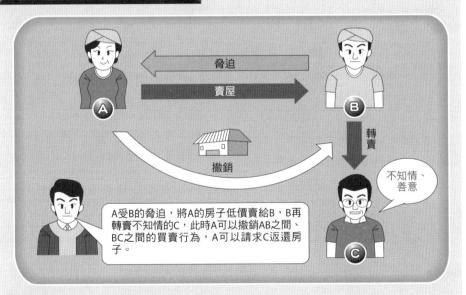

脅迫

賣屋

A

B

轉賣

撤銷

不知情、善意

A受B的脅迫，將A的房子低價賣給B，B再轉賣不知情的C，此時A可以撤銷AB之間、BC之間的買賣行為，A可以請求C返還房子。

C

知識補充站 ★撤銷權的除斥期間

「撤銷權」是一種「形成權」，所以最好早點行使，以確定彼此間的法律關係，應該在發現被詐欺或脅迫後的1年內行使，但如果表意人在做出意思表示後10年內，都沒發現被詐欺的話，那以後也不能再行使撤銷（§93）。

UNIT *1-29* 代理

圖解民法

（一）什麼是代理？

一般的法律行為由「表意人」直接對「相對人」做意思表示，但在代理行為，「表意人」透過第三人，就是代理人，在代理權限的範圍內，以「本人」、「被代理人」的名義，來和相對人做意思表示。實例：代理人B代理A購買一間房子，這個房子的買受人是A而不是B，由A支付房子的價錢。

因代理權的取得方式不同，可以分成：

❶法定代理

由於法律規定而取得代理權。例如：行使親權的父或母或監護人是子女或受監護人的法定代理人、公司的負責人為公司的法定代理人。

❷意定代理

由於法律行為而生，例如：本人授權代理人購買房子或是出售房子。

（二）代理行為的效力

代理人在代理的權限內所做的行為，會對本人發生效力，本人對於代理人的行為可以取得權利，也應負擔義務，而非由代理人取得權利、負擔義務。

（三）代理的要件

代理人的代理行為應該在本人所授權的範圍。

❶明示：代理人向相對人為法律行為可以明白表示，他代理某某人為法律行為。
❷默示：代理人沒有明白表示是某某人的代理人。無論明示或默示，代理人的代理行為都對本人發生效力。

（四）代理人的能力

只要本人同意，限制行為能力人也可以代理人。但是無行能力人，他的行為尚須他人代為法律行為，所以以無行為能力人不能當代理人。

（五）代理行為的瑕疵

第105條前段：「代理人之意思表示，因其意思欠缺、被詐欺、被脅迫，或明知其事情，或可得而知其事情，致其效力受影響時，其事實之有無，應就代理人決之。」例如：甲委任乙並授與代理權向丙承租房屋。若乙受丙詐欺時，誰得撤銷意思表示？此時，有無受到詐欺，應就乙來判斷，但能主張撤銷該租賃契約的，則是本人甲。

但第105條後段：「但代理人之代理權係以法律行為授與者，其意思表示，如依照本人所指示之意思而為時，其事實之有無，應就本人決之。」例如：甲委任乙，向丙購買某唐三彩並授與代理權。若甲知道該物是盜贓品，而乙不知道，此時，該盜贓品的物主主張該買賣為無權處分，根據第105條後段，是否善意，應就本人甲決之，故甲仍不得主張善意取得該畫所有權。

（六）自己代理和雙方代理的禁止

代理人沒有經過本人的許諾，不可以替本人和自己做法律行為的自己代理，也不可同時擔任第三人的代理人和本人的代理人，從事法律行為的雙方代理，但是專門履行債務，不在此限制之內（§106）。例如：甲為乙、丙二人的代理人，而以乙、丙的名義訂立房屋租賃契約，此為雙方代理。違反自己代理及雙方代理的限制，其法律行為效力未定，須得本人承諾始生效力。

代理關係

基本法律關係（委任、僱傭）　代理人

內部關係

本人　授與代理權

外部關係

效果歸屬　相對人

代理行為

法定代理與意定代理

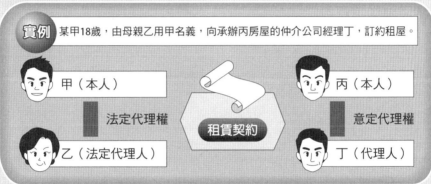

實例　某甲18歲，由母親乙用甲名義，向承辦丙房屋的仲介公司經理丁，訂約租屋。

甲（本人）

法定代理權

乙（法定代理人）

租賃契約

丙（本人）

意定代理權

丁（代理人）

知識補充站　★父母贈與金錢給未成年子女，是否屬於自己代理？

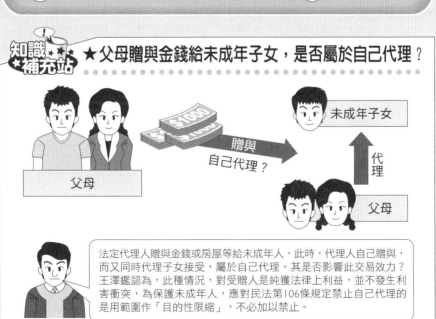

父母　贈與 自己代理？　未成年子女

代理

父母

法定代理人贈與金錢或房屋等給未成年人，此時，代理人自己贈與，而又同時代理子女接受，屬於自己代理。其是否影響此交易效力？王澤鑑認為，此種情況，對受贈人是純獲法律上利益，並不發生利害衝突，為保護未成年人，應對民法第106條規定禁止自己代理的適用範圍作「目的性限縮」，不必加以禁止。

UNIT 1-30
無權代理與表見代理

圖解民法

（一）無權代理

「無權代理」就是本人沒有授與代理權，而卻以本人名義所做的代理行為，這種行為，如果沒有經過本人的承認，對於本人就不會發生效力。例如：甲未獲乙授與代理權，擅以乙的名義與丙訂立買賣，或移轉乙所有A畫的所有權，就是屬於無權代理。

（二）無權代理效力

無權代理的法律效力為效力未定，須得本人承認才有效。這時相對人可以定一個期限，催告本人看是否要承認，如果本人超過期限而沒有給一個確定的答覆，就視為本人拒絕答覆（§170 I）。無代理人所做的法律行為，在本人還沒有承認前，相對人可以把它撤回。但是惡意的相對人明知代理人沒有代理權，卻還跟他做法律行為，就不能撤回（§171）。無代理權人以他人之代理名義所做的法律行為，對於不知情的相對人負損害賠償的責任，如果是惡意（知情）的相對人就不必負損害賠償責任（§110）。

（三）授與代理權的表見代理

由自己的行為表示將代理權授與他人，或知道他人表示為他的代理人，而不表示反對，對第三人應負授權人的責任（§169）。這是因為第三人既然確信他人有代理權，而和他人做法律行為，這效力應該由本人承受，否則第三人會遭受到不測的損害。

實例：A向汽車公司說他代理B向汽車公司買汽車，汽車公司打電話給B詢問是否有這件事，B並不反對，B應對汽車公司應負授權A代理他買汽車的行為。

表見代理的相對人因善意無過失，不知代理人沒有代理權，應加以保護，但是如果第三人明明知道他人沒有代理權，或因故意或過失，而不知道沒有代理權時，本人就不負授權人的責任。

（四）代理權繼續存在的表見代理

代理權之限制及撤回，不得以之對抗善意第三人。但第三人因過失而不知其事實者，不在此限（§107）。在代理權有限制時，例如：B授權代理人A向汽車公司買一部汽車，A卻買了2部汽車，逾越了代理權限，但B仍應向汽車公司負授權責任。在代理權消滅後，代理人仍然繼續為代理行為，本人仍然要對善意第三人負授權責任。例如：代理人A代理B公司為某區域的代理商，代理契約已經終止，但是A繼續為B公司的代理行為，B公司並不加以反對。A後來以代理身分與C做交易。此時，C為善意第三人，不知道A已經無代理權，此時該交易仍然直接對B公司發生效力。

無權代理

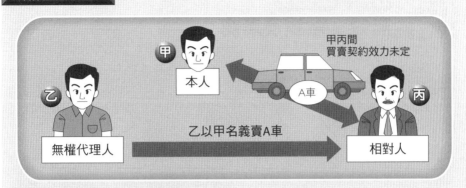

甲丙間
買賣契約效力未定

甲 本人

A車 丙 相對人

乙 無權代理人

乙以甲名義賣A車 → 相對人

授與代理權的表見代理

法律效果發生

表示以代理權授與

表見代理人

相對人

善意無過失

代理權繼續存在的表見代理

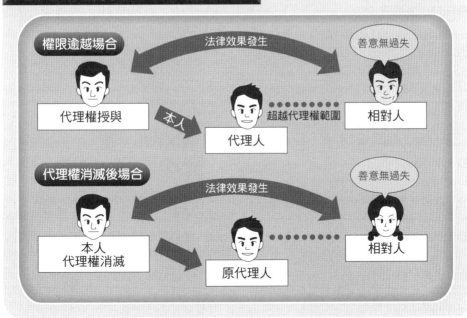

權限逾越場合

法律效果發生

善意無過失

代理權授與

本人

代理人

超越代理權範圍

相對人

代理權消滅後場合

善意無過失

法律效果發生

本人
代理權消滅

原代理人

相對人

UNIT 1-31
無效、撤銷及承認

圖解民法

（一）無效

「無效」的法律行為，就是嚴重違法或欠缺生效要件的法律行為，也就是外表雖然具有法律行為的型態，但絲毫不發生法律上的效力。例如：凡是虛偽的意思表示、不依法定方式的行為、無行為能力人的行為、違反強制和禁止規定的行為、違反公共秩序和善良風俗的行為，這些行為，在法律上都是無效的。

（二）無效的法律行為的特性

無效的法律行為有三種特性：

❶無效行為的當然性

無效的法律行為當然無效，不需要當事人主張，也不一定要經由一定的程序使行為失效。

❷無效行為的自始性

不具備成立要件而根本不成立法律行為時，當然也就從來沒有發生過當事人所希望發生的效力。

❸無效行為的確定性

無效的法律行為嚴重欠缺生效要件，不會因為時間的經過，當事人沒有在一定期間內撤銷，而補正成為有效的法律行為，也不會因為當事人的承認而發生效力。

（三）無效相關規定

❶一部無效之效力

第111條：「法律行為之一部分無效者，全部皆為無效。但除去該部分亦可成立者，則其他部分，仍為有效。」

❷無效行為之轉換

第112條：「無效之法律行為，若具備他法律行為之要件，並因其情形，可認當事人若知其無效，即欲為他法律行為者，其他法律行為，仍為有效。」

❸無效行為當事人之責任

第113條：「無效法律行為之當事人，於行為當時知其無效，或可得而知者，應負回復原狀或損害賠償之責任。」

（四）撤銷

可得撤銷的法律行為，並不是無效，因為有撤銷權的人，可以主張這個行為有瑕疵，而使得它無效。凡是法律行為由於被詐欺、被脅迫、錯誤而作成的，均屬於可得撤銷的法律行為。

（五）撤銷的效力

撤銷乃溯及使法律效力歸於無效，也就是等於從來沒做過這個法律行為。但有例外，撤銷被詐欺的意思表示時，此撤銷不能對抗善意第三人，以維護交易安全；另外，為了顧及身分關係上的實際情形，所以結婚撤銷的效力，也不會溯及既往，以免所生的子女變成「非婚生子女」。民法第114條：「法律行為經撤銷者，視為自始無效。」「當事人知其得撤銷或可得而知者，其法律行為撤銷時，準用前條之規定。（應負回復原狀或損害賠償之責任）」

（六）承認與同意

當法律規定其效力未定時，需得本人承認。第115條：「經承認之法律行為，如無特別訂定，溯及為法律行為時發生效力。」第116條：「撤銷及承認，應以意思表示為之。」「如相對人確定者，前項意思表示，應向相對人為之。」第117條：「法律行為須得第三人之同意始生效者，其同意或拒絕，得向當事人之一方為之。」

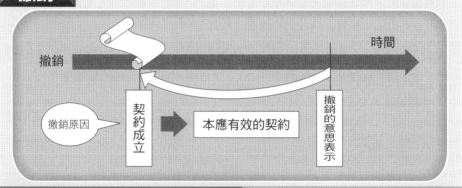

無效

無效 ──────────────→ 時間

無效原因 → 契約成立 → 法律上不能成立的契約

撤銷

撤銷 ──────────────→ 時間

撤銷原因 → 契約成立 → 本應有效的契約 ← 撤銷的意思表示

無效、得撤銷、效力未定

原因 / 法律行為	欠缺生效要件			
	行為能力欠缺	標的不適當	意思表示不健全	效力
無效	❶無行為能力人之行為（§75）❷限制行為能力人為得允許之單獨行為（§78）	❶違反強行法規之行為（§71）❷違背公序良俗之行為（§72）	❶真意保留之例外（§86但）❷虛偽表示（§87）	❶當然、自始、確定無效（絕對無效）❷例外：相對無效（§87但）
得撤銷		暴利行為（§74）	❶錯誤及誤傳（§88、§89）❷被詐欺、脅迫（§92）	❶在撤銷前已發生效力❷經撤銷視為自始無效（§114Ⅰ）
效力未定	❶限制行為能力人未得允許之契約（§79）❷無權處分之行為（§118）❸無代理權人之代理行為（§170）			❶效力懸而未定❷經承認有效❸經拒絕而無效

UNIT 1-32
無權處分

圖解民法

（一）無權處分

所謂無權處分，指無權利人，以自己名義，就權利標的物所為的處分行為。對此，民法第118條第1項規定：「無權利人就權利標的物所為之處分，經有權利人之承認始生效力。」例如：甲有波斯貓一隻，寄放在乙家中，乙要出國，託丙照顧該貓。丙明知該貓為甲所有，卻將該貓賣給丁。此時，丙就屬於無權處分他人之物，該處分行為效力未定。

（二）處分行為與負擔行為

王澤鑑認為，要嚴格區分處分行為與負擔行為。所謂負擔行為指的是買賣契約，而處分行為則是指物所有權的移轉，或其他權利的轉讓，包括債權的轉讓，也算是處分行為。而民法第118條的無權處分，王澤鑑認為，乃指處分行為，亦即所有權移轉的部分效力未定，至於買賣契約則是有效的。換句話說，無權買賣他人之物，買賣契約有效，但物權移轉行為無效。以上述案例為例，丙將貓賣給丁，此買賣契約屬於負擔行為，有效，但將貓的所有權移轉給丁，屬於處分行為，此一處分行為效力未定。

（三）事後取得權利

第118條第2項規定：「無權利人就權利標的物為處分後，取得其權利者，其處分自始有效。但原權利或第三人已取得之利益，不因此而受影響。」承上，丙一開始雖然無權處分甲的貓，該處分行為效力未定，但若甲後來將貓贈送給丙，丙事後取得權利標的之權利者，其處分行為自始有效。故其將貓移轉給丁的處分行為，變成自始有效。

（四）數處分相互牴觸

第118條第3項規定：「前項情形，若數處分相牴觸時，以其最初之處分為有效。」例如：甲擅自將其父親乙對丙的債權，先讓與給丁（債權轉讓亦屬於處分行為），再讓與給戊。此時，二個債權轉讓行為都屬於無權處分，效力未定。但是，倘若在乙尚未決定是否承認該無權處分前，乙死亡，由甲繼承乙之所有權利義務，則其處分自始有效。但是，因為數處分相牴觸，故以最初的處分為有效，由丁取得對丙的債權。

（五）無權代理與無權處分不同

無權出賣他人之物，買賣契約有效，但處分行為因屬於無權處分，而效力未定，需得本人承認。與無權處分類似的則為無權代理。無權以他人名義簽訂契約並移轉所有權，由於是以他人名義為之，屬於無權代理，根據民法第170條第1項：「無代理權人以代理人之名義所為之法律行為，非經本人承認，對於本人不生效力。」故無權代理時，不管是以他人名義簽訂的契約，或者移轉所有權，兩者都效力未定，需得本人承認才有效。

無權處分

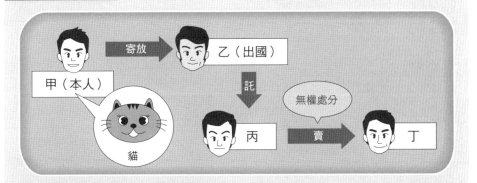

甲（本人） 寄放→ 乙（出國）

貓

託

無權處分

丙 賣 丁

處分行為與負擔行為

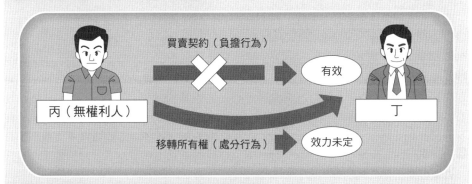

丙（無權利人）

買賣契約（負擔行為） ✗ → 有效

丁

移轉所有權（處分行為） → 效力未定

無權代理與無權處分之不同

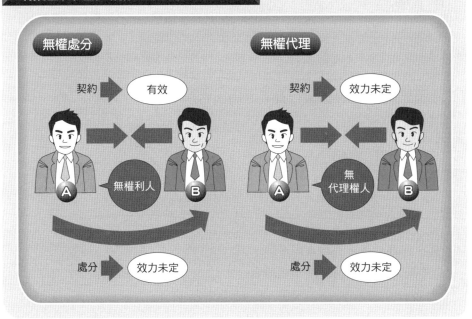

無權處分

契約 → 有效

無權利人 Ⓐ Ⓑ

處分 → 效力未定

無權代理

契約 → 效力未定

無代理權人 Ⓐ Ⓑ

處分 → 效力未定

UNIT 1-33
條件

圖解民法

（一）條件

「條件」是法律行為效力的發生，繫於將來不確定的事實。簡單來說，就是當事人以將來客觀上不確定事實的發生或不發生，來決定法律行為效力到底是發生或是消滅的附款。例如：A對B說假如你能考進大學，我就贈送你10萬元。因此A的贈與行為發生效力，繫於B能不能夠考進大學。

事實的不確定性是條件的特徵，條件是法律行為的本身，不是獨立的法律行為。條件可以分成：

❶停止條件（生效條件）

在條件成就的時候，該行為發生效力，如果條件不成就時，該行為不生效力。

❷解除條件

就是促使法律行為的效力歸於消滅的條件，解除條件的法律行為，於條件成就時失去效力。例如：A借B一部汽車供上班使用，言明B於不上班時，應該汽車歸還給A。在B不上班時，應將汽車歸還，解除借用契約的條件。

（二）不許附條件的法律行為

法律行為以可以附條件為原則，但在部分例外情形，為了使法律關係能更簡單明確，而不允許附條件。

❶違背公序良俗等公益

一旦附條件，法律行為就無效，主要有：

①身分行為。

例如：結婚、離婚、收養或終止收養、非婚生子女的認領或否認身分。

②繼承的承認或拋棄。

③各種票據行為，發票人都應該無條

件擔任支付或委託支付，不然就會阻礙票據的流通性。

❷妨害相對人私益

主要是形成權的行使，例如：抵銷權、撤銷權、承認權，如果附有條件，原則上無效，但因為這是為了保護相對人的利益，要是相對人自己也同意附條件的話，那條件就會有效。

（三）期待權的保護

第100條：「附條件之法律行為當事人，於條件成否未定前，若有損害相對人因條件成就所應得利益之行為者，負賠償損害之責任。」例如：甲與乙約定：「你若考上法律系時，贈送此珍藏本六法全書。」在乙還沒考上前，甲就毀損該書，後來乙真的如願考上，乙得依第100條規定向甲請求損害賠償。

第101條第1項：「因條件成就而受不利益之當事人，如以不正當行為阻其條件之成就者，視為條件已成就。」例如：甲對乙說：「我與丙女訂婚時，你就應該返還我借給你的房屋。」乙因而偽造謠言，破壞甲與丙女的婚約，阻止條件成就，此時應視條件已經成就。第101條第2項：「因條件成就而受利益之當事人，如以不正當行為促其條件之成就者，視為條件不成就。」例如：甲乙約定：「你今年考上會計師時，借你某屋開業。」乙用作弊的方法考取會計師時，視為條件不成就。

停止條件（生效條件）

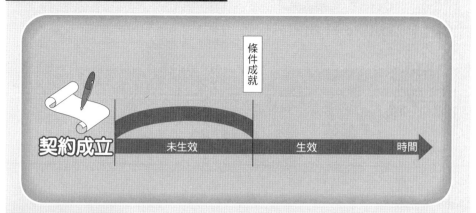

條件成就

契約成立　　　　未生效　　　　生效　　　　時間

解除條件

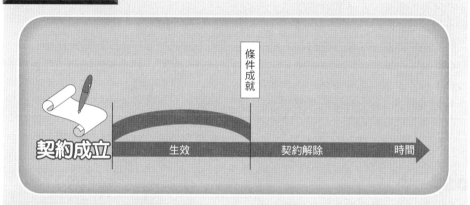

條件成就

契約成立　　　　生效　　　　契約解除　　　　時間

期待權的保護

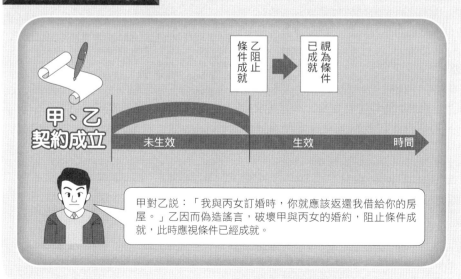

乙阻止條件成就　➡　已視為條件成就

甲、乙契約成立　　　未生效　　　　生效　　　　時間

甲對乙説：「我與丙女訂婚時，你就應該返還我借給你的房屋。」乙因而偽造謠言，破壞甲與丙女的婚約，阻止條件成就，此時應視條件已經成就。

UNIT 1-34
期限與期間

（一）期限

圖解民法

法律行為的效力，繫於將來確定到來的時期，而發生或消滅。跟條件成就與否不確定不同，期限會因時間的經過，或是事實的發生而一定遲早會到來。

期限有「確定期限」和「不確定期限」。

❶確定的期限

時期確定，到來也是確定。例如：明年耶誕節，這是一定到來的時期。

❷不確定的期限

不能確定時期到底是什麼時候，但確定會到來。例如：張先生臨終之日，什麼時候死亡，沒人能先預料到，但總有一天會到來，所以「到來」這件事可以確定，但是時期不確定。

（二）始期與終期

❶始期

因時間到來而發生效力叫做始期。例如：在租賃契約中，訂定明年1月1日租約生效，是附有始期的租賃契約，因此契約雖然成立，但是發生效力卻在明年1月1日開始。

❷終期

因時期到來而消滅叫做終期，例如：租賃契約到明年12月31日終止，因此租賃契約在明年12月31日以後不發生效力。

（三）拋棄期限利益

期限利益就在期限到來以前，不得行使權利，履行義務。例如：B向A借款10萬元，約定明年12月31日償還借款，A不得於明年12月31日前向B請求償還。B也不必於明年12月31日前歸還借款，這個就是期限利益。假如B提前在明年12月31日前歸還借款，B就等於拋棄期限利益。

（四）期限利益的喪失

下列的場合債務人喪失期限利益：
❶債務人受破產宣告。
❷債務人的擔保滅失或減少。
❸債務人應提供擔保而無法提供擔保。

（五）期間

以時定期間，即時起算（§120 I）。以日、星期、月或年定期間，其始日不算入（§120 II）。以日、星期、月或年定期間，以期間末日的終止，為期間的終止（§121 I）。期間不以星期、月或年的始日起算，以最後的星期、月或年與起算日相當日的前一日，為期間的末日。但以月或年定期間，於最後的月，無相當日者，以其月的末日，為期間的末日（§121 II）。於一定期日或期間內，應為意思表示或給付者，其期日或期間之末日，為星期日、紀念日或其他休息日時，以其休息日之次日代之（§122）。

稱月或年者，依曆計算。月或年非連續計算者，每月為30日。每年為365日（§123）。年齡自出生之日起算。出生之月、日無從確定時，推定其為7月1日出生。知其出生之月，而不知其出生之日者，推定其為該月15日出生（§124）。

確定期限與不確定期限

期限
（一定到來）

確定期限 ➡ 一定到來，何時到來確定
例：2005年10月10日返還借款

不確定期限 ➡ 一定到來，何時到來不確定
例：如果我死，就把家交出

始期與終期

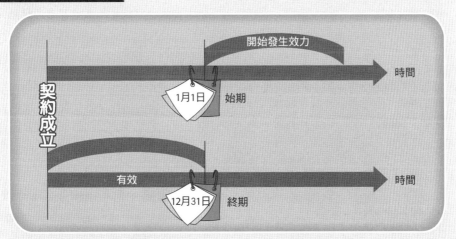

契約成立

開始發生效力

時間

1月1日　始期

有效

時間

12月31日　終期

知識補充站

★期間之計算

甲向乙購某車
❶約定自10月23日起算二個月交車時，如何定交車之日？
❷若該二個月期間，係自12月31日起算時，何日為其交車之日？

❶約定自10月23日起算二個月交車，根據第121條第2項：「期間不以星期、月或年的始日起算，以最後的星期、月或年與起算日相當日的前一日，為期間的末日。」因此，10月的二個月是12月，相當日（12月23日）的前一日為末日，故該車的交車日為12月22日。
❷約定自12月31日起算二個月交車，根據第121條第2項但書：「但以月或年定期間，於最後的月，無相當日者，以其月的末日，為期間的末日。」12月的二個月後是隔年2月，但2月並無相當日31日，故以其月的末日為期間的末日，故以2月28日作為交車日。

UNIT *1-35*
消滅時效

（一）取得時效及消滅時效

時效可分為取得時效與消滅時效。

❶取得時效

就是因長時間繼續占有，而取得所有權或其他財產權的時效制度。原來的權利屬於何人，並沒有任何關係。

❷消滅時效

簡單來說就是在一定的時間，不行使權利而使得權利消滅，消滅時效的進行，由權利可以行使開始進行。

換句話說，消滅時效的要件是有權利，而不行使權利的這個事實狀態存在，這種不行使權利的狀態，持續一段長時間，即因此而使得權利消滅。例如：出借人於金錢借貸到期，經過15年而不追討，15年後即不可以再追討，出借人的追討權利，即因時效而消滅。

（二）時效制度的理由

設計時效制度的理由，有下列三種：
❶法律安定性的尊重，交易秩序的維持。
❷不保護權利睡眠的人的思想。
❸證據的散失。

（三）時效的溯及效力

時效的效力從「起算日」開始溯及。

❶取得時效

從「占有」開始，計算起算日，也就是說，「取得時效」的完成是由占有開始到成為有權利的人。

❷消滅時效

從權利能夠行使開始，換句話說就是消滅時效的完成，是權利人的權利開始就不存在。

（四）時效中斷的事由

❶請求

就是權利人向義務人表示其行使請求權的意思，例如：債權人向債務人請求履行債務。時效因為請求而中斷。若請求後6個月內不起訴視為不中斷（§129 I ①、§130）。

❷承認

就是義務人不否認請求權的權利，例如：金錢債權債務人支付利息、提供擔保品，時效期間的進行，就是從這時候開始，視為中斷（§129 I ②）。

❸起訴

就是權利人依據「訴訟法」的規定，向義務人提起訴訟，請求義務人履行義務。但是若是原告撤回訴訟，或是不合法而被駁回的判決確定，時效就視為不中斷（§131）。

（五）債權、財產權的消滅時效

一般請求權因15年間不行使而消滅時效，但法律所定期間較短者，依照其規定（§125）。

利息、紅利、租金、贍養費、退職金及其他1年或是不及1年的定期給付債權，其各期給付請求權，因5年間不行使而消滅（§126）。

下列各款的請求權因2年間不行使而消滅（§127）：**❶**旅店、飲食店及娛樂場的住宿費、飲食費、座費、消費物的代價及其墊款；**❷**運送費及運送人所墊的款項；**❸**以租賃動產為營業者的租價；**❹**醫生、藥師、看護士的診費、藥費、報酬及其墊款；**❺**律師、會計師、公證人的報酬及其墊款；**❻**律師、會計師、公證人所收當事人物件的交還；**❼**技師、承攬人的報酬及其墊款；**❽**商人、製造人、手工業人所供給的商品及產物的代價。

圖解民法

取得時效

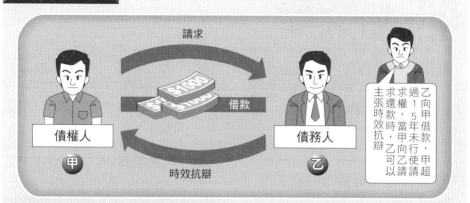

請求

$1000 借款

債權人 甲

債務人 乙

時效抗辯

過乙向甲借款，5年未行使請求，甲超求還權利當，甲向乙請求時，乙可以主張時效抗辯

時效中斷與裁判上請求

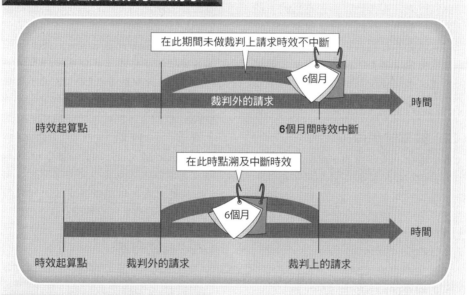

在此期間未做裁判上請求時效不中斷

6個月

裁判外的請求

時間

時效起算點

6個月間時效中斷

在此時點溯及中斷時效

6個月

時間

時效起算點　裁判外的請求　裁判上的請求

消滅時效與除斥期間

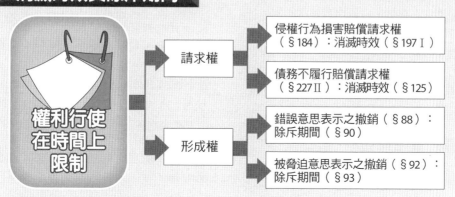

權利行使
在時間上
限制

請求權

侵權行為損害賠償請求權
（§184）：消滅時效（§197 I）

債務不履行賠償請求權
（§227 II）：消滅時效（§125）

形成權

錯誤意思表示之撤銷（§88）：
除斥期間（§90）

被脅迫意思表示之撤銷（§92）：
除斥期間（§93）

UNIT **1-36**
權利的行使

行使權利，履行義務時，應該要遵循以下三項指導原則：❶權利的行使，不得違反公共利益；❷權利的行使，不得以損害他人為主要目的；❸行使權利，履行義務，應依誠實及信用方法。

（一）禁止違反公益或權利濫用

權利的行使，不得違反公共利益，或以損害他人為主要目的（§148 I）。如權利行使以損害他人為主要目的，則構成權利濫用。例如：行使權利卻對於權利人沒有正當利益、行使權利卻使義務人遭受與權利人所得利益不相當的損失、權利人以行使權利的方法來加害他人。

（二）誠實信用原則

行使權利，履行義務，應依誠實及信用的方法。誠信原則，是公平正義的象徵，應該適用在任何權利的行使及義務的履行，而且對於法律的倫理性與當事人間利益的均衡性，有促進調節的作用（§148 II）。

（三）自衛行為及自助行為

因保護自己的權利，有侵越他人權利範圍的必要時，自應用訴訟或強制執行等程序，請求國家司法機關予以協助。但是在情形緊急，無法獲得司法機關的協助時，為權宜之計，法律有時允許個人以私力救濟，即所稱的「自衛」及「自助行為」。

（四）正當防衛

正當防衛是「自衛行為」的一種，是對於現時不法的侵害，為了保衛自己或他人的權利所為的行為，行為人不需

要負損害賠償責任。但如果超過防衛所必要的程度的話，仍應負相當賠償的責任，這表示自力救濟還是要有一定的限度（§149）。

（五）緊急避難

因為要避免自己或他人生命、身體、自由或財產上急迫的危險，而做出的行為，行為人不負損害賠償責任。但為了要避免危險所做出的行為，不能超過危險所能導致的損害程度（§150 I）。例如：A男所養的狗追逐B女，並且要咬傷B女之際，C男發現以木棍重擊A的狗，A的狗旋即重傷死亡，則C男不負任何賠償的責任。這種危險的發生，如果行為人有責任，那就應該要負損害賠償的責任（§150 II）。例如：C挑動A所養的猛犬，猛犬突然跳上猛撲C，C即取木棍重擊猛犬，致猛犬受重傷死亡。則C之毀損行為，雖然並非違法，但基於公平原則，C應負損害賠償責任。

（六）自助行為

「自助行為」是為保護自己的權利，而對於他人的自由或財產，施以「拘束」、「押收」或「毀損」，此行為不負損害賠償的責任。但以不及受法院或其他有關機關的援助，並非於其時為之者，則請求權不得實行或其實行顯有困難者為限（§151）。例如：A詐欺B 1,000萬，A欲畏罪潛逃國外，但A在機場搭機時為B發現，B即私力扣押A，再交予警方。因自助行為拘束他人自由，或押收他人財產，應即時向法院聲請處理。如果聲請被駁回或聲請遲延，行為人就應負損害賠償責任（§152）。

緊急避難

實例

責任。C男不負任何賠償的則以B女旋即重擊，並且所養的狗咬傷C男要發現狗咬追逐B女A男之際，A男所B女C狗棍死亡，A以木

咬

重擊

自助行為

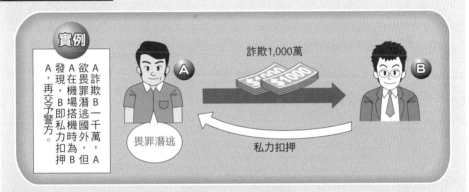

實例

A再交予警方。力扣押B，現在機場搭機時為但A發現，A欲畏罪潛逃國外詐欺B一千萬，

詐欺1,000萬

畏罪潛逃

私力扣押

正當防衛、緊急避難、自助行為

內容 類別	法律性質	構成要件				符合要件	不符要件
		受保護的權利	侵害方式	救濟方法			
				方法	原則		
正當防衛	適法行為	自己或他人的權利	現時不法	反擊行為	必要原則（比例原則）	阻卻違法	損害賠償
緊急避難	放任行為	自己或他人生命、身體、自由或財產	急迫危險	避險行為	❶必要原則 ❷法益權衡原則		
自助行為	適法行為	自己權利請求權	不及受有關機關援助、及時自助的必要	對於他人自由或財產施以拘束、押收或毀損	❶必要原則（類推適用） ❷訴求公力救濟		

第2章 債權總論

●●●●●●●●●●●●●●●●●●●●●●●●●● 章節體系架構

UNIT **2-1**
債權

圖解民法

（一）債權

「債權」就是特定人可以對於特定人請求為某種特定行為的權利，擁有此請求權利的人就是「債權人」。相對地，所謂的「債務」即是接受這種請求，而必須為特定行為的義務，承擔這個義務的人，就是「債務人」。

❶債之相對性

債權是一種相對的法律關係，債權人的請求權，不能對任何人主張，而是僅僅只得對特定的債務人行使。基於債權的關係，在某些情形下，債權人可請求債務人移轉雙方所約定之物，也就是「標的物」的「所有權」。但假如在債權人請求給付的標的物時，標的物已由非債權人或債務人的「第三人」取得，基於債之相對性，則債權人不可請求第三人將標的物給付給他。

❷債之平等性與一物二賣

數個債權，原則上不論其產生的先後順序，地位都是平等的。最常見的例子就是一物二賣，所有人A先把房子賣給B，但尚未將房子過戶給B。又後來A再將房子賣給C。此時，二個買賣契約，都只是債權，但都是平等的，A、B之間契約，並沒有優先於A、C之間的契約。雖然A與B訂有買賣契約，A有將房子移交給B的義務，但若A選擇將房屋移轉給C，由於房子已經交給C，所以A無法履行對B的義務，則A構成了債務不履行。此時B只能對A請求損害賠償。

❸物之對世性

但物權則不一樣，物權是絕對的法律關係，權利的行使直接及於物，假如其物受到不法的干涉，不管是誰造成的侵害都可把他排除，而不僅僅只限於相對的特定人。例如：A有一間房屋，被B占有使用，A可以本於他對房屋的所有權，而請求B離開屋子。

（二）債之發生

債之發生原因，可分成二種，一為法律行為，二為法律規定。

❶法律行為產生之債

由法律行為所產生的債，大多是基於契約，債權的內容要訂什麼可以自由訂立，這就是契約自由原則。另外在法律有明文規定的時候，單獨行為也可以發生債權的關係，例如：設立財團法人的捐助行為。

❷法律規定產生之債

由法律規定產生之債，包括無因管理、不當得利、侵權行為等。

（三）債之標的

債權人基於債之關係，得向債務人請求給付。給付不以有財產價格者為限，不作為亦得給付（§199）。給付，並不限於債務人履行作為的義務，履行不作為亦得為給付，簡單來說，就是給付內容不僅僅只包括請求作特定行為，請求不作特定行為也可以作為給付的內容，例如：A和鄰居B約定，A在入夜十點後，A即不得大聲唱歌影響安寧，這也可以算是債的關係。

債權債務關係

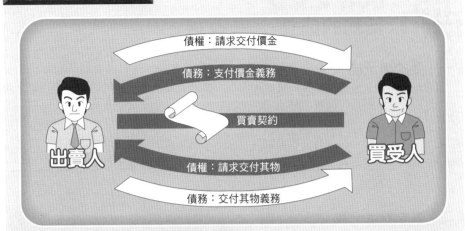

債權：請求交付價金

債務：支付價金義務

買賣契約

出賣人

買受人

債權：請求交付其物

債務：交付其物義務

債之平等性與一物二賣

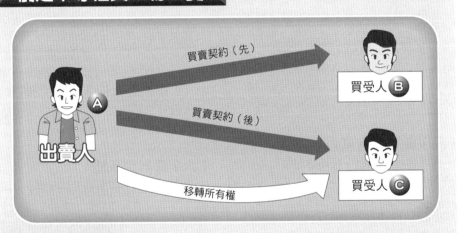

買賣契約（先）

買受人 B

出賣人 A

買賣契約（後）

買受人 C

移轉所有權

債之發生

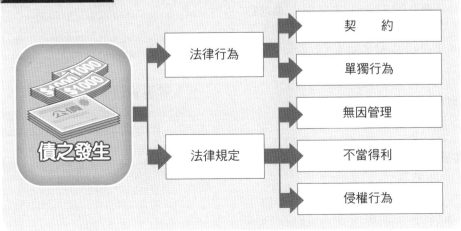

債之發生

法律行為 → 契約

法律行為 → 單獨行為

法律規定 → 無因管理

法律規定 → 不當得利

法律規定 → 侵權行為

UNIT **2-2**
契約的成立

圖解民法

（一）要約與承諾

當事人互相表示意思一致，無論這個意思表示，是「明示」還是「默示」，契約即為成立（§153 I）。當事人一方有要約的意思表示，另一方當事人對於要約給予承諾的意思表示，兩邊表示互相一致，契約就成立。

（二）意思表示一致

當事人對於必要之點，意思一致，而對於非必要之點，未經表示意思者，推定其契約為成立，關於該非必要之點，當事人意思不一致時，法院應依其事件之性質定之（§153 II）。例如：買賣契約中，通常對於標的物、價格、交付時間、地點等必要之點，達成一致，契約即成立，其他細節則為非必要之點。

（三）要約的拘束力

在要約生效之後，只要還在要約的存續期間內，就不能撤回或變更要約，除非在要約當時就預先說好不受拘束，或是依照情形或事件的性質，可以認為當事人沒有受到拘束的意思（§154 I）。在下列情形，要約會喪失拘束力：❶要約經拒絕（§155）；❷以對話方式來要約時，另一方沒有立刻承諾（§156）；❸不是以對話來要約，在通常情形下，可以期待承諾到達的時期內，相對人沒有給予承諾（§157）；❹如果要約定有承諾時間，但沒有在時間內承諾（§158）。

（四）貨物標定賣價陳列價目表寄送

貨物標定賣價陳列者，視為要約。但價目表之寄送，不視為要約（§154 I）。例如：便利店中商品已經標定賣價陳列在店中，就視為要約，具有要約拘束力，當有人想買時，店家不可以不賣。但是價目表寄送，由於店家不一定有現貨或庫存，所以買方想買，店家可以不賣，亦即價目表並非要約。

（五）要約的撤回

要約屬於意思表示，可以撤回，阻止要約發生拘束力，這個「撤回通知」，與要約同時或先到達時，發生撤回效力（§95）。撤回要約的通知，於要約到達之後才到，按照傳達的方法，在通常可以到達的時期內，應該要先到或同時到達，而相對人可以知道這個情況，相對人就應該要向要約人發遲到的通知，如果沒發遲到通知，那要約撤回的通知就當作沒遲到（§162）。

（六）遲到之承諾

遲到之承諾，視為新要約。將要約擴張、限制或為其他變更而承諾者，視為拒絕原要約而為新要約（§160）。承諾之通知，按其傳達方法，通常在相當時期內可達到而遲到，其情形為要約人可得而知者，應向相對人即發遲到之通知。要約人怠於為前項通知者，其承諾視為未遲到（§159）。

（七）意思實現

依習慣或依其事件之性質，承諾無須通知者，在相當時期內，有可認為承諾之事實時，其契約為成立。前項規定，於要約人要約當時預先聲明承諾無須通知者，準用之（§161）。

要約與承諾

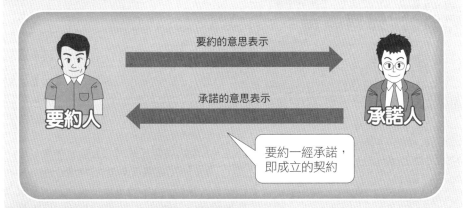

要約人 → 要約的意思表示 → 承諾人

承諾人 → 承諾的意思表示 → 要約人

要約一經承諾，即成立的契約

承諾視為新要約的情況

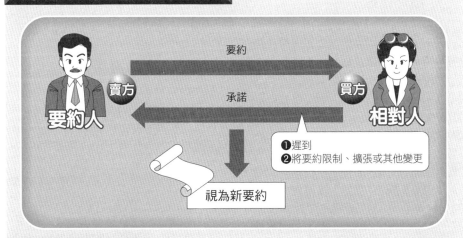

要約人（賣方）→ 要約 → 相對人（買方）

相對人（買方）→ 承諾 → 要約人（賣方）

❶遲到
❷將要約限制、擴張或其他變更

視為新要約

遲到之承諾

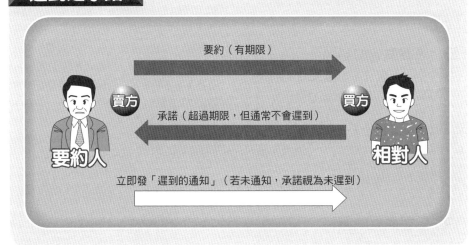

要約人（賣方）→ 要約（有期限）→ 相對人（買方）

相對人（買方）→ 承諾（超過期限，但通常不會遲到）→ 要約人（賣方）

立即發「遲到的通知」（若未通知，承諾視為未遲到）

UNIT **2-3**
懸賞廣告

（一）懸賞廣告

懸賞廣告是指利用廣告聲明，像是登報或是電視廣告等的方式，來促使他人完成一定行為，並給予完成者報酬。反過來說，發出懸賞廣告的廣告人對於完成這個特定行為的人，有給付報酬的義務（§164 I）。

（二）數人及不知懸賞廣告而完成之情形

❶如果不只有一個人各自分別完成行為時，則由最先完成該行為的人取得「報酬請求權」，也就是獲得向廣告人請求給付報酬的權利；如果是兩人以上共同或同時分別完成行為時，則一起共同取得報酬請求權（§164 II）。

❷廣告人給付報酬給最先通知其完成行為的人時，只要廣告人不是明知通知人並非最先完成人，而仍然給付報酬的情形下，就算通知人實際上不是最先完成的人，廣告人給付報酬的義務依然消滅（§164 III）。又若是在不知道有懸賞廣告的情況下，完成廣告所定的行為，完成者亦可以向廣告人請求報酬（§164 IV）。

（三）懸賞廣告的歸屬

懸賞他人做研究，看誰先能突破研究，而競爭者若因為完成該行為，取得了一定的權利，例如：專利、著作權等，因是行為人個人心血及努力的結晶，其權利仍歸屬於行為人。但廣告中事前如有特別聲明，不在此限（§164-1）。

（四）懸賞廣告的撤回

有預定報酬的廣告，如果在行為完成前就撤回廣告，除非廣告人能證明行為人不能完成其行為外，對於行為人因該廣告所受的損害，廣告人應負賠償之責（§165 I）。例如：A懸賞100萬來研發超高速機車，B因此購買設備準備開始研究，此時若A撤回懸賞廣告，B可以就他購買儀器的花費，向A請求賠償。但以不超過預定報酬額，也就是100萬為限，如果超出100萬，A對超出的部分無須負責。

若廣告定有完成行為的期限，則推定廣告人拋棄其撤回權（§165 II）。

（五）優等懸賞廣告

所謂「優等懸賞廣告」，指完成廣告所指定行為的不只一人，就其中完成的成果選出優等者，再給予報酬的廣告。優等懸賞廣告於評定完成時發生效力，廣告人對於被評定為優等的人，負給付報酬的義務（§165-1）。優等懸賞廣告的評定是由廣告中所指定的對象來做。倘廣告中沒有特別指定誰來評定，則由廣告人決定評定的方法來評定，或是由廣告人自行決定（§165-2 I）。依規定所為的評定結果，對於廣告人及應徵人有拘束力（§165-2 II）。經評定的結果，如果有幾人無法分出優劣時，為示公平，應共同取得報酬請求權。但廣告另有聲明者，依契約自由原則，依照其原本聲明而定（§165-3）。權利的歸屬依照第164條之1的規定（§165-4）。

懸賞廣告

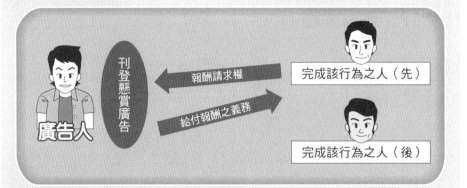

廣告人 → 刊登懸賞廣告

報酬請求權 ← 完成該行為之人（先）

給付報酬之義務 → 完成該行為之人（後）

數人共同完成及報酬請求

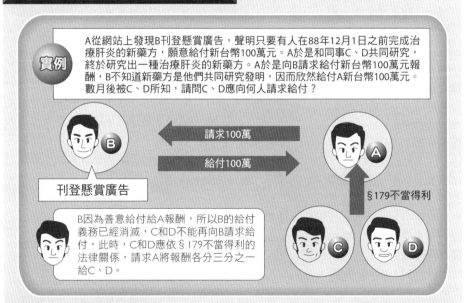

實例

A從網站上發現B刊登懸賞廣告，聲明只要有人在88年12月1日之前完成治療肝炎的新藥方，願意給付新台幣100萬元。A於是和同事C、D共同研究，終於研究出一種治療肝炎的新藥方。A於是向B請求給付新台幣100萬元報酬，B不知道新藥方是他們共同研究發明，因而欣然給付A新台幣100萬元。數月後被C、D所知，請問C、D應向何人請求給付？

B 刊登懸賞廣告

請求100萬 →

給付100萬 →

A

§179不當得利

C D

B因為善意給付給A報酬，所以B的給付義務已經消滅，C和D不能再向B請求給付，此時，C和D應依§179不當得利的法律關係，請求A將報酬各分三分之一給C、D。

懸賞廣告撤回

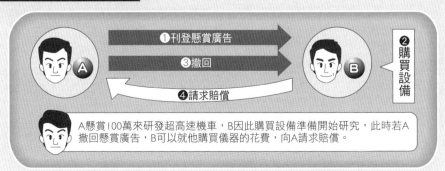

A → ❶刊登懸賞廣告 → B

❸撤回

❹請求賠償

❷購買設備

A懸賞100萬來研發超高速機車，B因此購買設備準備開始研究，此時若A撤回懸賞廣告，B可以就他購買儀器的花費，向A請求賠償。

UNIT *2-4*
無因管理

（一）何謂無因管理？

　　未受委任，並無義務，在這種情形下為他人「管理事務」，稱為「無因管理」（§172）。主動幫別人管理事務的人是「管理人」，而被幫忙管理的人，我們在此稱為「本人」。例如：鄰居外出時，鄰居家的小孩突然生了急病，緊急將小孩送到醫院去治療，這就是無因管理。無因管理的成立要件：❶須有事務管理；❷未受委任；❸須有為他人的意思；❹須無義務。

（二）無因管理人的權利與義務

❶**管理義務**：須依照本人「明示」或「可得推知」的意思，以有利於本人的方法來管理事務（§172）。

❷**通知的義務**：管理人開始管理事務時，除了無法得知本人下落，或是雖然知道本人下落，但卻因故無法通知外，都應向本人通知，在通知後，假如沒有急迫的情事，應該先停止管理等待本人指示（§173 I）。

❸**計算義務**：無因管理應依照「委任」辦理（§173 II）。管理人應向本人報告事務進行的狀況，另外，管理人因管理所收取的金錢、權利和所衍生的利息，都要還給本人。

　　管理人因本人的「生命」、「身體」，或「財產」上有急迫的危險，為排除危險而管理，此種情形下，對於因管理所生的損害除了有惡意或重大過失者外，不負賠償責任（§175）。

（三）本人的義務

❶沒有違反管理義務時，本人應償還管理人在管理時代替支出的費用，並應該附加利息。

❷負有債務時，也應該替管理人償還。若因管理事務，而使管理人受到損失，本人應負賠償責任（§176）。

（四）不適法無因管理

　　所謂不適法無因管理，就是管理人違反本人明示或可得推知之意思。管理人違反本人明示或可得推知之意思，而為事務之管理者，對於因其管理所生之損害，雖無過失，亦應負賠償之責（§174 I）。但有一例外：為本人盡「公益上的義務」，或為其履行「法定扶養義務」，或本人的意思違反「公共秩序善良風俗」時，不適用之（§174 II）。例如：A看見B自殺，而將B救起，此時就算違反本人的意思而使本人受有損害，管理人亦不用負賠償責任。管理事務不利於本人並且違反本人意思時，僅在本人因被管理所受利益的額度內，負擔上述償還費用或賠償的責任（§177 I）。

（五）不法管理

　　不法管理，乃明知為他人事務，仍作為自己的事務而為管理。例如：甲明知其父遺留的A畫為乙所有，而基於自己利益將之讓售於丙。此時，乙（本人）可用不當得利或侵權行為告甲，但無法請求甲賺得的所有利益。因此，此時本人可以準用無因管理之規定（§177 II），剝奪甲所賺得的所有利益。

適法無因管理

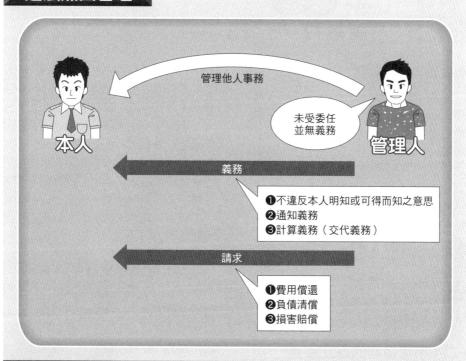

管理他人事務

未受委任
並無義務

本人

管理人

義務

❶不違反本人明知或可得而知之意思
❷通知義務
❸計算義務（交代義務）

請求

❶費用償還
❷負債清償
❸損害賠償

不法管理

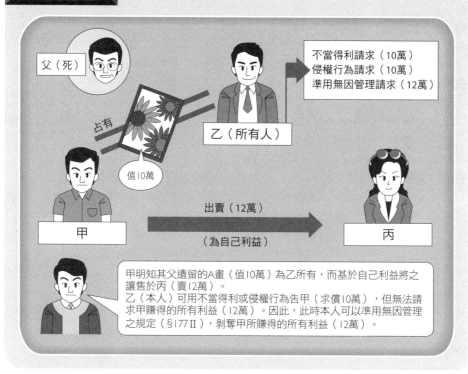

父（死）

不當得利請求（10萬）
侵權行為請求（10萬）
準用無因管理請求（12萬）

占有

乙（所有人）

值10萬

甲

出賣（12萬）

（為自己利益）

丙

甲明知其父遺留的A畫（值10萬）為乙所有，而基於自己利益將之讓售於丙（賣12萬）。
乙（本人）可用不當得利或侵權行為告甲（求償10萬），但無法請求甲賺得的所有利益（12萬）。因此，此時本人可以準用無因管理之規定（§177Ⅱ），剝奪甲所賺得的所有利益（12萬）。

UNIT **2-5**
不當得利

圖解民法

（一）不當得利是什麼？

不當得利是無法律上的原因而受有利益，以致使他人受到損害，就應該將獲得的利益返還；或者雖然本來有法律上的原因，但後來原因不存在，也一樣要把所獲得之利益返還回去（§179）。

在「不當得利」關係下，受利益的人稱為「受領人」，受損害的人稱為「受損人」。例如：A跟B共同繼承財產，A跟B既為共同繼承人，理所當然共同負擔遺產稅捐，此時若A先將遺產稅繳清，使得B免除賦稅義務，A可以依不當得利的法律關係，請求B返還一半的遺產稅捐利益。

（二）不當得利的成立要件

不當得利的成立要件有四項：
❶一方受有利益。
❷他方受到損害。
❸受到利益和受損害之間須有「因果關係」。
❹無法律原因。

（三）不當得利請求權的發生

不當得利的發生有很多種類型，但大約可以分為兩類：
❶給付型不當得利

當一方當事人因為另一方的給付而得到利益，致使給付的一方受到損害（雙方具有「給付關係」），且無法律上關係（欠缺「給付目的」），這就是給付不當得利。例如：A欠B10萬元，不知其妻C已經代為清償債務，而仍向B給付，此為「非債清償」，A得向B主張不當得利。

❷非給付型不當得利

非給付型不當得利，通常是因沒有法律上原因，而侵害他人所應得到的權益，使得他人受到損害，例如：無權占用他人土地，而得到利益，就是使用他人之物。其中他人受到的損害，是指應該歸屬於擁有該項物品或權利的人，也就是「所有人」能夠對他所有之物使用的權利或利益，不論所有人對他所有之物是不是有使用計畫，或是因此而受有不能使用該物的不利益，都屬於受損害的範圍內。

（四）不得請求返還不當得利

有一些情況下，雖然有不當得利，但是「受損害人」之所以會將財產交給對方，自己在道義上也有一些問題，此時法律規定，此種不當得利不得請求返還（§180）：

❶給付係履行道德上義務

受損害人雖然在法律上沒有給付的義務，但是在人情世故上確有這種義務，例如：婚喪喜慶的禮數。

❷未到期債務期前清償

債務期限還沒到的時候，債務人雖然不必清償，但是債務人期前履行，債務也已經完了，所以債務人不可請求返還。

❸給付時明知無給付之義務

受損害人明知沒有給付的義務，但是卻仍清償債務，法律上不許其再請求返還。

❹不法原因而為給付

給付的原因是違法的話，也不可以請求返還。例如：賭博為違法行為，「賭債非債」，可以不用給付，但若欠賭債者給付了，就不能請求返還。

不當得利

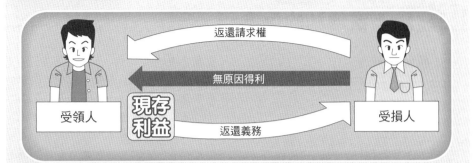

給付型不當得利

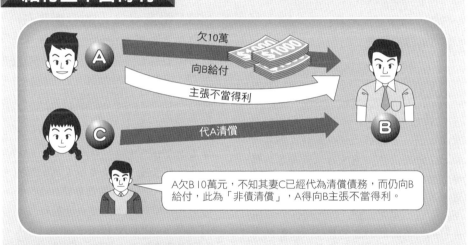

欠10萬

向B給付

主張不當得利

代A清償

A欠B 10萬元,不知其妻C已經代為清償債務,而仍向B給付,此為「非債清償」,A得向B主張不當得利。

非給付型不當得利

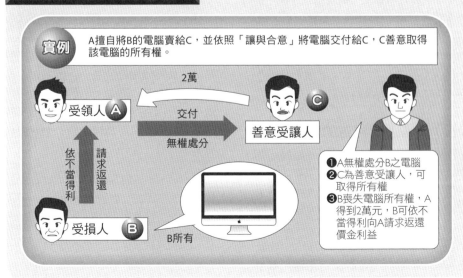

實例　A擅自將B的電腦賣給C,並依照「讓與合意」將電腦交付給C,C善意取得該電腦的所有權。

2萬

交付

無權處分

受領人 A

善意受讓人 C

依不當得利 請求返還

受損人 B

B所有

❶A無權處分B之電腦
❷C為善意受讓人,可取得所有權
❸B喪失電腦所有權,A得到2萬元,B可依不當得利向A請求返還價金利益

UNIT 2-6 不當得利的返還

圖解民法

（一）原物返還

得到不當得利的人就是「受領人」，必須返還「所受利益」。除了原本的「利益」外，如果又生出「其他利益」或是「孳息」時，也應該要一併返還給受損害人（§181）。返還的時候以「原物返還」為原則，也就是得到什麼，就將得到的原本之物還回去。

（二）價額償還

但有時候因為會利益的性質或其他情形而無法直接返還，這時候應該將原本的利益換算成金錢價格，就是「價額」後償還（§181但）。所謂的「性質上無法返還」，例如：所受利益為勞務、物的使用或消費、免除他人債務等的情形；其他情形無法返還，例如：因房屋遭地震滅失，或物因法律之禁止規定而不能返還，受領人將「受領標的物」出售、贈與或與他人之物互易而移轉所有權等。例如：A託B送一盒蛋糕給C，但B誤將蛋糕送給D。一個星期後，A才發現B送錯對象，但此時D已經將蛋糕吃掉了。D無緣無故得到一盒蛋糕，因而造成A的損失，屬於不當得利。但D已經將蛋糕吃完，所以無法返還蛋糕，所以A可以向D請求還他蛋糕錢。

（三）無需返還利益的狀況

不當得利的受領人在獲得利益時，如果「不知道」該利益其實並沒有法律上的原因，換句話說就是受領人為「善意受領人」時，又當時所受利益現在已經不存在的話，受領人則不用返還或償還利益之價額（§182 I）。例如：D誤以為A送蛋糕給他，而將蛋糕吃掉，結果後來才發現是送錯人，A於是要求D還他蛋糕錢，就此D主張自己受領蛋糕時是善意不知情的，而且蛋糕已經不存在了，所以不用返還不當得利。事實上，此時雖然蛋糕已經不存在，但它的利益仍舊存在，所以D依舊應該負返還得利的責任。

（四）惡意受領人的返還責任

要是不當得利受領人是「明知其沒有法律上原因」而受領，即為「惡意受領人」，惡意受領人除了要將利益返還外，還要附加利息；如果受損害人因此在其他地方受有損害，應該一併賠償（§182 II）。例如：A明知沒有法律上原因而受讓得到B之房屋的所有權，將該房屋出售後，結果屋價大漲，償還客觀的價額之後，尚不夠賠償B的損失，應該另行補足其差額作為損害賠償。

（五）向第三人請求返還

不當得利的受領人把自己所得到的利益，讓與給第三人的時候，受損害人原本無直接向第三人請求返還的權利，但若是在不當得利受領人是「善意受領」，且將受領之利益「無償讓與」給第三人，像是「贈送」的情形，此時受損害人可以直接向第三人請求返還。其返還的範圍，以不當得利的「返還義務範圍」為限（§183）。

善意受領人的返還責任

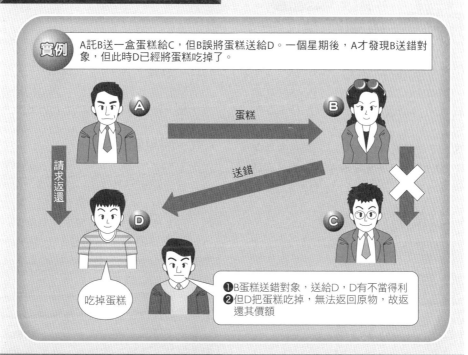

實例 A託B送一盒蛋糕給C，但B誤將蛋糕送給D。一個星期後，A才發現B送錯對象，但此時D已經將蛋糕吃掉了。

蛋糕

送錯

請求返還

吃掉蛋糕

❶B蛋糕送錯對象，送給D，D有不當得利
❷但D把蛋糕吃掉，無法返回原物，故返還其價額

惡意受領人的返還責任

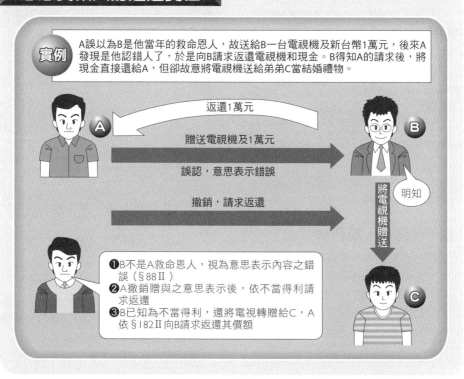

實例 A誤以為B是他當年的救命恩人，故送給B一台電視機及新台幣1萬元，後來A發現是他認錯人了，於是向B請求返還電視機和現金。B得知A的請求後，將現金直接還給A，但卻故意將電視機送給弟弟C當結婚禮物。

返還1萬元

贈送電視機及1萬元

誤認，意思表示錯誤

撤銷，請求返還

明知

將電視機贈送

❶B不是A救命恩人，視為意思表示內容之錯誤（§88Ⅱ）
❷A撤銷贈與之意思表示後，依不當得利請求返還
❸B已知為不當得利，還將電視轉贈給C，A依§182Ⅱ向B請求返還其價額

UNIT *2-7*
侵權行為（一）

（一）侵權行為的一般類型

因故意或過失，不法侵害他人之權利者，負損害賠償責任（§184 I 前段）。例如：A行車超速，撞傷了B，A違反了道路交通安全規則，超速致撞傷B，B可以請求A負擔侵權行為的損害賠償責任。

（二）侵權行為的結構

一般侵權行為的成立要件有六：不法加害行為、侵害他人權利、致生損害、加害行為與損害有因果關係、有責任能力、有故意或過失。

（三）不法加害行為

侵權行為就是指侵害他人的行為，是「受意思支配」，有意識之人的活動，例如：語言、開車、手術開刀等。行為可以分為「作為」和「不作為」，「不作為」要成立侵權，需要有作為的義務為前提，例如：保姆見到自己照顧的嬰兒吞食玩具，卻沒有適時阻止。侵害別人的權利，原則上具有違法性，不過可以因為某些原因，而阻卻其違法性。例如：「正當防衛」、「緊急避難」、「自助行為」、「無因管理」、「權利行使」等，另外，被害人的「同意」，也可以阻卻違法。

（四）侵害他人權利

這裡所謂的權利，是指私權而言，含有「人格權」、「身分權」、「物權」以及「智慧財產權」。但是不包括利益，例如債權、純粹經濟上損失（預期的營業利益）等，都是屬於利益，而非權利。

（五）損害

除了財產上的損失之外，還包括精神或肉體上痛苦等非屬於財產上的損害。

（六）因果關係

因果關係分為責任成立因果關係，以及責任範圍因果關係，而都採「相當因果關係說」，也就是沒有這個行為，就一定不會有這個損害發生；有這個行為，通常就會產生這種損害。例如：甲在高速公路上駕車超速撞倒乙車，乙車燃燒，乙跳車時，掉落河谷，身受重傷，名貴手錶遺失，送院醫治期間，家中遭盜。甲的撞車與乙跳車時掉落河谷身受重傷，在責任成立上，有無相當因果關係？最高法院認為，具有相當因果關係。但乙受傷住院時家中遭竊，甲與此一損害，在責任範圍上有無因果關係？一般認為並無相當因果關係。

（七）故意過失

❶故意

行為人對於構成侵權的行為事實，有「直接故意」——明知且有意使事實發生，例如：在小巷裡開車，雖然看到有人，有意讓他受傷而撞下去；或是「間接故意」、「未必故意」——預見這件事會發生，而且如果發生的話正合本意，例如：在小巷中開車，雖然遠遠見到有人在，也知道會有撞到的可能，但還是繼續開車而撞傷人。

❷過失

應注意，能注意，但卻沒注意；也就是「行為人」可以預見到這個行為會帶來侵害，而未能避免。例如：手術時將紗布遺留在病人體內。

侵權行為

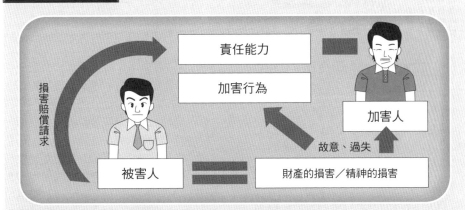

責任能力

加害行為

加害人

損害賠償請求

故意、過失

被害人 ＝ 財產的損害／精神的損害

相當因果關係

實例　甲在高速公路上駕車超速撞倒乙車，乙車燃燒，乙跳車時，掉落河谷，身受重傷，名貴手錶遺失，送院醫治期間，家中遭盜。

撞

身受重傷
責任成立因果關係　✔

家中遭盜
責任不成立因果關係　✘

甲　乙

利益損失（純粹經濟上損失）

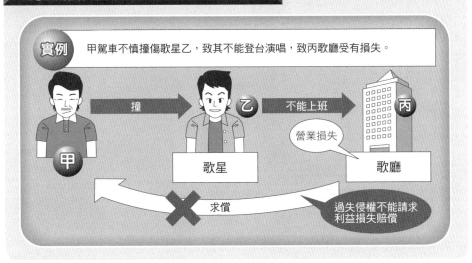

實例　甲駕車不慎撞傷歌星乙，致其不能登台演唱，致丙歌廳受有損失。

撞　乙　不能上班　丙

營業損失

甲　歌星　歌廳

求償

過失侵權不能請求
利益損失賠償

089

UNIT 2-8
侵權行為（二）

圖解民法

（一）故意以背於善良風俗加損害於他人

加害人故意以違背善良風俗的方法，加損害於他人，雖然是侵害被害人的利益，也構成侵權行為（§184 I 後段）。若是因過失而以違背善良風俗的方法加損害於他人的時候，則不構成侵權行為。實務上常見的案例包括：❶明知有配偶之人仍與之通姦；❷侵害他人債權，例如唆使他人為二重買賣，通謀虛偽設定抵押權，以詐害債權；❸詐欺；❹濫用訴訟制度，例如訴訟中故意做不實陳述，或賄賂證人而取得不正確判決（或執行名義），並據此為強制執行。若根據此條來請求時，可請求的損害包括權利及利益的損害。

（二）違反保護他人的法律

要是違反了為保護個人權益而設的法律或命令，而使得其他人受有損害時，加害人應負賠償責任（§184 II）。其要件有三：❶須為保護他人的法律；❷被害人須屬於受保護人的範圍；❸所受的損害，須為法律所要保護的利益。例如：小李行車超速，違反道路交通安全規則，超速導致撞傷老周，依民法第184條第2項規定構成侵權行為，老周可以請求小李負擔侵權行為的損害賠償責任。若根據此條來請求，可請求的損害包括權利及利益的損害。

（三）侵權行為的舉證責任

受害人（原告）想要控告加害人有侵權行為，在法庭上須負舉證責任，亦即上述一般侵權行為的六個要件：不法加害行為、侵害他人權利、致生損害、加害行為與損害有因果關係、有責任能力、有故意或過失，都要負舉證責任。

但在訴訟上，被告是否有過失？被告的行為與原告的損害是否有因果關係，往往難以證明，由原告負舉證責任，往往導致原告敗訴。因此，偶爾在法條設計上，會採取「推定過失」或「推定有因果關係」，以減輕原告的舉證責任；而被告若想免責，則必須舉反證，證明自己沒過失，或沒有因果關係。在上述第184條第2項的違反保護他人法律的侵權行為，原告只要證明被告違反保護他人法律，即可推定被告有過失。

（四）共同侵權行為的責任

數人共同不法侵害他人的權利，損害的發生，是由各行為人所共同造成，不易分別責任的分擔額，所以應該連帶負賠償責任，被害人可以單獨向其中一位加害人請求賠償，也可以讓幾個人一起共同負擔賠償的責任，其賠償的金額以填補損害為限（§185 I 前段）。在數人共同做危險行為，但不能確切知道到底誰才是加害人，也要全體負連帶賠償責任（§185 I 後段）。另外，造意人（類似教唆）和幫助人，視為共同行為人（§185 II）。

第184條侵權行為結構

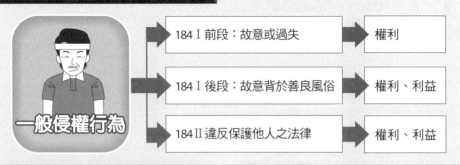

一般侵權行為
- 184 I 前段：故意或過失 → 權利
- 184 I 後段：故意背於善良風俗 → 權利、利益
- 184 II 違反保護他人之法律 → 權利、利益

違反保護他人之法律

實例　甲明知兒子乙未滿18歲，尚未考取駕照，仍將其小客車交其駕駛，乙上路後與丙發生車禍。

借車　車禍

父 甲　子、未滿18 乙　丙

甲違反保護他人之法律，推定有過失

共同加害行為

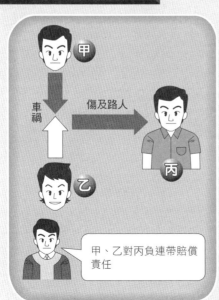

甲

車禍　傷及路人

乙

丙

甲、乙對丙負連帶賠償責任

共同危險行為

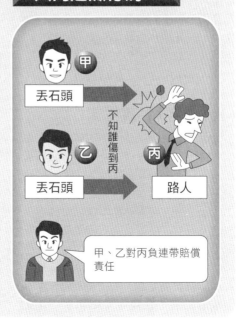

甲

丟石頭

乙

丟石頭

不知誰傷到丙

丙

路人

甲、乙對丙負連帶賠償責任

UNIT **2-9**
特殊侵權行為（一）

（一）公務員的侵權責任

公務員如果對於第三人應執行的職務，故意違背該職務的義務，而使第三人受有損害，公務員應負損害賠償責任；如果是因為過失的話，只有在被害人無法用其他法律上的「救濟方法」受賠償時，才負賠償責任，但要是被害人因故意或過失，不去使用其他方式請求賠償時，公務員就無須負賠償責任（§186）。但目前另有國家賠償法，故大部分公務員發生的侵權行為，都另外以國家賠償法求償。

（二）法定代理人的責任

「無行為能力人」或「限制行為能力人」，不法侵害他人權利時，如果當時有「識別能力」，就要與法定代理人連帶負損害賠償責任；如果當時沒有「識別能力」，就由法定代理人單獨負損害賠償責任（§187 I）。若法定代理人能夠證明他有盡到監督的責任，沒有任何疏失，或是縱使他有盡相當的監督，但依然無法避免這個損害發生的話，法定代理人就不用負責（§187 II）。

（三）僱用人的責任

受僱人因執行職務，不法侵害他人之權利者，由僱用人與行為人連帶負損害賠償責任（§188 I 前段）。不過僱用人只要能證明他在選任員工與監督員工工作上，沒有過失的話；或損害的發生與僱用人的選任監督沒有因果關係時，僱用人就不用負連帶責任（§188 I 但書）。例如：A是其公司的送貨司機，在送貨時撞傷了B，而後發現A只有自小客車駕照，這樣卻駕駛貨車，算是無照駕駛，但公司僱用A時，就應該確認A是否有合格駕駛執照，所以公司在選任員工上有所疏失，因此，B可以請求A及僱用他的公司連帶負損害賠償責任。

（四）定作人的責任

「承攬人」是指替「定作人」完成一定工作而收取報酬的人，由於承攬人在執行承攬事項時，有相當程度的獨立自主性，所以如果承攬人因故意或過失，使他人受有損害時，只需由承攬人自己單獨負擔損害賠償責任，除非是定作人在定作或是指令上有過失，而使損害發生，此時才是由定作人負賠償責任（§189）。

（五）動物占有人的責任

「占有人」就是實際「管領」動物的人，當被管領的動物讓別人受損害時，占有人就要負損害賠償責任。但依動物之種類及性質，已為相當注意之管束，或縱為相當注意之管束而仍不免發生損害者，不在此限（§190 I）。動物係由第三人或他動物之挑動，致加損害於他人者，其占有人對於該第三人或該他動物之占有人，有求償權（§190 II）。

僱用人賠償責任

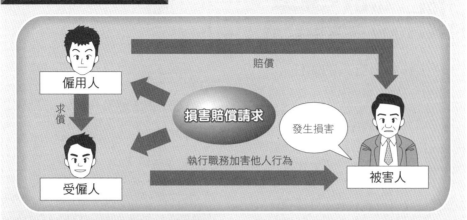

法定代理人賠償責任

動物占有人責任

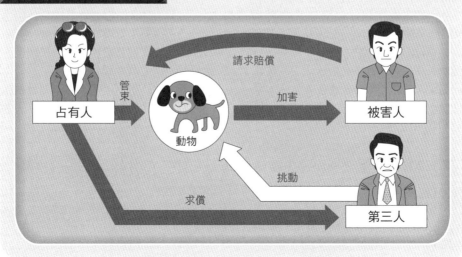

UNIT **2-10**
特殊侵權行為（二）

圖解民法

（一）工作物所有人的責任

土地上之建築物或其他工作物所致他人權利之損害，由工作物之所有人負賠償責任。但其對於設置或保管並無欠缺，或損害非因設置或保管有欠缺，或於防止損害之發生，已盡相當之注意者，不在此限。前項損害之發生，如別有應負責任之人時，賠償損害之所有人，對於該應負責者，有求償權（§191）。

（二）商品製造人的責任

商品製造人因其商品之通常使用或消費所致他人之損害，負賠償責任。但其對於商品之生產、製造或加工、設計並無欠缺或其損害非因該項欠缺所致或於防止損害之發生，已盡相當之注意者，不在此限。前項所稱商品製造人，謂商品之生產、製造、加工業者。其在商品上附加標章或其他文字、符號，足以表彰係其自己所生產、製造、加工者，視為商品製造人。商品之生產、製造或加工、設計，與其說明書或廣告內容不符者，視為有欠缺。商品輸入業者，應與商品製造人負同一之責任（§191-1）。例如：食品製造人，因其製造的食品不潔，使消費者吃了拉肚子，食品的製造人要對此負損害賠償責任。本條採取的是過失推定及因果關係推定，以減輕原告的舉證責任。

（三）消費者保護法採無過失責任

在商品製造人責任部分，大部分時候，已經被消費者保護法的商品責任取代。消費者保護法第7條規定：「從事設計、生產、製造商品或提供服務之企業經營者，於提供商品流通進入市場，或提供服務時，應確保該商品或服務，符合當時科技或專業水準可合理期待之安全性。……企業經營者違反前二項規定，致生損害於消費者或第三人時，應負連帶賠償責任。但企業經營者能證明其無過失者，法院得減輕其賠償責任。」本條採取的是無過失責任，縱使企業經營者能證明其無過失，只是得減輕賠償，但仍要賠償。故比民法的推定過失責任更重。

（四）動力車輛駕駛人的責任

汽車、機車或其他非依軌道行駛之動力車輛，在使用中加損害於他人者，駕駛人應賠償因此所生之損害。但於防止損害之發生，已盡相當之注意者，不在此限（§191-2）。本條採取過失推定，若加害人不想賠償，則需舉證證明自己沒有過失。

（五）一般危險責任

經營一定事業或從事其他工作或活動之人，其工作或活動之性質或其使用之工具或方法有生損害於他人之危險者，對他人之損害應負賠償責任。但損害非由於其工作或活動或其使用之工具或方法所致，或於防止損害之發生已盡相當之注意者，不在此限（§191-3）。本條採取推定過失及推定因果關係。

工作物所有人責任

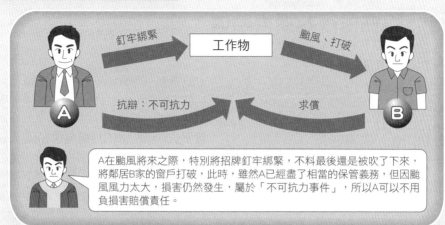

釘牢綁緊 → 工作物 → 颱風、打破

抗辯：不可抗力 ← 求償

A在颱風將來之際，特別將招牌釘牢綁緊，不料最後還是被吹了下來，將鄰居B家的窗戶打破，此時，雖然A已經盡了相當的保管義務，但因颱風風力太大，損害仍然發生，屬於「不可抗力事件」，所以A可以不用負損害賠償責任。

商品製造人責任

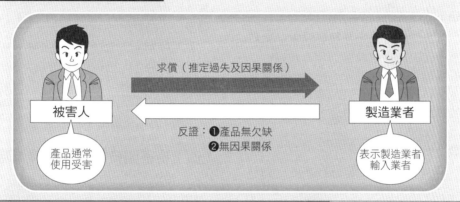

求償（推定過失及因果關係）→

被害人 ← 反證：❶產品無欠缺 ❷無因果關係　製造業者

產品通常使用受害

表示製造業者輸入業者

消費者保護法之商品服務無過失責任

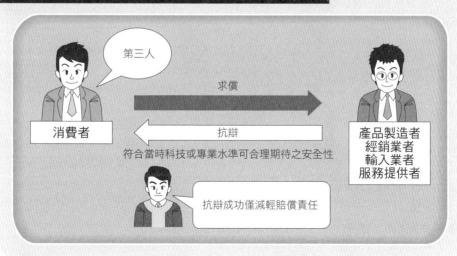

第三人

求償 →

消費者 ← 抗辯　產品製造者 經銷業者 輸入業者 服務提供者

符合當時科技或專業水準可合理期待之安全性

抗辯成功僅減輕賠償責任

UNIT *2-11* 侵權行為損害賠償

（一）損害賠償

損害賠償包括財產上的損害賠償，以及非財產上的（精神上）損害賠償。

（二）財產上損害賠償

❶不法毀損他人之物

不法毀損他人之物者，應向被害人賠償被毀損之物，因毀損所減少的價額（§196）。損害賠償是以「回復原狀」為原則，但例外可以「金錢賠償」。

❷不法侵害他人的身體或健康

不法侵害他人的身體或健康，對於被害人因此喪失或減少「勞動力」，或增加生活上的需要，應負賠償責任（§193 I）。由於此金額通常很大，若無法一次付清，可請求支付定期金（§193 II）。

❸不法侵害他人致死

不法侵害他人，導致他人死亡，對於死亡前的醫療費及增加生活費，以及死亡後的殯葬費，應負賠償責任（§192 I）。又若被害人還有他需負擔「法定扶養義務」的第三人，加害人對於該第三者也應負損害賠償責任（§192 II），例如：父因車禍死亡，其父還需扶養幼年子女以及年老父母，侵害人對於其子女及父母，應負賠償責任。胎兒以將來出生後「非死產」為限，對於胎兒個人利益的保護，先「視為」已出生，因此胎兒也有請求賠償的權利。

（三）非財產上損害賠償（慰撫金）

❶不法侵害他人致死

因不法侵害他人致死，對於被害人的父、母、子、女及配偶，雖然不是財產上的損害，也可以請求賠償相當金額。這就是所謂的「慰撫金」，用以賠償精神的損害（§194）。

❷不法侵害他人的身體健康名譽自由

不法侵害他人之身體、健康、名譽、自由、信用、隱私、貞操，或不法侵害其他人格法益而情節重大者，被害人雖非財產上之損害，亦得請求賠償相當之金額。其名譽被侵害者，並得請求回復名譽之適當處分（§195 I），例如：登報道歉。

❸身分法益受害

不法侵害他人基於父、母、子、女或配偶關係之身分法益而情節重大者，亦可請求非財產上損害賠償（§195 II）。例如：子女被人拐跑，損害其身分法益，也可請求賠償。

（四）損害賠償請求權的消滅時效

因侵權行為所生之損害賠償請求權，自請求權人知有損害及賠償義務人時起，2年間不行使而消滅。自有侵權行為時起，逾10年者亦同（§197 I）。損害賠償之義務人，因侵權行為受利益，致被害人受損害者，於前項時效完成後，仍應依關於不當得利之規定，返還其所受之利益於被害人（§197 II）。

因侵權行為對於被害人取得債權者，被害人對該債權之廢止請求權，雖因時效而消滅，仍得拒絕履行（§198）。

圖解民法

財產上損害與非財產上損害

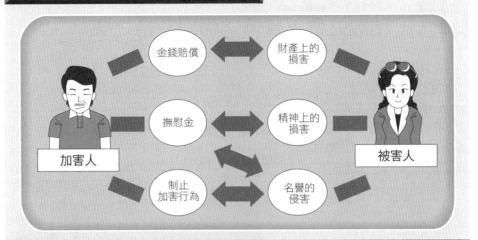

減少勞動力及增加生活支出

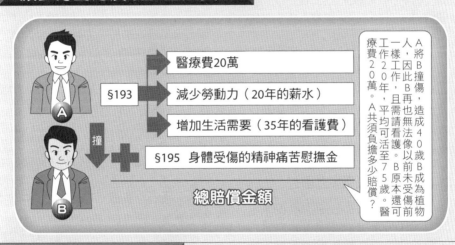

侵權行為消滅時效

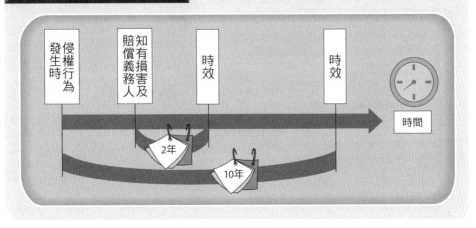

UNIT 2-12
種類之債、貨幣之債與利息之債

圖解民法

（一）種類之債

約定所要給付的東西，僅指示物的種類，並沒有特定要哪一個標的物，這就稱作「種類之債」，例如：麵粉、白米就是種類之債。依法律行為的性質，或當事人的意思，不能決定品質時，債務人應給以中等品質的標的物（§200 I）。

種類之債的特定

原先給付的內容是種類物，債務人在履行交付其物的必要行為之後，或是經過債權人的同意，指定債務人應交付哪一個標的物時，種類物即變為「特定給付物」（§200 II）。例如：債務人將其物託諸運送的行為完結時，或經債權人同意指定其應交付之物時，使其替代的債務成為特定的債務。債務人應給付之物變成特定物之後，原則上就不得變更。

（二）特種通用貨幣之債

債的標的是以特定的通用貨幣來給付，如其貨幣到了給付期，卻已經失去通用的效力時，則應該用他種的通用貨幣來給付（§201）。假如特種通用貨幣至給付期已失強制通用的效力，則與並未定特種通用貨幣相同，債務人應以他種通用貨幣為給付，蓋定特種貨幣的約定，不過是附隨的事件。

（三）外國貨幣之債

「給付額」是以外國的通用貨幣來定的時候，債務人可以按給付時、給付地的市價，以中華民國通用貨幣來做給付。但如果有明定說一定要以外國貨幣來給付時，就仍然要用該特定的外國貨幣來給付（§202）。

（四）利息之債

利息是因使用原本所支付的一種報償，此種報償，必須和原本同一種類，而且依比例分數而支給。給付利息為標的之債，稱為利息之債。利息之債分為「法定利息」及「約定利息」兩種。法定利息即利息依法律規定發生的，而約定利息是利息依借貸當事人合意而發生的。如果沒有約定利率，也沒有其他法律另外定計算標準時，週年利率為5%，作為法定利率（§203）。約定利率的高低，本來可以由當事人自由約定，但是重利盤剝，會有害社會公義，並非法律所許可。因此，約定利率超過週年16%者，超過部分之約定，無效，且也不得以折扣或其他方法，來巧取利益（§206）。雙方約定的利息債務，如果約定利率超過週年12%的話，債務期間經過1年後，只須在1個月前先預告債權人，債務人即可以隨時清償原本，以免債務人負擔過重的利息債務，這個清償的權利，債權人不得以契約除去或是去限制（§204）。

（五）複利

「複利」就是將債務人尚未清償的利息，滾入「原本」，所再生的利息。利息原不得滾入原本再生利息，但當事人如果是以書面約定，利息遲付超過1年之後，經債權人催告，仍然不償還時，債權人得將遲付的利息算入原本之中，再生利息，這個約定就有效（§207 I）。

種類之債

實例 約定給付白米100公斤，但卻沒有指明要哪一個等級的米，請問該給付何種等級的米？

給付

| 白米（劣等） | 白米（中等） | 白米（上等） |

甲 買方

乙 賣方

購買白米100斤（未指明）

既不能依法律行為的性質，或是當事人意思決定其品質，則使債務人給付中等品質，方合當事人的意思。

貨幣之債

實例 A向B採買2,000個洋娃娃外銷，由於A的國外客戶交易都用美金來定價格，A向B購買時，也是以每斤價格計算。請問給付時，是否一定要以美金支付？

2,000個洋娃娃

採購
（約定以美金計價）

A　　　B

給付台幣即可
（美金換算為新台幣）

只要A與B的買賣契約，沒有約定一定要以美金來支付的話，A就可以用新台幣來支付，至於匯率的計算，就以支付價金的時候，當地銀行公告的兌換牌價作為依據。

約定利率上限

實例 老周向老張借100萬，並約定每個月支付2萬元利息。老周支付八個月利息之後，就沒再付了，老張在第九個月是否有權請求老周支付利息？

100萬×年利率16％＝16萬

每月2萬利息×12個月＝24萬（超過16％）

超過16萬之約定，無效

由於約定利率超過年利率16％的部分，無效，所以老張沒有請求權。

UNIT *2-13*
選擇之債

在「數宗給付」，也就是給付標的物有數種，只要選擇其中的一種來清償，債務就可以算是履行完畢，這種債務稱為「選擇之債」。

（一）選擇權屬於誰

於數宗給付中，要選擇哪一種來作為清償的給付標的物，這個「選擇權」屬於債務人所有。但若是法律另有規定，或雙方當事人另外以契約來訂定有選擇權人時，就不在此限（§208）。例如：旅館有供應中、西兩種餐點給旅客，旅館可以選擇其一供給旅客。又例如：A到花店買花，要求老闆B幫他編成一束價格約300元的花束，A訂花的內容屬於選擇之債，而且又沒有訂明是由何人來做選擇花材的，所以要選擇用什麼花材，這個選擇權就在B的手中。

（二）選擇權的行使

債權人或債務人中，有選擇權的人，應向另一方當事人表示要選擇什麼。如果是由第三人來行使選擇權的話，則應該要告訴債權人及債務人雙方，才會發生效力（§209）。

（三）選擇權的移轉

如果有選擇權的人，一直遲遲不行使他的選擇權，就會造成債的關係無法確定，所以應該要有所限制。

❶選擇權定有行使期間

有選擇權的人，在約定的期間內不行使時，選擇權就移轉給他方當事人來行使（§210Ⅰ）。

❷選擇權未定有行使期間

當債權的清償期已屆至時，沒有選擇權的當事人，可以定一個期限，來催告有選擇權的一方當事人，盡快行使選擇權。如果有選擇權人，不在所定期限內行使權利，則選擇權就會移轉給催告他行使的當事人（§210Ⅱ）。

❸由第三人行使選擇權

如果第三人不能或不願意選擇時，選擇權就屬於債務人（§210Ⅲ）。

（四）選擇之債的給付不能

選擇給付的「數宗標的」中，有的給付因天災不可抗力，或因有選擇權人的過失，使得「自始給付不能」或「嗣後給付不能」時，債權的關係，應該只會存續於剩下還存在的給付中。但如果使給付變成不能的理由，是因無選擇權當事人的過失所造成的，那麼相對人就可以請求給付其他可能的標的物，或請求因給付不能而生的損害賠償，以保護有選擇權人的利益（§211）。

（五）選擇之債溯及效力

既然是被選擇的給付，就表示說這個被選擇的標的，從一開始就是「債之標的」，所以選擇的，不過就是除去其他可供選擇的標的而已。因此，選擇權人一經行使選擇權之後，溯及於債權發生時，產生效力（§212）。

選擇權

實例 A到花店買花，要求老闆B幫他編成一束價格約300元的花束，請問老闆有無自己選擇用花的權利？

給付 ← （紅／白） ← 選擇

債權人　　　　　　　　　　　　債務人

A訂花的內容屬於選擇之債，而且又沒有訂明是由何人來做選擇花材的，所以要選擇用什麼花材，這個選擇權就在B的手中。

選擇權的行使

實例 A向B訂購民俗藝品，並約定由A的經銷商C選擇藝品種類，C向B指定三個式樣的藝品，但是沒有告訴A指定哪三個式樣的藝品。

 債權人

訂購

 第三人 ──意思表示（選擇）──→  債務人

C行使選擇權時，應該要分別向A跟B為意思表示，才會發生特定之效力，所以C只向B為意思表示，而尚未跟A做意思表示，因此選擇權的行使就還沒有完成。

選擇之債的給付不能

實例 A向B購買花圍要用的花朵，玫瑰或菊花或水仙一噸，由B選擇並約定在一週後給付，但是三天後，A在隔鄰整地，噴灑藥水，不料污染到了水源，導致玫瑰花全部被毒死。

毒死　嗣後不能

 A ──A要負責──→ 玫瑰　　　　　　 B

餘存給付 { 菊花／水仙 }

債權人（無選擇權）　　　　　　債務人（有選擇權）

A跟B的契約給付，屬於選擇之債，玫瑰花被毒死，已經變成「嗣後不能給付」，又因為玫瑰被毒死是A的過失所致，所以B可以選擇賣玫瑰花給A，而免除給付責任。

UNIT 2-14 損害賠償之債

（一）損害賠償的方法

我國民法關於損害賠償的方法，以回復原狀為原則，金錢賠償為例外。

❶回復原狀

負損害賠償責任者，除法律另有規定或契約另有訂定外，應回復他方損害前的原狀。因回復原狀的結果是給付金錢時，應加上自損害發生時起到清償日為止的利息（§213）。

❷金錢賠償

①應回復原狀而不為

損害賠償的方法是回復原狀時，如果經「債權人」定一個期限來「催告」「債務人」給付賠償，而超過了這個期限，但債務人卻仍不履行回復原狀之賠償時，債權人就可以請求改以金錢來填補損害（§214）。

②不能回復原狀或回復顯有困難

既然已經不能回復原狀，自然當以金錢賠償。若是回復所需費用過大，或是需要的時間太久，或難以得到原先預期的結果時，就以金錢賠償較為妥當（§215）。例如：A到B的家中拜訪，不小心將B家中的古董花瓶打破，打破的花瓶已經不可能回復原本的樣子，所以A應該以金錢作為賠償B的損失。

（二）損害賠償的範圍

損害賠償的範圍，如果是依當事人的意思而定的，稱為「約定賠償範圍」。例如：當事人約定的違約金，視為因不履行所生損害賠償總額（§250 II）。如無約定的範圍，也沒有法律特別規定的範圍，則應依我民法第216條第1項規定，損害賠償的範圍，就以填補債權人「所受損害」及「所失利益」為限。其

中，「所失利益」，以依通常情形或依已定的計畫、設備或其他特別情事，可以預期會得到的利益為準。

（三）與有過失

損害的發生或擴大，除了因賠償義務人的行為之外，被害人也同樣有過失時，為了公平起見，在計算賠償金額時，法院得依被害人過失的程度，減輕賠償金額或免除之（§217 I）。重大的損害原因，債務人無法立刻知道，但被害人本來可以預先提醒債務人注意，卻沒有通知，或本來可以避免損失的發生或擴大，可是因為被害人怠於避免或減少損害，這就是「與有過失」（§217 II）。若是被害人是他的代理人或使用人有過失時，同樣也算做是被害人與有過失（§217 III）。

為了兼顧損害賠償義務人的利益，如果損害的發生，並不是因為行為人的故意或重大過失所造成時，且要是賠償導致賠償義務人的生活維持有影響時，法院可以斟酌情形，減輕賠償金額（§218）。

（四）賠償義務人的權利讓與請求權

物或權利喪失或受損害的被害人，一邊可以對加害人請求損害賠償，另一邊可以保有物的所有權或是其權利，這樣等於是「雙重得利」，有失公平，因此，在賠償義務人賠償後，可以向受害人請求讓與受損物的所有權或是權利（§218-1 I）。

損害賠償體系

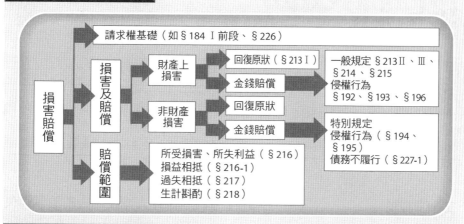

請求權基礎（如§184 I 前段、§226）

損害賠償 — 損害及賠償 — 財產上損害 — 回復原狀（§213 I）／金錢賠償 → 一般規定§213 II、III、§214、§215　侵權行為§192、§193、§196

非財產損害 — 回復原狀／金錢賠償 → 特別規定　侵權行為（§194、§195）　債務不履行（§227-1）

賠償範圍 → 所受損害、所失利益（§216）　損益相抵（§216-1）　過失相抵（§217）　生計斟酌（§218）

酌減損害賠償

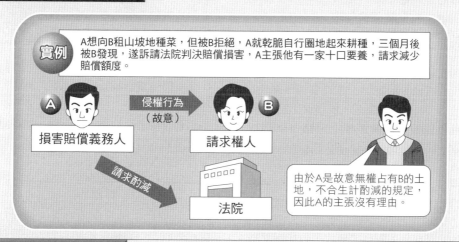

實例　A想向B租山坡地種菜，但被B拒絕，A就乾脆自行圈地起來耕種，三個月後被B發現，遂訴請法院判決賠償損害，A主張他有一家十口要養，請求減少賠償額度。

A　損害賠償義務人　—侵權行為（故意）→　請求權人　B

請求酌減　→　法院

由於A是故意無權占有B的土地，不合生計酌減的規定，因此A的主張沒有理由。

讓與請求權

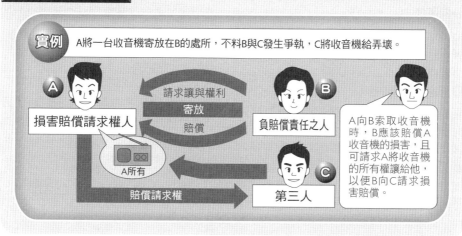

實例　A將一台收音機寄放在B的處所，不料B與C發生手執，C將收音機給弄壞。

A　損害賠償請求權人　—請求讓與權利／寄放／賠償—　負賠償責任之人　B

A所有

賠償請求權　→　第三人　C

A向B索取收音機時，B應該賠償A收音機的損害，且可請求A將收音機的所有權讓給他，以便B向C請求損害賠償。

UNIT 2-15
債務不履行的歸責

（一）債務不履行

債務人如果沒有正當理由，卻不依照債務的內容來履行債務，就是債務不履行。「給付遲延」、「給付不能」、「不完全給付」都是債務不履行的型態之一。

（二）歸責事由

所謂的「事由」可分為：❶故意；❷過失；❸事變。過失又可分為抽象輕過失（欠缺善良管理人的注意）、具體輕過失（欠缺與處理自己事務的注意）、重大過失（欠缺一般人應有的注意義務）。一般而言，債務人就其故意或過失之行為，應負責任（§220 I）。若過失之責任，依事件之特性而有輕重，如其事件非予債務人以利益者，應從輕酌定（§220 II）。如果要負的是具體輕過失責任，但自己卻是個粗心大意的人，低於一般人的注意義務，此時，如有重大過失，仍應負責（§223）。「事變」是指非因債務人的故意或過失所生的變故，包括通常事變或不可抗力。

❶歸責能力

故意或過失這兩項要件，都需要以加害人有「識別能力」為前提（§221準用§187）。

❷約定歸責事由

基於「契約自由原則」，當事人雙方可以約定債務不履行的歸責事由，例如：事先對欠缺善良管理人的注意義務，約定免責。但是，對於故意或重大過失，則不得事先約定免責，以免占優勢的一方藉此事先免除自己的法律責任，而造成不公平的狀況（§222）。

❸法律規定的歸責事由

為了合理分配歸責事由上的危險，民法就部分債之關係，設有較輕或較重的歸責事由，例如：在贈與契約，債務人僅就故意或重大過失負責任，這就是減輕債務人的歸責事由。

（三）代理人或使用人的故意過失

債務人的「代理人」，包括「法定代理人」與「意定代理人」，或是「使用人」，例如：受僱人、運送人等，因為債務人本人的意思，為了履行債務而使用的人。

兩種都屬於債務人的「履行輔助人」，因為履行輔助人的協助，而使得債務人的活動範圍擴大，所以當履行輔助人在履行上有故意或過失時，也認定為是債務人的履行有故意或過失，而與履行輔助人負同一責任。

不過如果債權人與債務人另行約定說，債務人對於履行輔助人在履行時，有故意或過失無須負責，則此時債務人就不用與履行輔助人負同一責任（§224）。履行輔助人責任，不只適用在契約關係，也適用在其他債之關係（侵權行為等）。

例如：A參加B旅行社去日本旅遊，B在日本找當地遊覽車公司C，結果C發生車禍，造成A受傷。此時，C是B的使用人，其發生車禍有過失，等同於B有過失。A可以向B因債務不履行（加害給付）求償。

債務不履行歸責事由

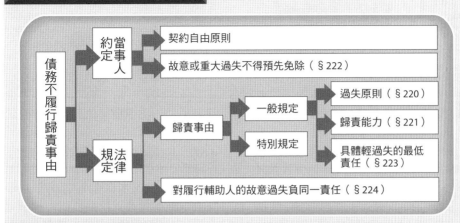

過失的程度

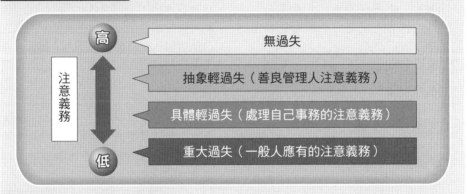

履行輔助人責任

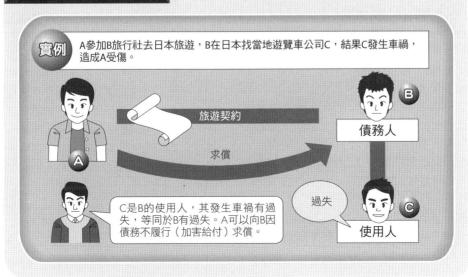

UNIT **2-16** 給付遲延

（一）債務人遲延

債務人的給付有一個確定期限的時候，在清償期限到來，卻不清償債務，就應負遲延責任（§229 I）。如果「給付無確定期限」，債務人於債權人得請求給付時，經債權人的催告而沒有給付，自受催告時起，負遲延責任（§229 II）。催告定有期限者，債務人自期限屆滿時起負遲延責任（§229 III）。但若因不可歸責於債務人之事由（例如：天災或不可抗力事件），致未為給付者，債務人不負遲延責任（§230）。

給付遲延之責任

①損害賠償

債務人遲延者，債權人得請求其賠償因遲延而生之損害；就算是因為「不可抗力」而生的損害，債權人也可以請求因遲延而生的損害賠償。但債務人證明，就算他不遲延給付，損害一樣會發生的話，就不用負責（§231）。

債務人給付遲延之後，仍有給付義務，但要是給付對債權人來說已經沒有利益的時候，債權人就可以拒絕債務人的給付，而直接請求不履行之損害賠償（§232）。

②解除契約

契約當事人的一方在履行期到時遲延未履行，另一方可以定一個期限，催告履行契約，如果過了期限仍不履行時，就得解除契約（§254）。依契約內容或當事人意思而言，如果不在一定時間給付，就不能達成契約的目的，若契約當事人的一方不在指定時期給付，另一方可以不經催告，直接解除契約（§255）。

（二）受領遲延

「受領遲延」指債務人依債務內容提出給付，使債權人處於可受領的狀態，而債權人卻拒絕受領或不能受領，此時債權人要負遲延責任（§234）。但債務人非依債之本旨提出給付，不生提出之效力。又如果債權人已經先表示說要拒絕受領時，或是債務人的給付行為，兼需要債權人配合，債務人只要把準備給付的事情，通知給債權人，以代替實際提出（§235）。給付沒有確實時限，或是債務人要在清償期限到之前就給付，在這種情況下，債權人通常都還沒做好受領的準備，若因此算債權人受領遲延，並不公平，所以債權人因為一時受領不能，不負遲延責任。但若是債務人提出給付，是因為債權人的催告，或是債務人曾經事先預告債權人，此時債權人就要負擔受領遲延的責任（§236）。

（三）受領遲延時債務人責任

在債權人遲延中，債務人僅就故意或重大過失，負其責任（§237）。在債權人遲延中，債務人無須支付利息（§238）。債務人應返還由標的物所生之孳息或償還其價金者，在債權人遲延中，以已收取之孳息為限，負返還責任（§239）。債權人遲延者，債務人得請求其賠償提出及保管給付物之必要費用（§240）。有交付不動產義務之債務人，於債權人遲延後，得拋棄其占有。前項拋棄，應預先通知債權人。但不能通知者，不在此限（§241）。

債務的期限

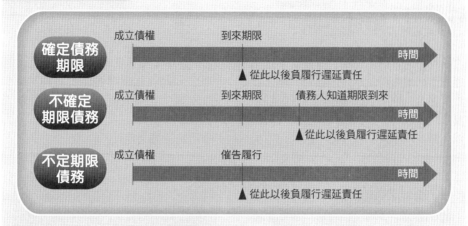

確定債務期限	成立債權 ——— 到來期限 ——— 時間
	▲ 從此以後負履行遲延責任
不確定期限債務	成立債權 ——— 到來期限 ——— 債務人知道期限到來 ——— 時間
	▲ 從此以後負履行遲延責任
不定期限債務	成立債權 ——— 催告履行 ——— 時間
	▲ 從此以後負履行遲延責任

給付遲延與不可抗力

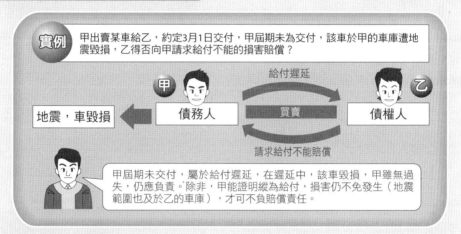

實例 甲出賣某車給乙，約定3月1日交付，甲屆期未為交付，該車於甲的車庫遭地震毀損，乙得否向甲請求給付不能的損害賠償？

地震，車毀損 ◀ 債務人 ⟷ 買賣 給付遲延 ⟷ 請求給付不能賠償 ⟷ 債權人 乙

甲屆期未交付，屬於給付遲延，在遲延中，該車毀損，甲雖無過失，仍應負責。除非，甲能證明縱為給付，損害仍不免發生（地震範圍也及於乙的車庫），才可不負賠償責任。

受領遲延

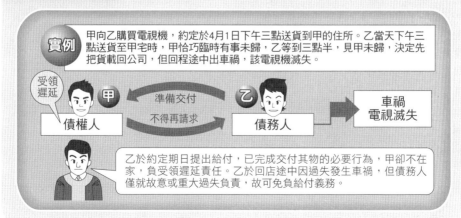

實例 甲向乙購買電視機，約定於4月1日下午三點送貨到甲的住所。乙當天下午三點送貨至甲宅時，甲恰巧臨時有事未歸，乙等到三點半，見甲未歸，決定先把貨載回公司，但回程途中出車禍，該電視機滅失。

受領遲延 債權人 甲 ⟷ 準備交付 不得再請求 ⟷ 債務人 乙 ⟶ 車禍 電視滅失

乙於約定期日提出給付，已完成交付其物的必要行為，甲卻不在家，負受領遲延責任。乙於回店途中因過失發生車禍，但債務人僅就故意或重大過失負責，故可免負給付義務。

UNIT **2-17**
給付不能（一）

給付不能亦稱為「履行不能」，指不能因債的本旨而為給付。給付不能須具永久性，如果只是一時不能而未給付，屬於給付遲延。民法將給付不能分為自始不能、嗣後不能、客觀不能及主觀不能。

圖解民法

（一）自始不能

債之關係成立時，給付就已經是不可能的事，就稱作是「自始不能」。

❶ 自始客觀不能

「客觀不能」是指任何人都沒有辦法給付，例如：租賃物已滅失，屬於「物理上不能」；法令禁止某種貨物買賣，這是屬於「法律不能」；又假如鑽石別針掉入台灣海峽黑水溝中，海底撈針理論上雖屬可能，但實際上不可期望，亦構成給付不能，也稱為「經濟上不能」。

①契約無效原則及例外

契約內容如果是以客觀不能的給付作為標的，這個契約就屬無效，但是若這個客觀不能的情況將來是可以去除的，而當事人在訂立契約時，預期於不能情形除去後為給付者，契約仍然有效（§246 I）。例如：A將農地賣給B，如果要購買農地，買受人必須具備自耕農身分，但是B沒有自耕農的身分，所以這個買賣契約是以不能給付為標的，買賣契約無效。契約附有「停止條件」或「始期」時，契約的條件成就或是期限屆至時，才需要履行，如果在條件成就或是期限屆至之前，客觀不能的情形就已經去除時，契約仍為有效（§246 II）。

②信賴利益的損害賠償

契約因以不能之給付為標的而無效者，當事人於訂約時知其不能或可得而知者，對於非因過失而信契約為有效致受損害之他方當事人，負賠償責任（§247 I）。

❷ 自始主觀不能

債之關係成立時，債務人已經不能給付，例如：出賣他人之物，或出賣之物被盜走，就稱為「自始主觀不能」。以自始主觀不能為契約給付標的，其契約有效，債務人到了履行時而不能給付，應負「履行利益」損害賠償責任。

（二）嗣後不能

債之關係成立後，才發生不能給付的情形，就稱為「嗣後不能」。在契約成立後，債務人若發生永久不能給付的情形時，造成不能給付的原因要是不可歸責於債務人時，債務人就不用負責，並免除給付的義務（§225 I）。債務人雖免為給付，但是造成不可歸責事由的事實是由其他人所造成的，因而使得債務人對第三人有損害賠償請求權，債權人可以請求債務人讓與對該第三人的損害賠償請求權；若是債務人已經領受賠償時，債權人可以請求債務人交付所受領的賠償物（§225 II）。例如：A與B訂有表演契約，但是在登台演出前一日，A遭到C撞傷，以致A無法登台演出，這是不可歸責於A的事由，A沒有責任，但是A對於C有損害賠償請求權，B可以要求A將其對C的損害賠償請求權讓給B。

自始客觀不能

實例 A將農地賣給B，如果要購買農地，買受人必須具備自耕農身分。

A 自耕農 —— 買賣 —— B 非自耕農

A的農地

B沒有自耕農的身分，所以這個買賣契約是以不能給付為標的，買賣契約無效。

嗣後不能與讓與對第三人損害賠償請求權

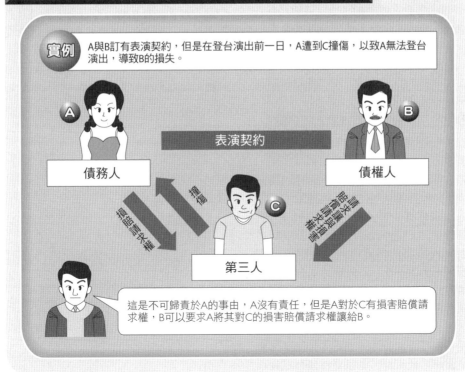

實例 A與B訂有表演契約，但是在登台演出前一日，A遭到C撞傷，以致A無法登台演出，導致B的損失。

A 債務人 —— 表演契約 —— B 債權人

撞傷

第三人 C

這是不可歸責於A的事由，A沒有責任，但是A對於C有損害賠償請求權，B可以要求A將其對C的損害賠償請求權讓給B。

UNIT **2-18**
給付不能（二）

❶可歸責於債務人的事由

①全部不能

因為可歸責於債務人的事由，而造成全部不能給付時，債務人雖然也免為給付義務，但債權人可以請求債務人擔負損害賠償責任（§226 I）。例如：甲贈與某車給乙，因可歸責於甲的事由，致該車滅失，給付不能時，乙得向甲請求損害賠償。

②一部不能

前項情形，給付一部不能者，若其他部分之履行，於債權人無利益時，債權人得拒絕該部之給付，請求全部不履行之損害賠償（§226 II）。例如：A向B訂購三隻小豬，其中一隻在運送途中病死，B對於剩下的兩隻小豬，仍要送到A那裡。若只剩下兩隻小豬對於A而言無法達成購買的目的，A可以拒絕B的給付，而請求全部不履行的損害賠償。

③得解除契約

若發生可歸責於債務人的事由，債權人可不請求損害賠償，而可選擇解除其契約（§256）。

❷因不可歸責於雙方當事人的事由

如果是因為不能歸責於雙方當事人的事由，而讓其中一方無法給付時，另一方也就不用負擔對待給付的義務，如只是一部分不能給付的話，就應該按照相對比例來減少對待給付（§266 I）。前項情形已為全部或一部之對待給付者，得依關於不當得利之規定，請求返還（§266 II）。例如：老張向老王購買紅豆二十噸，因為國際市場上紅豆缺貨，老王只能交付十噸紅豆，老張要付多少錢？由於國際市場上紅豆貨量不足，不可歸責於雙方當事人，老王只能提出一半的給付，老張對待給付也按比

例減少，負擔一半的價金。

❸因可歸責於債權人的事由

當事人之一方（債務人）因可歸責於他方（債權人）之事由，致給付不能的情形，債務人可以請求「對待給付」，但債務人因免負給付義務所獲得的利益或應得利益，都應該要由所得請求的對待給付中扣除（§267）。例如：甲出售某車給乙，價金50萬元。已於交付前試車時，因過失致該車滅失。於此情形，甲得向乙請求支付約定價金，但應扣除交付及移轉該車所有權的費用。

❹因可歸責於雙方當事人的事由致給付不能

民法並無規定可歸責於雙方當事人的事由致給付不能時，該如何處理。例如：甲出售A瓶給乙，於給付期日前，交乙鑑賞，於交瓶之際因雙方失誤致該瓶落地。此時，適用與有過失的規定（§217），減少損害賠償。乙仍應支付對價，但可請求甲（債務人）損害賠償，按過失比例減少賠償。

給付不能體系

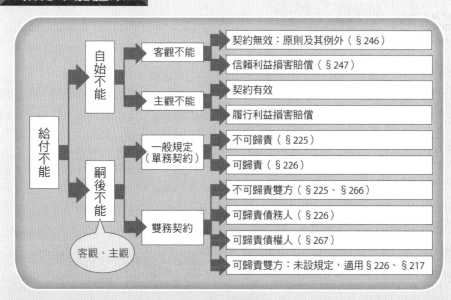

可歸責於債務人之給付不能

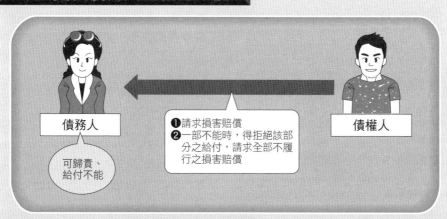

可歸責於債權人之給付不能

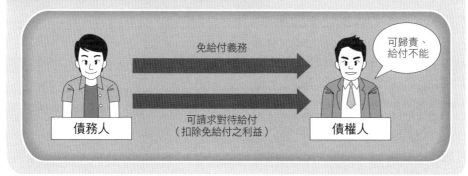

UNIT 2-19
不完全給付

圖解民法

不完全給付就是有給付，但是不是完全的給付，其可能為「部分給付」；或者雖有給付，但給付有瑕疵（瑕疵給付）；或是雖有給付，但是卻同時給債權人帶來損害（加害給付）。

（一）瑕疵給付

指給付本身具有瑕疵，而不完全，以至於減少或喪失給付的價值或效用。瑕疵給付所侵害的，是債權人可以獲得的完全給付所應具有的利益，即「履行利益」。在瑕疵給付中，無論債務人主觀上具有故意或者過失，只要其交付的標的物有瑕疵，債務人即應負責。

瑕疵給付在日常生活中比較常見，例如：給付的標的物的品質、數量、給付方法、地點不當等，但最多的是標的物在品質上的瑕疵或履行行為上的瑕疵。例如：承攬工作，最後完成的工作物品質不合格、房屋修繕時偷工減料，而使得房屋的價值減少等。另外就是當債務人不履行「附隨義務」時，例如：出賣人販賣運動器材時，並未附說明書，而買受人買回去之後，就依一般的方法使用，結果發生故障，而造成損害，這時對附隨義務的違反，亦構成不完全給付。

（二）不完全給付的法律效果

由於可以歸責於債務人的事由，而導致債務人為不完全給付時，其法律效果依照「給付遲延」或「給付不能」的規定處理，也就是債務人提出的不完全給付，情況可以補正的話，債權人可以依「給付遲延」的規則行使權利，不可補正時，債權人就依「給付不能」行使權利（§227 I）。

（三）加害給付

因債務人的履行行為有瑕疵，而使債權人的其他利益受到損害，所受到的損害，可能是財產上的損害，也可能是人身利益受損。例如：債務人交付的家畜患有傳染病，使債權人原有的其他家畜受傳染而死亡、因債務人交付的電器品質不合格，讓使用者在使用中受到損害等。

（四）加害給付之賠償

在加害給付的情形，可能會衍生出超過履行利益的損害，例如：出賣人的機器有瑕疵，造成買受人使用時發生意外，有人員受傷，原本可以援用侵權行為損害的法則，請求出賣人賠償，但如此一來，被害人就需要就加害人的過失行為負舉證責任，尚嫌保護不周，所以明定因債務人不完全給付，而發生債務不履行以外的損害時，債權人也可以請求債務人負損害賠償責任（§227 II）。若債務人因債務不履行，致債權人之人格權受侵害者，準用第192條至第195條及第197條之規定，負損害賠償責任（§227-1）。

不完全給付體系

不完全給付

瑕疵給付 → 給付遲延

瑕疵給付 → 給付不能

加害給付 → 損害賠償（§227Ⅱ）

加害給付 → 人格權損害（準用§192-§195、§197）

加害給付損害賠償

實例　A向B購買蘋果一箱，B交付的蘋果含有傳染病源，以致A食用後，罹患腸胃急症。

B所交付的蘋果，原應具有安全食用的品質，現在蘋果裡面含有傳染病源，B的給付行為便屬於不完全給付，應該要重新給付安全可食用的蘋果，並且負擔損害賠償責任。

給付
造成其他損害

債權人

債務人

❶請求重新給付
❷請求損賠

債務不履行損害賠償請求權之要件

給付不能
給付遲延
不完全給付

債務不履行行為 ── 違法性　故意或過失（可歸責事由）

↓

違反義務 ── 給付義務　附隨義務

相當因果關係

↓

侵害債權人權益 ── 人格權　所有權　財產上損失

相當因果關係

↓

損害 ── 財產上損害　非財產上損害

UNIT 2-20
債權人的代位權

（一）債權人的代位權

債務人的一般財產是債權的「一般擔保」，債務人如果消極地使財產減少，應該要行使權利，但若是債務人怠於行使其權利，以致影響到債權人的利益，債權人為了要保全自身的債權起見，以自己名義，去行使債務人權利的權利，代位債務人請求第三人給付給債務人，並且可以由債權人代位受領（§242）。例如：B欠A100萬元，C欠B 100萬元。B清償屆期無法歸還A，但是B卻不想向C追討欠款100萬元以還A。於是A可以代替B，向C追討100萬元，以返還自己、B所欠的100萬元。

（二）行使代位權的要件

❶須債權人有保全債權的必要

代位權的行使，是為了債權人得以保全債權，所以要有保全債權的必要性，才可以行使（§242）。如果債務人財力雄厚，對於債務的清償，沒有什麼影響時，就不能行使代位權。

❷專屬於債務人之債務不得行使

但專屬於債務人本身者，不在此限（§242後段），例如：人格權及其損害賠償請求權、父母對於子女的財產管理權、扶養請求權、非以書面訂立贈與契約的撤銷權、夫妻間契約之撤銷權、受寄人的權利、受任人的事務處理權……等，債權人就不得代位行使。

❸須債務人已負遲延責任

債權人的代位權利的行使，必須在債務人已經負遲延責任的時候，債權人才可以行使。但是專門為保存債務人的權利，例如：申請登記、中斷時效、報明破產債權等，即使是在債務

人屆滿期之前，債權人也可以行使代位權（§243）。因為這些權利的行使，對於債務人有利無害，而且如果不馬上行使，有延誤時機的可能，所以債權人可以先行使代位權。例如：A積欠B債務100萬元，A曾經向C購買一塊土地，但一直沒有辦理登記，B唯恐A遲遲不辦理移轉登記而罹於時效，B可以代理A請求C辦理移轉登記的催告，以中斷時效。

❹須債務人怠於行使權利

債務人不積極的去行使權利，而足以使他的財產減少或不能增加，以致使得債權人的債權，不能得到債務人的清償。因此債權人行使代位權，是來確保債務人的財產，以及自己的債權。

❺須債務人怠於行使的權利非專屬性之權利。

（三）行使代位權的方法及效果

代位權的行使，得以意思表示或提起訴訟的方法為之。債權人行使債務人之權利的結果，仍歸屬於債務人，讓總債權人均得利。行使代位權的債權人並無優先受償權。債權人行使代位權時，第三人所得對抗債務人之抗辯（如債權已罹於消滅時效），亦得以對抗債權人。

代位權行使關係圖

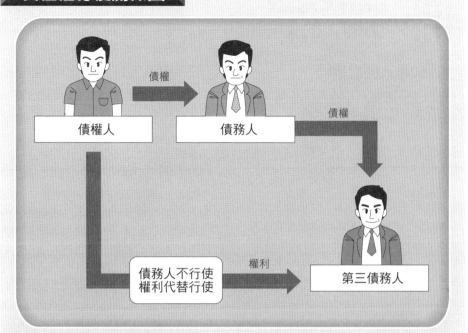

代位權行使要件

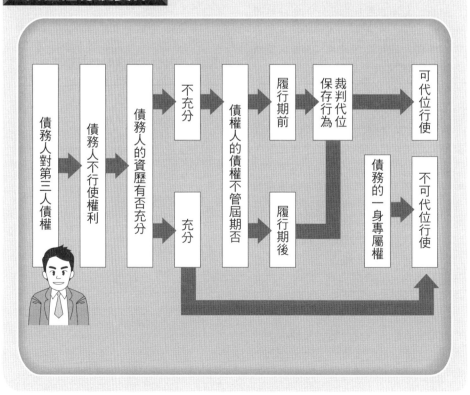

UNIT *2-21* 債權人的撤銷權

（一）債權人的撤銷權

撤銷權是債權人對於債務人有害債權的行為，可以行使權利，撤銷債務人的行為。債務人所為的無償行為，有害及債權者，債權人得聲請法院撤銷（§244 I）。

例如：債務人A有現金100萬元，但是欠債權人B 100萬元，可是A不還B 100萬元，卻將此100萬元贈送給C 100萬元，B對於A，這種損害債權的行為，B可以聲請法院撤銷AC的贈與行為。

債務人所為的有償行為，在行為時明知有損害債權人的權利者，以受益人於受益時，也知道這個情事為限，債權人可以聲請法院撤銷（§244 II）。

例如：A將價值100萬元房屋以低價50萬元賣給C，C也知道A賣的房屋是有詐害債權人的行為，債權人B可以聲請法院撤銷AC間的買賣行為。

（二）撤銷權行使的對象

債務人之行為非以財產為標的，或僅有害於以給付特定物為標的之債權者，不適用前二項之規定（§244 III）。例如：甲出售A屋給乙，其後又將該屋出售給丙，並移轉其所有權時，乙不得以其特定債權受侵害為理由，撤銷甲與丙間的法律行為。因為債務人的全部財產為全體債權人的共同擔保，只有在全體財產減少導致傷害全體債權人的利益時，方得行使撤銷權。撤銷權的規定，並不是為了確保特定債權而設計。另外，如果債務人因身分關係為標的的法律行為，就不是債權人行使撤銷權的對象。

（三）債權人行使撤銷權的方法

債權人行使撤銷權，應依訴訟程序，聲請法院予以撤銷債務人的詐害行為，此撤銷權亦稱為撤銷訴權。

（四）債權人撤銷權行使的期間

債權人的撤銷權行使的期間，在債權人知道有撤銷原因時起，1年內就要提起撤銷的訴訟，否則債權人就不得再行使撤銷權；或是，從債務人的行為時起，10年內就要提起訴訟（§245）。因為撤銷權是一種形成權，會變動既有的法律關係，所以為了維護交易安全，要定有其行使的期限。

（五）債權人撤銷權行使的效果

債權人行使撤銷的效果，就是撤銷債務人的行為，被視為「自始無效」，也就是其行為自開始時起就無效，有詐害行為的人同時應該負「回復原狀」或「損害賠償」的責任。債權人聲請法院撤銷時，得並聲請命受益人和轉得人回復原狀，但轉得人在轉得時，不知道有撤銷原因時，不在此限（§244 IV）。

「所得利益」，應該返還給債務人，因為債務人的財產是總債權人債權的共同擔保，行使撤銷權的債權人不能占為己有，撤銷權的行使係用來維持債權的共同擔保為目的。

債權人撤銷權關係圖

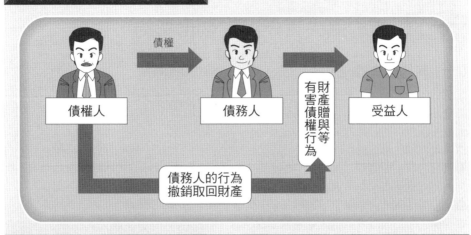

債權人撤銷權的要件

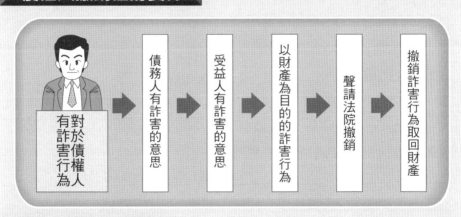

受益人及轉得人

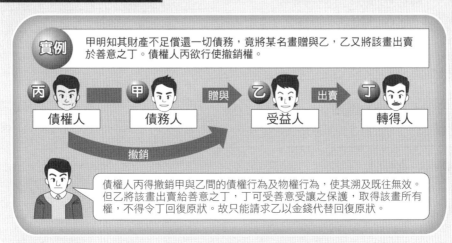

實例 甲明知其財產不足償還一切債務，竟將某名畫贈與乙，乙又將該畫出賣於善意之丁。債權人丙欲行使撤銷權。

債權人丙得撤銷甲與乙間的債權行為及物權行為，使其溯及既往無效。但乙將該畫出賣給善意之丁，丁可受善意受讓之保護，取得該畫所有權，不得令丁回復原狀。故只能請求乙以金錢代替回復原狀。

UNIT *2-22*
締約過失責任與定型化契約

（一）締約過失責任

契約未成立時，當事人為準備或商議訂立契約而有下列情形之一者，對於非因過失而信契約能成立致受損害之他方當事人，負賠償責任：

❶就訂約有重要關係之事項，對他方之詢問，惡意隱匿或為不實之說明者。

❷知悉或持有他方之秘密，經他方明示應予保密，而因故意或重大過失洩漏之者。

❸其他顯然違反誠實及信用方法者。

前項損害賠償請求權，因2年間不行使而消滅（§245-1）。

（二）定型化契約

現代工商業發達，許多企業經營者，具有經濟上的強勢，在成立契約時印有定型化的契約，而與之締約的他方當事人，多半只有簽約與否的權利，對於契約條款沒有磋商的機會。

依照當事人一方預定用於同類契約之條款而訂定之契約，為下列各款之約定，按其情形顯失公平者，該部分約定無效：❶免除或減輕預定契約條款之當事人之責任者；❷加重他方當事人之責任者；❸使他方當事人拋棄權利或限制其行使權利者；❹其他於他方當事人有重大不利益者（§247-1）。

（三）消費者保護法

除了民法有此規定外，消費者保護法對定型化契約做了更完整的規定。

❶平等互惠原則

企業經營者在定型化契約中所用之條款，應本平等互惠之原則。

定型化契約條款如有疑義時，應為有利於消費者之解釋（消§11）。

❷合理審閱期

企業經營者與消費者訂立定型化契約前，應有30日以內之合理期間，供消費者審閱全部條款內容。違反前述規定者，其條款不構成契約之內容。但消費者得主張該條款仍構成契約之內容（消§11-1）。

❸明示其內容

定型化契約條款未經記載於定型化契約中者，企業經營者應向消費者明示其內容；明示其內容顯有困難者，應以顯著之方式，公告其內容，並經消費者同意者，該條款即為契約之內容（消§13）。

❹異常條款

定型化契約條款未經記載於定型化契約中而依正常情形顯非消費者所得預見者，該條款不構成契約之內容（消§14）。

❺定型化契約條款之效力

定型化契約中之定型化契約條款，全部或一部無效或不構成契約內容之一部者，除去該部分，契約亦可成立者，該契約之其他部分，仍為有效。但對當事人之一方顯失公平者，該契約全部無效（消§16）。

❻應記載或不得記載事項

中央主管機關得選擇特定行業，擬定其定型化契約應記載或不得記載之事項。違反公告之定型化契約，其定型化契約條款無效。該定型化契約之效力，依前條規定定之（消§17）。

締約上過失

實例 甲委任乙，並授與代理權，與丙商議訂立購買某專利權的契約。乙知悉丙明示應予保密的營業秘密，因故意或重大過失洩漏，致丙遭受重大損害。

 甲
本人

有故意或
重大過失
洩密

 乙
代理人

締約 丙

非因過失
而信契約
能成立

請求賠償

此時，若契約最後未成立，丙得向甲請求損害賠償，包括「非因過失而信契約能成立」而受的損害，也包括因洩密而遭受的損失。

顯失公平之判斷

請判斷下列哪一條款顯失公平？

「貨物既出，概不退換」 —— 不公平

「照片過期未領二週後，本店概不負責」

「未有購物證明者，不得退換貨」

「租屋期間，房東若需收回租房，房客需無條件立刻配合搬離」 —— 不公平

消費者保護法對定型化契約之規定

消費者保護法

契約有利於消費者解釋（消§11）

30日以內合理審閱期（消§11-1）

明示其契約內容（消§13）

違反誠信原則、顯失公平，無效（消§12）

擬定應記載及不得記載事項（消§17）

UNIT *2-23*
契約的確保

圖解民法

（一）定金

「定金」就是契約當事人的一方，為了要確保契約能夠履行，由另一方當事人交付金錢或其他代替物給他方，俗稱「定洋」（§248）。

（二）定金的效力

定金除當事人另有訂定外，適用下列規定（§249）：

❶契約履行時，定金應返還或作為給付的一部。

❷契約因可歸責於付定金當事人的事由，致不能履行時，定金就不能請求返還。

❸契約因可歸責於受定金當事人的事由，導致不能履行時，當事人就應該要加倍返還所收受的定金。

❹契約因不可歸責於雙方當事人的事由，以致不能履行時，就應該返還定金。

（三）違約金

「違約金」是契約雙方當事人約定，當債務人不為債務的履行或不為適當的履行，應給予債權人以一定的金錢（§250 I），或金錢以外的給付，例如：財產權（§253）。違約金是「諾成契約」，不一定要交付，只要當事人意思表示一致就會成立，除非當事人另外有所約定，不然違約金就視為因不履行而生的損害賠償總額（§250 II前段）。契約當事人約定，如果債務人不在適當時期，或是不依照適當的方法來履行債務的話，就要支付違約金，在這種情形中，債權人除了可以請求履行債務之外，違約金就視為因不在適當時

期，或不依適當方法履行債務所生損害的賠償總額（§250 II後段）。要是債務已經履行了一部分，法院還是可以比照債權人因為這一部分的履行，而得到的利益來減少違約金（§251）。例如：營造廠向業主保證，承建房屋如期完工，如未完工，應支付業主一定的金額以作為賠償。

（四）違約金的目的

違約金的目的是在保證契約一定能履行，並且減輕債權人債務不履行或不為適當履行的損害賠償，這是現在生活所必須的制度。違約金是屬於「從債務」性質，必須要有主債務的存在，才能隨之存在，也就是說，當主債務消滅的時候，違約金的約定也當然會失其效力。

（五）過高違約金的減少

如果約定的違約金金額過高的話，法院可以依職權減少一定的數額（§252）。而且就算雙方當事人另有特別約定，也不能阻止法院介入。至於違約金到底是否適當，就要看是不是符合「比例原則」，就債務人若能如期履行債務，債權人因此所能享受到的利益，以及一般的客觀事實、社會經濟狀況，還有當事人所受損害的情形，由這些來作為衡量的標準。

定金的性質

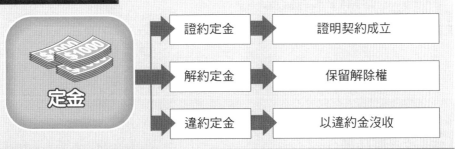

定金	證約定金	證明契約成立
	解約定金	保留解除權
	違約定金	以違約金沒收

付定金後想解約

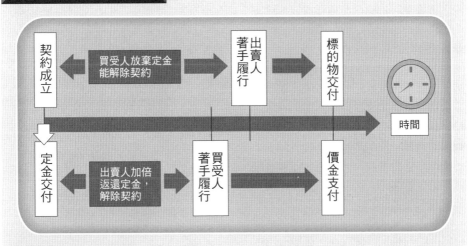

契約成立 ← 買受人放棄定金能解除契約 → 出賣人著手履行 → 標的物交付

時間

定金交付 ← 出賣人加倍返還定金，解除契約 → 買受人著手履行 → 價金支付

違約金酌減

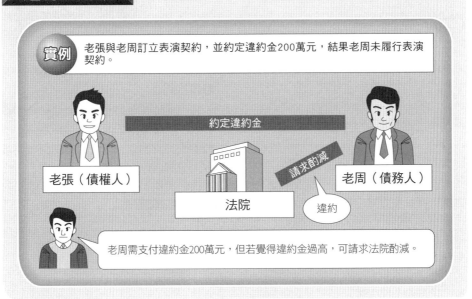

實例 老張與老周訂立表演契約，並約定違約金200萬元，結果老周未履行表演契約。

約定違約金

老張（債權人）

法院

請求酌減

違約

老周（債務人）

老周需支付違約金200萬元，但若覺得違約金過高，可請求法院酌減。

UNIT **2-24**
契約的解除

契約的解除是契約有「解除權」的一方，向另一方做要解除契約的意思表示，使契約溯及既往而歸於消滅。

(一) 法定解除權

在雙務契約的場合，債務人如果積極侵害債權時，法律賦予債權人有解除契約的權利，法定解除權的發生事由有：

❶ 給付遲延

契約當事人的其中一方遲延給付，另一方當事人可以定一個期限，催告對方快點履行，如果在期限內還是不履行時，就能解除契約（§254）。

❷ 給付不能

因可歸責於債務人的事由，而導致給付不能，債權人就可以請求損害賠償及解除契約（§256）。

債務人不完全給付時，依給付遲延與給付不能的規定行使權利，債權人也可以解除契約（§227）。

(二) 約定解除權

基於契約約定而有解除權，例如：在買賣契約中，當事人跟出賣人約定，假如在1個月內無法交付買賣標的物的話，買受人就可以解除契約，這就是約定解除權。

(三) 解除權的行使

契約的解除，並不是只要有解除的原因，就會直接發生解除的效果。必須由有解除權的人向他方做意思表示，才能發生解除效果，而使得契約關係消滅。又如果當事人其中一方有好幾人，那麼解除的意思表示就應該要由全體，或是向全體來表示；而且解除契約的意思表示，一旦表示，就不能撤銷（§258）。

❶回復原狀的義務

契約一旦經解除，就跟從來沒有訂立契約一樣，雙方當事人都應該要復歸到從來沒有訂立契約時的狀態，也就是「回復原狀」，除法律另有規定，或契約另有訂定外，依下列的規定（§259）：①由他方所受領的給付物，應返還；②受領的給付是金錢的時候，就應附加自受領時起的利息償還；③受領的給付為勞務或物的使用，應照受領時的價額，以金錢償還；④受領的給付物生有孳息，應返還；⑤就返還的物，已支出必要或有益的費用，得於他方受返還時所得利益的限度內，請求其返還；⑥應返還的物有毀損、滅失或因其他事由，以致不能返還者，應償還其價額。

❷其他規定

解除權的行使，不妨礙損害賠償的請求（§260）。當事人因為契約解除而生的相互義務，包括回復原狀以及損害賠償義務，準用有關雙務契約的規定，當事人有同時履行抗辯權（§261）。

❸契約終止

契約的終止，是指當事人基於「終止權」，使繼續中的契約關係，向將來消滅的一方意思表示，應該要向另一方當事人來做這個終止契約的意思表示，終止權的行使，也不會妨礙到損害賠償的請求（§263）。

解除契約

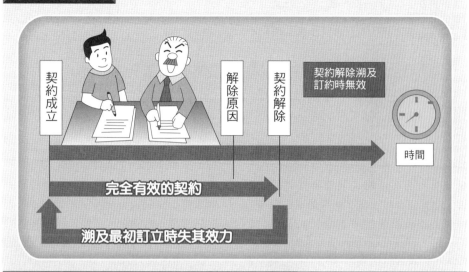

契約成立

解除原因

契約解除

契約解除溯及訂約時無效

時間

完全有效的契約

溯及最初訂立時失其效力

解除契約後，雙方互負返還義務

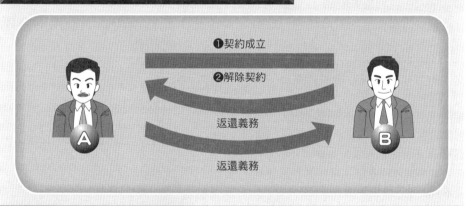

❶契約成立

❷解除契約

返還義務

返還義務

A

B

解除契約與第三人

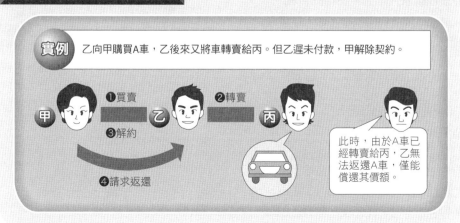

實例　乙向甲購買A車，乙後來又將車轉賣給丙。但乙遲未付款，甲解除契約。

甲

❶買賣

乙

❷轉賣

丙

❸解約

❹請求返還

此時，由於A車已經轉賣給丙，乙無法返還A車，僅能償還其價額。

UNIT **2-25** 同時履行抗辯

（一）同時履行抗辯的要件

所謂的「同時履行抗辯」，可以具體表現在「一手交錢，一手交貨」的這句話裡，也就是因契約而互相負有債務，在他方當事人還沒有對待給付之前，可以拒絕給付（§264 I 前段）。例如：租賃契約上，承租人的費用償還請求權、租賃關係終止後，所負的返還租賃物的義務。但是如果本身有先為給付的義務，就不能拒絕給付（§264 I 後段）。同時履行抗辯的成立，必須具備下列要件：

❶須雙方因契約互負債務

就是雙方當事人所負的債務，是由同一個契約而發生，而且是「對待給付」，所謂的「對待給付」就是我付給你，你付給我，以買賣契約來舉例的話，就是出賣人有移轉買賣標的的所有權給買受人的義務，買受人也有支付價金的義務。例如：A出賣汽車給B，A有移轉汽車所有權給B的義務，B有支付汽車價金給A的義務。同時履行抗辯就是在A沒有移轉汽車所有權給B以前，B可以拒絕支付價金。

❷須被請求人無先為給付的義務

依法律或契約的規定，如果被請求給付的一方，有要先一步給付的義務，就不能主張同時履行抗辯。例如：A向B購買汽車，雙方約定，A先移轉汽車所有權給B，B再付款給A，因此A不能對B主張同時履行抗辯。

❸須他方未為對待給付

同時履行抗辯的行使，要以另一方沒有對待給付為前提，如果說另一方已經先給付了，或已經提出給付，那麼被請求的一方，就不能行使同時履行抗辯。

但要是他方當事人已經給付一部分時，依其情形，拒絕自己的給付會有違背誠實和信用方法的話，就不能拒絕自己的給付（§264 II）。

（二）同時履行抗辯的效力

同時履行抗辯的行使，只能暫時防止請求權行使的效力，而不是否認相對人的請求權。在訴訟上，原告請求被告給付，被告如有權做「同時履行抗辯」的主張，但卻不主張，法院可逕為被告敗訴的判決，不需要以職權調查。

（三）非雙務契約而適用同時履行抗辯

在契約解除後，雙方互相負有「回復原狀」的義務，準用關於同時履行抗辯的規定（§261）。清償債務，應要付負債字據的「返還」和「塗銷」，也適用「同時履行抗辯」。債權人如果不返還或塗銷負債字據的話，債務人也就不負遲延或不履行的責任。

（四）不安抗辯權

訂定契約的雙方當事人，如果另一方在訂約之後，財產有明顯減少，應該要先給付的當事人的一方，發現另一方要對待給付會有困難的話，在另一方還沒有對待給付，或提出擔保之前，可以拒絕給付，這就被稱為「不安抗辯權」（§265）。

圖解民法

同時履行抗辯

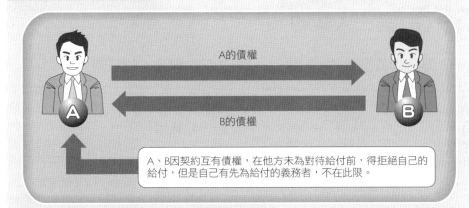

A的債權

B的債權

A、B因契約互有債權，在他方未為對待給付前，得拒絕自己的給付，但是自己有先為給付的義務者，不在此限。

債權讓與後的同時履行抗辯

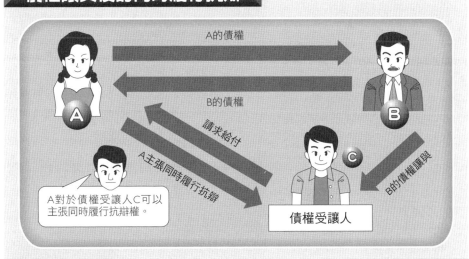

A的債權

B的債權

請求給付

A主張同時履行抗辯

A對於債權受讓人C可以主張同時履行抗辯權。

債權受讓人

B的債權讓與

不安抗辯

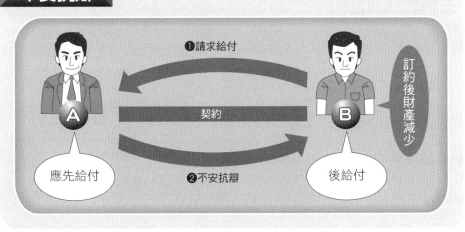

❶請求給付

契約

❷不安抗辯

訂約後財產減少

應先給付

後給付

UNIT 2-26 第三人契約

（一）第三人負擔契約

甲對乙約定：「我將使丙於一週內為你修繕漏水的屋頂。」屬於第三人負擔契約。契約當事人之一方，約定由第三人對於他方為給付者，於第三人不為給付時，應負擔損害賠償責任（§268）。

（二）第三人利益契約

第三人利益契約是當事人的一方和他方約定，由他方向第三人為一定的給付，而第三人因此直接取得請求其給付的權利。例如：A向B買汽車，由A支付價金，約定B將汽車交付給C，C可以向B請求交付汽車的契約。以契約訂定向第三人為給付者，要約人得請求債務人向第三人為給付，其第三人對於債務人亦有直接請求給付之權（§269 I）。第三人對於前項契約，未表示享受其利益之意思前，當事人得變更其契約或撤銷之（§269 II）。第三人對於當事人之一方表示不欲享受其契約之利益者，視為自始未取得其權利（§269 III）。

（三）第三人的權利

❶第三人對於債務人直接請求給付的權利：債權人的一切權利，第三人都可以對債務人行使，例如：請求給付，或請求債務不履行的損害賠償，行使代位權或撤銷權，以及讓與債權，免除債務、提存、抵銷。但第三人並不是契約當事人，因此第三人不能解除和撤銷契約。

❷第三人表示不想享受契約所給予的利益，視同自始就沒有取得權利：因此任何人不能強迫任何人做任何事。

（四）債務人的抗辯

債務人對於債權人的抗辯，債務人可以對第三人行使（§270）。第三人利益契約是「雙務契約」時，第三人如在要約人提出對待給付前，向債務人請求給付，債務人就可以行使同時履行抗辯權對抗第三人。如果契約有無效或撤銷的事由，債務人也可以用無效和撤銷對抗第三人。此外，期限還沒到、條件的不成就等，基於契約的抗辯，或要約人不履行債務的場合，債務人有解除契約的權利時，都可對抗第三人。例如：老王向老張購買布料一匹，並要求老張將布料送到老李住所交給老李，老王還沒有付價金。此時，老張可主張同時履行抗辯，要老王付款時，才將布料交給老李。

（五）要約人債務不履行時，債務人解除契約

在第三人利益契約中，如果要約人債務不履行，例如：遲遲沒有給付買賣契約的價金，這時，債務人就可以解除契約。債務人已經解除契約的狀況，就可說是債務已消滅，可以對第三人主張債權消滅抗辯權，而拒絕給付。

第三人負擔契約

第三人利益契約

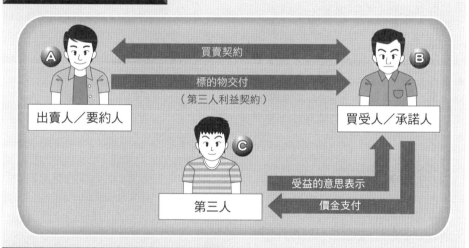

債務人對第三人之抗辯

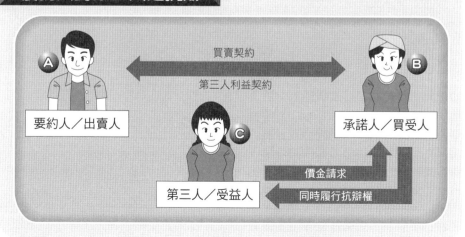

UNIT **2-27**
可分與不可分之債

圖解民法

（一）可分的債權

多數人共同擁有債權時，又此債權是屬於可以分割的，稱為「可分的債權」，例如：多數債權人共同享有請求償金的權利（§271）。

（二）可分的債務

多數債務人有同一的債務關係，且此債務是可以分割的，就稱為「可分的債務關係」或「可分債務」。例如：多數債務人共同負有支付償金的義務（§271）。

例如：A與B共同向C批發一箱雞蛋，兩人各分一半，C向A收款時，A只願付一半的貨款，由於A與B的貨款債務是可以分開的，所以A只需給付一半貨款，另一半則應由B負擔。

（三）不可分的債權

多數債權人享有一不可分給付的債權，稱為「不可分的債權關係」，或是「不可分債權」。須為債之標的給付是不可分割的，且要有多數的債權人，至於債務人是多數或是一人都可以。例如：多數債權人擁有請求債務人給付一頭牛的債權。

數人有同一債權，而其給付不可分者，各債權人僅得請求向債權人全體為給付，債務人亦僅得向債權人全體為給付（§293 I）。例如：A與B共同向C購買汽車一台，因為汽車無法分割，屬於不可分債權，故A只能請求C對A、B全體提出給付，不可單獨由A為自己的利益受領該車。除前項規定外，債權人中之一人與債務人間所生之事項，其利益或不利益，對他債權人不生效力

（§293 II）。債權人相互間，準用第291條之規定（§293 III），亦即多數債權人相互間，除法律另有規定或契約另有訂定外，應平均分受其利益。

（四）不可分的債務

數人有同一債務，而其給付不可分，例如：甲、乙共同出賣某犬給丙，為不可分債務。數人負同一債務，而其給付不可分者，準用關於連帶債務之規定（§292）。對於連帶債務的說明，請見下一單元。

數人共同租賃房屋

數人共同承租一間房屋，例如：A、B共同向C承租某套房，租金每月1萬元。A、B對C有請求交付租賃物的不可分債權，而將來返還租賃物時，則是A、B的不可分債務。就租金而言，1萬元是可分，但是因為請求交付租賃物的債權是不可分，故解釋上也認為二人的債務是不可分，準用連帶債務的規定。

可分債務

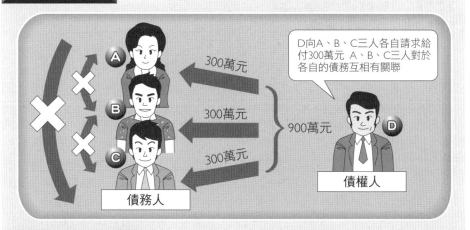

300萬元

300萬元

900萬元

300萬元

D向A、B、C三人各自請求給付300萬元 A、B、C三人對於各自的債務互相有關聯

債務人

債權人

不可分債權

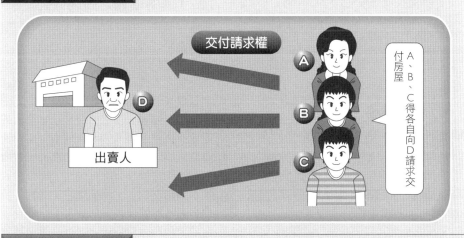

交付請求權

出賣人

A、B、C得各自向D請求交付房屋

不可分債務

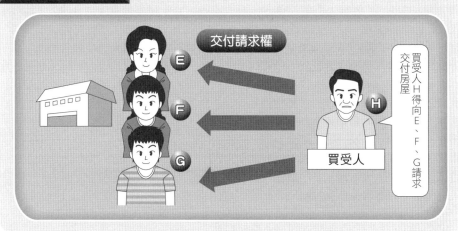

交付請求權

買受人

買受人H得向E、F、G請求交付房屋

UNIT *2-28*
連帶債務

「連帶債務」就是多數的債務人共同負擔同一個債務，並且表示對債權人各負全部給付的責任（§272 I）。連帶債務的成立，除非是多數當事人明白表示願意負擔連帶債務責任，否則，只有在法律規定時才會成立連帶債務（§272 II）。例如：數人共同不法侵害他人權利，應負損害賠償，賠償的債的標的物，有時雖然屬於可分，但法律認定應負連帶責任，所以是屬於連帶債務。

連帶債務之債權人，得對於債務人中之一人，或數人，或其全體，同時或先後請求全部或一部之給付。連帶債務未全部履行前，全體債務人仍負連帶責任（§273）。

（一）連帶債務之對外效力

❶絕對效力

因連帶債務人中之一人為清償、代物清償、提存、抵銷或混同而債務消滅者，他債務人亦同免其責任（§274）。連帶債務人中之一人，受確定判決，而其判決非基於該債務人之個人關係者，為他債務人之利益，亦生效力（§275）。債權人向連帶債務人中之一人免除債務，而無消滅全部債務之意思表示者，除該債務人應分擔之部分外，他債務人仍不免其責任。前項規定，於連帶債務人中之一人消滅時效已完成者，準用之（§276）。連帶債務人中之一人，對於債權人有債權者，他債務人以該債務人應分擔之部分為限，得主張抵銷（§277）。債權人對於連帶債務人中之一人有遲延時，為他債務人之利益，亦生效力（§278）。

❷相對效力

就連帶債務人中之一人，所生之事項，除前五條規定或契約另有訂定者外，其利益或不利益，對他債務人不生效力（§279）。例如：A與B對C連帶負200萬的債務，15年過後，C才向A與B請求清償債務，A承認此債務，A的承認而生中斷時效的效果，這對B來說沒有影響，B仍然可以主張時效消滅。

（二）連帶債務之對內效力

連帶債務人相互間，除法律另有規定或契約另有訂定外，應平均分擔義務。但因債務人中之一人應單獨負責之事由所致之損害及支付之費用，由該債務人負擔（§280）。連帶債務人中之一人，因清償、代物清償、提存、抵銷或混同，致他債務人同免責任者，得向他債務人請求償還各自分擔之部分，並自免責時起之利息。前項情形，求償權人於求償範圍內，承受債權人之權利。但不得有害於債權人之利益（§281）。

連帶債務人中之一人，不能償還其分擔額者，其不能償還之部分，由求償權人與他債務人按照比例分擔之。但其不能償還，係由求償權人之過失所致者，不得對於他債務人請求其分擔。前項情形，他債務人中之一人應分擔之部分已免責者，仍應依前項比例分擔之規定，負其責任（§282）。

連帶債務之請求

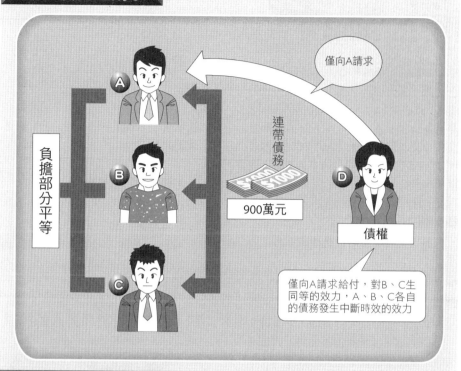

僅向A請求

A

B

C

負擔部分平等

連帶債務

900萬元

D

債權

僅向A請求給付，對B、C生同等的效力，A、B、C各自的債務發生中斷時效的效力

連帶債務之抵銷

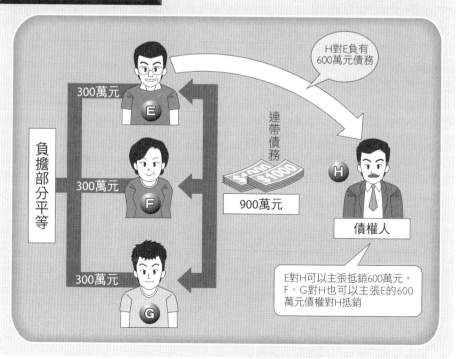

H對E負有600萬元債務

300萬元 E

300萬元 F

300萬元 G

負擔部分平等

連帶債務

900萬元

H

債權人

E對H可以主張抵銷600萬元，F、G對H也可以主張E的600萬元債權對H抵銷

UNIT **2-29**
債權讓與

圖解民法

以「契約」將債權從原本的債權人，也就是「原債權人」身上移轉給另一個債權人，移轉後，被移轉的債的內容本身不會改變。原則上債權人都可以將債權讓與第三人。例如：A對於B有100萬債權，A又欠C 100萬，A將對於B的債權轉讓給C，以抵債務。但是例外有下列情形就不得讓與（§294 I）：

❶依債的性質不得讓與

例如：關於勞務給付的債權、扶養的債權。

❷依照當事人的特約，不得讓與。

❸禁止扣押的債

債務人對於第三人的債權，是債務人和其一起共同生活的親屬維持生活所必須的，這種債權就不能強制執行。

（一）債權讓與的通知

債權的讓與，在當事人之間已經發生效力，但如果要對債務人生效，除非法律另有特別規定，否則需要經「讓與人」或「受讓人」通知債務人，才會開始發生效力（§297 I）。受讓人將讓與人所立的「讓與字據」提示給債務人時，對債務人發生通知的效力（§297 II）。例如：A將其對於B的100萬債權讓與給C，C將讓與字據拿給B看時，債權讓與就對B發生效力，所以B對C負有100萬的債務。

（二）債權讓與契約的效力

債權讓與時，附屬於該債權的「擔保權」，以及其他從屬權利，都應該隨同移轉給受讓人，但是和讓與人不可分離的關係時，就不隨著債權讓與而讓與。如果是還沒有支付的利息，則推定

其隨同原本移轉給受讓人（§295）。債權讓與之後，讓與人應該將證明債權的文件，交付給受讓人，並且應該告訴他關於主張該債權所必要的一切情形（§296）。

（三）表見債權讓與

讓與人已將債權之讓與通知債務人者，縱未為讓與或讓與無效，債務人仍得以其對抗受讓人之事由，對抗讓與人。前項通知，非經受讓人之同意，不得撤銷（§298）。

（四）債務人對於讓與人的抗辯

債務人在受通知讓與債權時，所有得對抗讓與人的事由，都可以拿來對抗受讓人（§299 I）。例如：因契約違反「公序良俗」，所以不生效力、讓與人沒有履行契約、讓與人曾經允許延期給付，以免本來債務人可以享有的利益，卻因為債權讓與而陷於不利的狀態。

（五）債務人的抵銷抗辯

債務人在受通知時，除了債務之外，如果也對讓與人有債權時，如債務人的「債權清償期」先於所讓與的債權，或是兩者同時到期，且兩者債之種類亦相同時，債務人就可以對受讓人主張抵銷（§299 II）。例如：A對於B有100萬債權，且A對B負有20萬的債務。當A將對B的債權讓與給C，如果B對於A的債權已經屆清償期時，即使A將債權讓與給C，B仍可主張抵銷，所以B只要付80萬給C就可以了。

債權讓與

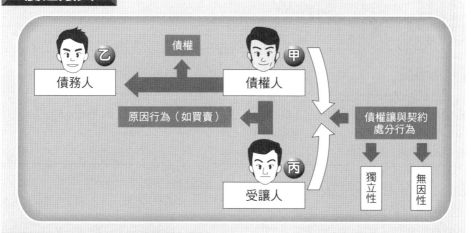

債權

乙 債務人 ← 債權人 甲

原因行為（如買賣）

債權讓與契約
處分行為

獨立性　無因性

丙 受讓人

債權讓與未通知

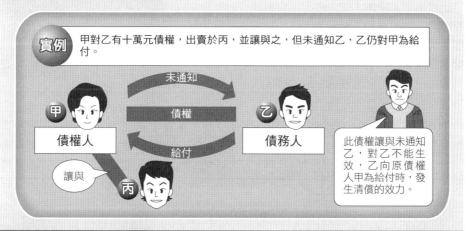

實例 甲對乙有十萬元債權，出賣於丙，並讓與之，但未通知乙，乙仍對甲為給付。

未通知

甲 債權人　　債權　　乙 債務人

給付

讓與　丙

此債權讓與未通知乙，對乙不能生效，乙向原債權人甲為給付時，發生清償的效力。

表見債權讓與

實例 甲將對乙的債權先出賣給丙，並為讓與，後出賣給丁，並為讓與。甲先通知乙，其將債權讓與丁，乙對丁給付。

甲 債權人　通知讓與丁　乙 債務人

債權

丙　丁

由於甲先將債權賣給丙，並為讓與，債權已經轉給丙。事後甲出賣債權給丁為無權處分，丙不承認故無效。但由於甲先通知乙將債權讓與丁，產生表見債權讓與，乙對丁給付後，縱使甲讓與丁的行為無效，乙仍得主張其清償有效。

UNIT **2-30**
清償

（一）清償

「清償」是債務人依照債務的本旨，向債權人或是其他有受領權的人提出給付，實現債務的內容，以消滅債的關係（§309Ⅰ）。

（二）清償人及第三人清償

清償債務的人，就是「清償人」，通常是債務人，但也可以由第三人為清償，但有下述三種例外：①債務的性質不能由第三人清償；②當事人有反對的意思表示；③無利害關係的第三人為清償，其違反債務人的意思（§311）。

❶清償客體

為使債權人的債權獲得滿足，所以應依債務內容給付，但有三種例外：

①一部清償

債務人無為一部清償之權利。但法院得斟酌債務人之境況，許其於無甚害於債權人利益之相當期限內，「分期給付」或「緩期清償」（§318）。

②代物清償

只須獲得債權人同意，債務人就可以用其他種給付替代清償（§319）。

③間接給付

又稱「新債清償」，另與債權人成立新契約，由債務人另行對債權人負擔新債務，用以清償舊債務（§320）。

❷清償期

清償期的認定，依照：①法律另有規定，或契約另有訂定；②依照債的性質；③其他情形，來決定清償日期；若無清償期，債權人便可以隨時請求清償，債務人也可以隨時清償（§315）。定有「清償期」的債務，債權人不可以提前請求債務人清償，假如沒有反對的意思表示時，債務人可以期前清償，這是因為債務人多半資力較弱，因而維護債務人的利益（§316）。例如：A借給B 100萬，約定一年後清償，半年後，A為了投資生意，需要資金，要求B還100萬，但因為這個債務定有一年的清償期，債權人不得要求提前清償，所以B可以拒絕A的請求。

❸清償地

「清償地」的認定，除法律另有規定或是契約另有訂定、另有習慣、依照債的性質，或其他情形決定之外（§314），應該依下列兩項訂定：

①給付的內容是特定物時，依照訂約的時候，給付物的所在地而定。

②其他的債，則是在債權人住所地，也就是採「債務人赴償主義」。例如：A向B借20萬，約定一個月後返還，由於A跟B沒有約定清償地，所以A應該將20萬交付到B的住所。

（三）向債權的準占有人清償

債權的「準占有人」，即是指並非債權人，但有「債權人的外觀」而被認為是債權人，例如：撿到銀行存摺和印章的人，此「拾得人」就是債權的準占有人，清償人除非是善意無過失的，對此債權的準占有人清償，這個清償才有清償效力（§310②）。例如：A向B清償20萬債務，後來才知道B已經將債權讓給了C，此種情形下，B為這個債權的準占有人，A向B清償又是出自於不知情，所以A的清償仍然發生效力，債的關係消滅。

債務清償

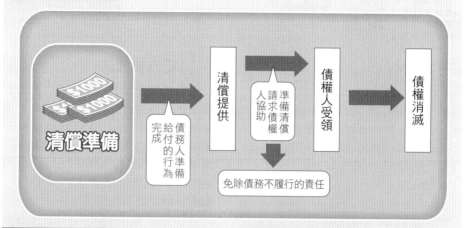

清償準備 → 債務人準備完成給付的行為 → 清償提供 → 準備清償請求債權人協助 → 債權人受領 → 債權消滅

免除債務不履行的責任

代物清償

出售A畫

甲

乙

B畫代替

間接給付

欠20萬

甲

乙

支票交付

向債權的準占有人清償

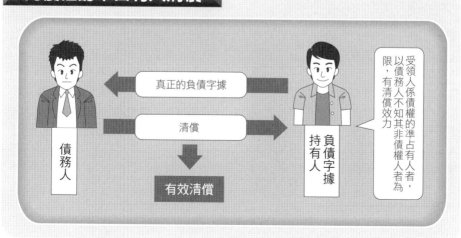

真正的負債字據

清償

債務人

有效清償

負債字據持有人

受領人係債權的準占有人者，以債務人不知其非債權人者為限，有清償效力

UNIT **2-31**
提存

（一）提存

「提存」就是清償人以消滅債務為目的，而將給付物為債權人寄託於提存所，以代清償。債權人受領遲延，或不能確知孰為債權人而難為給付者，清償人得將其給付物，為債權人提存之（§326）。

（二）提存的方法

提存的地點，不是在任何地方都可以辦理提存手續，必須要在清償地的法院提存所辦理提存給付物，才是合法的提存（§327）。給付物不適於提存，或是容易毀損減少，例如：花肉果蔬等易於腐敗的東西，或是提存所需費用過高者，例如：牲畜需要長期餵養、價值連城的珠寶需要保全費、保險費，清償人得聲請清償地的法院拍賣，以拍賣後所得的價金，替代提存物，而提存於法院之中（§331）。

雖然可以用拍賣價金替代提存，但是法院要經過一定程序，需花費時間，如果給付物有市價行情的話，提存人也可以選擇聲請法院准許清償人按市價變賣，再將變賣所得的金額提存於法院，較為方便（§332）。例如：A將豬肉提存法院時，經提存所告知以拍賣價金替代提存，但是A嫌拍賣還要多等一段時間，豬肉也賣不到好價錢，此時，A可以向法院聲請許可，准其依照市價變賣豬肉，而以該變賣所得，提存法院。提存拍賣和出賣的費用，由債權人負擔，這是因為清償提存的原因，是出自債權人不為或不能受領，所以理所當然由債權人負擔費用（§333）。

（三）提存的效果

提存會發生清償效力，所以債的關係，會因為債務人的提存給付物而消滅。在提存後，給付物有毀損滅失的危險，這個危險由債權人負擔，與債務人無關，而且債務人也無須支付利息，或賠償其孳息未收取的損害（§328）。

❶提存物之受取及其限制

給付物經過提存後，其所有權就歸屬於債權人所有，債權人可以隨時請求交付提存物。但如果是在雙務契約的情況下，債權人負有「對待給付」，債權人應提出對待給付，才能夠請求債務人交付提存物，要是債權人沒有提出對待給付，或是提供相當的擔保時，債務人可以阻止債權人領取，但若提存所在這種情形下，而將提存物交付給債權人，提存所要對債務人負損害賠償責任（§329）。

❷受取權的消滅

債權人雖然可以隨時領取提存物，但是自提存時起，到其後10年之間，如果債權人都不領取提存物時，債權人就不得再領取，提存物則歸屬於國庫所有（§330）。

例如：A將欠B的10萬提存到法院提存所，提存後15年，B才去領款，結果被提存所拒絕，因為提存已經超過10年，所以提存物就歸屬國庫，就算B以訴訟請求，也無法領取。

提存關係

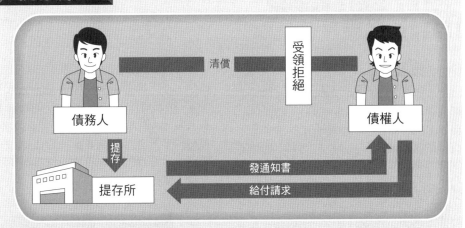

提存原因與方法

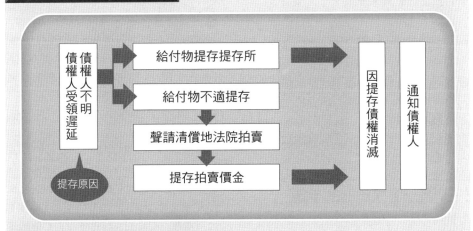

提存物收取的限制

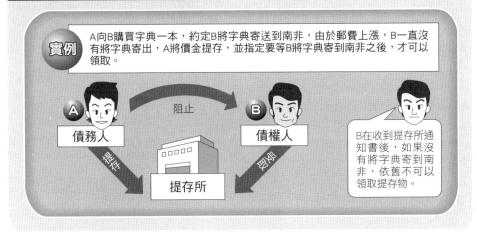

實例：A向B購買字典一本，約定B將字典寄送到南非，由於郵費上漲，B一直沒有將字典寄出，A將價金提存，並指定要等B將字典寄到南非之後，才可以領取。

B在收到提存所通知書後，如果沒有將字典寄到南非，依舊不可以領取提存物。

UNIT 2-32
抵銷

圖解民法

（一）抵銷

兩人之間互相負有「給付種類」相同的債務，並且都已經屆清償期，各得以自己的債務和他方的債務「抵銷」，而使得債務消滅（§334 I 前段）。抵銷制度的存在，一方面可以使債務履行更為簡便，另一方面，如果有一方債務惡化時，更可以達到保護另一方債務人的效果。例如：A 欠 B 100 元，B 又向 A 買菜欠 A 100 元，AB 兩人的債權可以互相抵銷，使債的關係消滅。

（二）抵銷的要件

抵銷的要件有：❶兩人互負債務；❷須給付種類相同；❸須債務均屆清償期。但依債之性質不能抵銷或依當事人之特約不得抵銷者，不在此限（§334 I 後段）。前項特約，不得對抗善意第三人（§334 II）。

（三）抵銷省略繁雜的手續

抵銷，應以意思表示向對方為之，這是屬於有相對人的單獨行為，一經抵銷後，其相互間債的關係，會溯及最初可以抵銷的時候，按照抵銷的數額，使債的關係消滅（§335 I）。抵銷的意思表示，若是附有條件或期限時，抵銷無效（§335 II）。例如：A 積欠 B 20 萬的債務，B 也欠 A 貨款 10 萬，A 主張抵銷，但是 A 卻是向 B 的朋友 C 說的。相互負債務的是 A 跟 B，而不是 A 跟 C，所以 A 要抵銷債務，應該要向 B 為意思表示，才會發生抵銷的效力。

（四）時效消滅債務的抵銷

債的請求權雖然經時效而消滅，但如果在時效未完成前，其債務就已經可以抵銷，亦得抵銷（§337）。例如：AB 互負 100 元的債權，均在民國 87 年 1 月 1 日到期，A 對於 B 的債權，亦於民國 89 年 1 月 1 日罹於時效而消滅。但是 A 仍然可以主張此項已罹於時效的債權和 B 的債權主張抵銷。

（五）禁止抵銷的債務

❶禁止扣押的債權，債務人不得主張抵銷（§338）。

❷因故意的侵權行為所造成的債務，其債務人不得主張抵銷（§339）。例如：A 欠 B 1 萬元，B 故意打傷 A，應賠 A 1 萬元，B 不可主張 A 欠他的 1 萬元和他打傷 A 應賠償 A 的 1 萬元抵銷。

❸受債權扣押命令的第三債務人，受到扣押命令拘束後，仍然可以主張抵銷，但是僅限於在受扣押命令之前就已經存在的債權才可以（§340）。例如：A 對 B 有負債，C 對 A 有負債，在 B 對於 A 的債權聲請強制執行，法院命令扣押 A 對 C 的債權後，C 始對 A 取得債權，C 仍然不可主張對 A 的債權抵銷。

❹約定應向第三人為給付之債務人，不得以其債務，與他方當事人對自己之債務為抵銷（§341）。例如：A 對 B 負債，B 對 A 又有負有向 C 為給付的債務，B 不可主張兩項債務抵銷。因為 B 負擔債務的目的仍是使 C 獲得利益，B 假如向 A 主張抵銷，有害 C 的既得權。

抵銷的關係

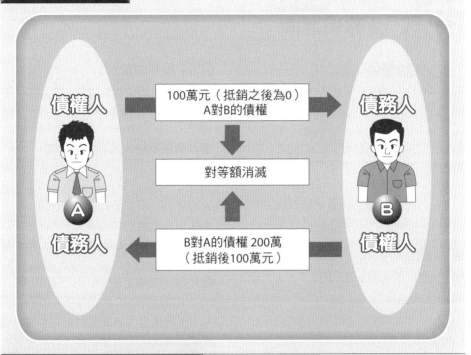

債權人 A 債務人

100萬元（抵銷之後為0）
A對B的債權

債務人 B 債權人

對等額消滅

債務人 A 債權人

B對A的債權 200萬
（抵銷後100萬元）

時效消滅債務之抵銷

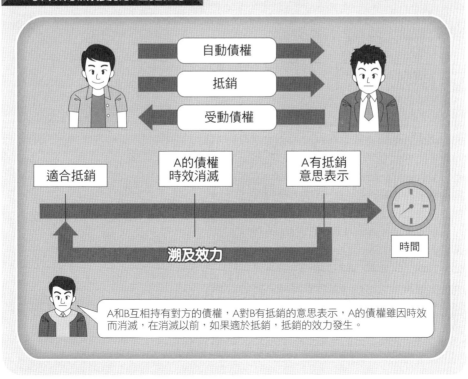

自動債權

抵銷

受動債權

適合抵銷

A的債權
時效消滅

A有抵銷
意思表示

溯及效力

時間

A和B互相持有對方的債權，A對B有抵銷的意思表示，A的債權雖因時效而消滅，在消滅以前，如果適於抵銷，抵銷的效力發生。

UNIT **2-33** 免除與混同

（一）免除債權

債權人向債務人表示免除其債務的意思時，債的關係就隨之消滅（§343）。「免除」是一種「單獨行為」，並具有「處分行為」的性質，也是一種「債權拋棄」。通常債權人之所以要免除債務人的債務，會有其「原因行為」，例如：贈與，當原因行為不成立或是無效時，免除的效力原則上不會因此而受到影響。如果想要回復其債權，可以依不當得利的規定來請求。例如：A欠B1萬元，B向A表示不向A追討此1萬元的欠款。

（二）免除的效力

債的關係因免除而消滅。如果是一部免除，債的一部消滅；全部免除，債就全部消滅。主債務免除，則從屬債務也消滅，例如：利息債務、擔保債務。

（三）混同

權利與義務同歸一人的時候，形成要自己對自己給付，這個行為無異多此一舉，所以當權利與義務同歸一人時，債的關係就隨之消滅（§344前段）。例如：C跟D為父子關係，D欠C1萬元，C死後，由D繼承C的財產，C與D間的債權債務關係，就因混同而為之消滅。

又例如：A公司對於B公司有200萬債權，後來A公司與B公司合併，只剩下A公司存在，A公司「概括繼受」B公司留下來的債務，所以發生債權債務混同的效果，200萬的債權債務，就因此消滅了。

（四）混同的效力

原則上債的關係因混同而消滅，然而也有不因混同而消滅的例外。這種例外情形，有下列兩種：

❶其債權為他人權利的標的時

債權為他人權利的標的時，不因混同而消滅。例如：C在A對於B的債權上有權利質權，縱令B繼承A，或A繼承B，其債權並不因混同而消滅，C仍然可以行使其質權。此乃在保護第三人所設的例外。

❷法律另有規定時

法律另有規定，不因混同而消滅。例如：票據債務人因背書而取得票據，債權債務歸一人，票據債務人仍然可以在票據到期前再背書而轉讓他人，所以債權債務不因混同而消滅。

免除

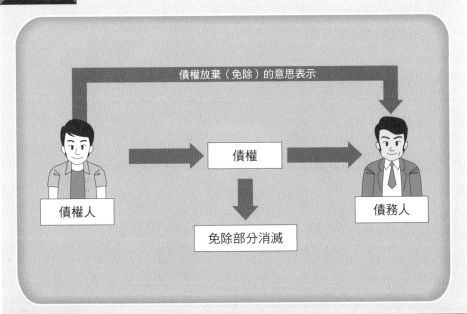

債權放棄（免除）的意思表示

債權人　　債權　　債務人

免除部分消滅

混同

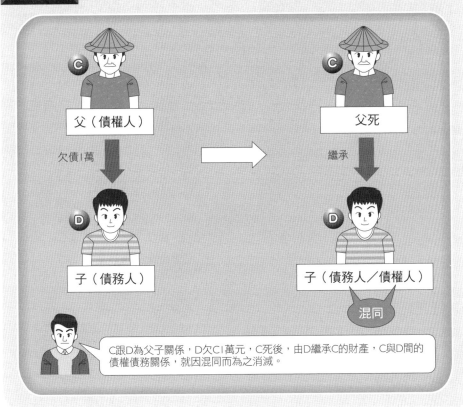

父（債權人）　　父死

欠債1萬　　繼承

子（債務人）　　子（債務人／債權人）

混同

C跟D為父子關係，D欠C1萬元，C死後，由D繼承C的財產，C與D間的債權債務關係，就因混同而為之消滅。

第 3 章
債編各論

章節體系架構 ▼

UNIT 3-1
契約種類

圖解民法

（一）什麼是契約？

以發生法律上效果為目的的約束稱為契約。近代基於契約自由的原則，每個人在不違反法律強制禁止規定和公共秩序善良風俗，而依照誠實信用原則，都可以訂立契約。

（二）債各二十七種有名契約

契約為雙方當事人依照自由意思所訂立的合意而發生一定法律效果的行為。

民法規定的契約有買賣、互易、交互計算、贈與、租賃、借貸、僱傭、承攬、旅遊、出版、委任、經理人及代辦商、居間、行紀、寄託、倉庫、運送、合夥、合會、指示證券、無記名證券、終身定期金、和解、保證、人事保證等二十七種。

（三）契約的種類

以上二十七種法律規定的契約稱為典型契約，除此以外的契約稱為非典型契約。

❶雙務契約和單務契約

「雙務契約」和「單務契約」區別主要在雙方當事人是否負擔有「對價」的關係。在「雙務契約」是雙方當事人互負居於給付與對價關係的契約，例如：買賣、互易、租賃、承攬、有償委任。「單務契約」則是只有一方當事人負擔給付義務的契約，例如：贈與、保證。

❷有償契約和無償契約

「有償契約」和「無償契約」的區別在於雙方當事人是否由給付取得利益。「有償契約」是雙方當事人各須由給付而取得利益，例如：買賣、互易、租賃、僱傭、承攬等都是。「無償契約」是當事人一方，無所給付而取得利益。例如：贈與、使用借貸。

❸諾成契約和要物契約

「諾成契約」是雙方當事人在意思表示一致時，契約就成立，例如：買賣、租賃、僱傭等。「要物契約」是雙方當事人除了意思表示一致外，尚須實行給付始能成立的契約。例如：使用借貸、消費借貸、寄託等。

❹要式契約和非要式契約

「要式契約」就契約的成立要依一定的方式，如沒有依一定方式，契約就無效。合會和人事保證契約需用書面，就是要式契約。「非要式契約」是契約的成立，不須依一定的方式。

❺要因契約和非要因契約

「要因契約」是契約的成立，有原因存在，如果沒有原因存在，契約即屬無效。「非要因契約」是契約的成立，不須原因存在就有效。在債權契約多為要因契約，物權契約為非要因契約。

❻有名契約和無名契約

「有名契約」和「無名契約」的區別在於契約是否依法律規定的內容訂立。有名契約是依法律規定的內容而訂立的契約，又稱典型契約，民法債編各種之債的契約，都是有名契約。無名契約是非依法律規定的內容而訂立的契約，又稱非典型契約。

典型契約與非典型契約

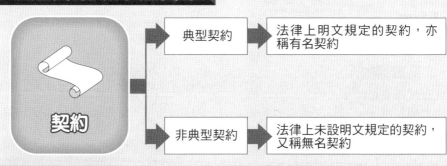

契約 → 典型契約 → 法律上明文規定的契約,亦稱有名契約

契約 → 非典型契約 → 法律上未設明文規定的契約,又稱無名契約

契約種類

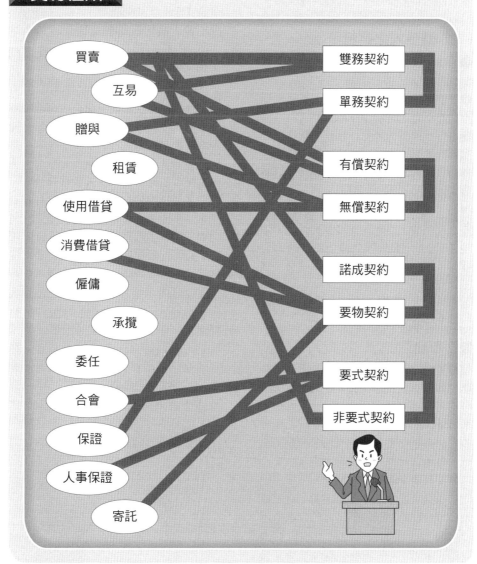

買賣
互易
贈與
租賃
使用借貸
消費借貸
僱傭
承攬
委任
合會
保證
人事保證
寄託

雙務契約
單務契約

有償契約
無償契約

諾成契約
要物契約

要式契約
非要式契約

UNIT *3-2*
買賣契約（一）

圖解民法

（一）買賣契約

買賣契約就是當事人約定一方移轉財產權給他方，他方支付價金的契約（§345 I）。當事人就標的物及其價金互相同意時，買賣契約即為成立（§345 II）。買賣的標的物為財產權，包括物之所有權，或者其他權利。

（二）買受人之義務

❶給付買賣價金的義務買受人負有支付價金的義務。
❷受領標的物的義務：買受人有收取對方交付物品之義務（§367）。
❸履行買賣契約之交付義務：買賣標的物與其價金之交付，除法律另有規定或契約另有訂定，或另有習慣外，應同時為交付，即一方交付價金，另一方交付物品（§369）。標的物交付定有期限者，其期限，推定其為價金交付之期限（§370）。標的物與價金應同時交付者，其價金於標的物之交付處所交付之（§371）。

（三）出賣人義務

❶危險負擔

買賣標的物之利益及危險，自交付時起，均由買受人承受負擔，但契約另有訂定者，不在此限（§373）。例如：甲出賣A屋給乙，已移轉A屋所有權於乙，但尚未交屋，該屋因地震毀損。此時，仍應由出賣人承受危險負擔，買受人無支付價金的義務。買受人請求將標的物送交清償地以外之處所者，自出賣人交付其標的物於為運送之人或承攬運送人時起，標的物之危險，由買受人負擔（§374）。例如：乙向甲購買花

瓶，原本清償地在台北，但乙請求改送到新竹，甲交給丙貨運公司運送，結果因丙之過失花瓶滅失。此時，買受人乙要承擔該危險，故仍然要支付價金。買受人關於標的物之送交方法，有特別指示，而出賣人無緊急之原因，違其指示者，對於買受人因此所受之損害，應負賠償責任（§376）。

❷出賣人權利瑕疵擔保責任

出賣人應擔保第三人就買賣之標的物，對於買受人不得主張任何權利（§349）。債權或其他權利的出賣人，應擔保其權利確係存在，有價證券的出賣人，並應擔保其證券未因公示催告而宣誓為無效（§350）。例如：甲對乙有30萬債權，以25萬元賣給丙。事後發現乙已對甲的代理人清償該債權，而甲不知此事。此時，甲應擔保該權利存在，負債務不履行責任。買受人在契約成立時，知道買賣標的權利有瑕疵時，而進行買賣行為，出賣人不負瑕疵擔保責任，但是契約另有訂定者，不在此限制之內（§351）。債權之出賣人對於債務人之支付能力，除契約另有訂定外，不負擔保責任。出賣人就債務人之支付能力，負擔保責任者，推定其擔保債權移轉時債務人之支付能力（§352）。出賣人不履行第348條至第351條所定之義務者，買受人得依關於債務不履行之規定，行使其權利（§353）。

買賣契約

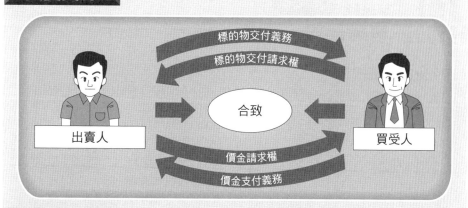

標的物交付義務

標的物交付請求權

合致

出賣人

買受人

價金請求權

價金支付義務

危險負擔

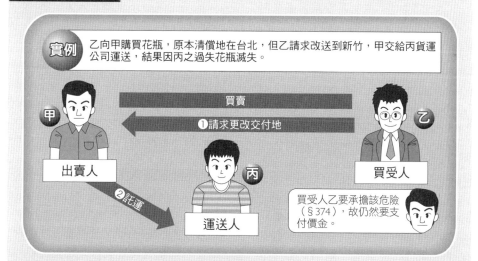

實例 乙向甲購買花瓶，原本清償地在台北，但乙請求改送到新竹，甲交給丙貨運公司運送，結果因丙之過失花瓶滅失。

買賣

❶請求更改交付地

甲 出賣人

❷託運

丙 運送人

乙 買受人

買受人乙要承擔該危險（§374），故仍然要支付價金。

出賣人權利瑕疵擔保責任

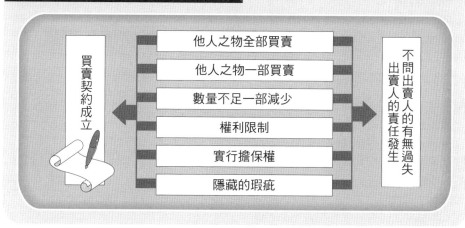

買賣契約成立

他人之物全部買賣

他人之物一部買賣

數量不足一部減少

權利限制

實行擔保權

隱藏的瑕疵

不問出賣人的有無過失出賣人的責任發生

UNIT 3-3
買賣契約（二）

圖解民法

（四）物的瑕疵擔保

出賣人對買受人應擔保其物自交付買受人起，危險移轉於買受人（§354 I），意指物品賣出後，物品毀損變成由買受人自行負擔。但出賣人也應該擔保買賣標的物在危險移轉給買受人時，買賣標的物有出賣人保證的品質（§354 II）。但買受人在契約成立時知道物有瑕疵時，出賣人不負擔保的責任（§355 I）。買受人因重大過失而不知物有瑕疵者，出賣人如未保證其無瑕疵時，不負擔保責任。但是出賣人故意不告知買受人物的瑕疵時，不在此限（§355 II）。

（五）買受人之檢查通知義務

買受人應按物之性質，依通常程序從速檢查其所受領之物。如發現有應由出賣人負擔保責任之瑕疵時，應即通知出賣人。買受人怠於為前項之通知者，除依通常之檢查不能發現之瑕疵外，視為承認其所受領之物。不能即知之瑕疵，至日後發現者，應即通知出賣人，怠於為通知者，視為承認其所受領之物（§356）。前條規定，於出賣人故意不告知瑕疵於買受人者，不適用之（§357）。

（六）物之瑕疵擔保效力

❶解除契約或請求減少價金

買賣因物有瑕疵，而出賣人依前五條之規定，應負擔保之責者，買受人得解除其契約，或請求減少其價金。但依情形，解除契約顯失公平者，買受人僅得請求減少價金（§359）。買受人主張物有瑕疵者，出賣人得定相當期限，催

告買受人於其期限內，是否解除契約。買受人於前項期限內，不解除契約者，喪失其解除權（§361）。因主物有瑕疵而解除契約者，其效力及於從物。從物有瑕疵者，買受人僅得就從物之部分為解除（§362）。

❷請求損害賠償

買賣之物，缺少出賣人所保證之品質者，買受人得不解除契約或請求減少價金，而請求不履行之損害賠償。出賣人故意不告知物之瑕疵者，亦同（§360）。

❸另行交付無瑕疵之物

買賣之物，僅指定種類者，如其物有瑕疵，買受人得不解除契約或請求減少價金，而即時請求另行交付無瑕疵之物。出賣人就前項另行交付之物，仍負擔保責任（§364）。

❹解除權或請求權之消滅

買受人因物有瑕疵，而得解除契約或請求減少價金者，其解除權或請求權，於買受人依第356條規定為通知後6個月間不行使或自物之交付時起經過5年而消滅。前項關於6個月期間之規定，於出賣人故意不告知瑕疵者，不適用之（§365）。

❺免除或限制擔保義務之特約

以特約免除或限制出賣人關於權利或物之瑕疵擔保義務者，如出賣人故意不告知其瑕疵，其特約為無效（§366）。

物之瑕疵擔保責任

 甲向乙購買A屋，交付後發現該屋使用輻射鋼筋。而乙非因過失並不知道此事。請問甲得向乙主張何種權利？

 甲

買賣

交付之物有瑕疵

買受人

乙負物之瑕疵擔保責任，為無過失責任，縱使非因過失，甲仍然可以主張解除契約、減少價金、損害賠償等。

出買人 乙

物之瑕疵擔保效力

物之瑕疵 → 物之瑕疵擔保責任 →

特定物 →
- ❶解除契約
- ❷減少價金
- ❸請求不履行損害賠償

種類買賣 →
- ❶解除契約
- ❷減少價金
- ❸請求不履行損害賠償
- ❹請求交付無瑕疵之物

不完全給付 →
- 補正（修補瑕疵）
- 損害賠償（加害給付）

物之瑕疵請求損害賠償

實例 甲明知B屋每月可獲租金2萬，故意告知乙該屋每月租金有4萬，而出賣於乙。

 甲

買賣
保證品質

交付缺少所保證品質

出賣人

買賣之物，缺少出賣人所保證之品質者，買受人得不解除契約或請求減少價金，而請求不履行之損害賠償（§360）。故乙可請求損害賠償。

買受人 乙

UNIT **3-4**
特種買賣契約

如果是依照特殊方法而進行的買賣行為，就屬於特種買賣契約，其可分為下列五種：

（一）買回

買回係買賣標的物的再買賣，亦即為是出賣人在買賣契約保留買回的權利，應返還其所受領的價金，而買回其所賣出的標的物（§379 I）。前項買回的價金有特約者，從其特約（§379 II）。而買賣費用由買受人支出者，買回人應該和買回價金一同償還買受人（§381 I）。其買回的費用，由買回人負擔（§381 II）。另外，買受人對於買回人負有交付標的物及其附屬物的義務（§383 I）。且買回的期限不得超過5年，如約定的期限比較長者，縮短為5年（§380）。

（二）試驗買賣

以買受人承認標的物，作為停止條件，而訂立的契約（§384）。故試驗買賣為一種負條件的契約。試驗買賣之出賣人，有許買受人試驗其標的物之義務（§385）。未明確規定契約的成立，當標的物經試驗而未交付者，買受人於約定期限內，未就標的物為承認之表示，視為拒絕。其無約定期限，而於出賣人所定之相當期限內，未為承認之表示者，亦同（§386）。再者，當標的物因試驗已交付於買受人，而買受人不交還其物，或於約定期限或出賣人所定之相當期限內，不為拒絕之表示者，視為承認（§387 I）。若買受人已支付價金之全部或一部，或就標的物為非試驗所必要之行為者，視為承認（§387 II）。

（三）貨樣買賣

係指依貨樣而決定標的物的一種買賣契約。在此種買賣，出賣人應擔保買賣標的物或貨樣有同一之品質（§388）。

（四）分期付價買賣

分期付價之買賣，如約定買受人有遲延時，出賣人的即請求支付全部價金者，除買受人遲付之價額已達全部價金五分之一外，出賣人仍不得請求支付全部價金（§389）。分期付價之買賣，如約定出賣人於解除契約時，得扣留其所受領的價金，其扣留數額，不得超過標的物使用之代價，及標的物受有損害時之賠償額（§390）。

（五）拍賣

多數應買人中，大家一起公開競爭，用口頭出價，選出價最高的人來訂買賣契約，因拍賣人拍板，或是其他慣用的方式，作為買定的表示而成立。

拍賣之買受人，應於拍賣成立時或拍賣公告內所定之時間，以現金支付買價（§396）。拍賣之買受人如不按時支付之價金，拍賣人得解除拍賣契約，而拍賣人之損失，由買受人負賠償其差額之責任（§397）。

買回契約

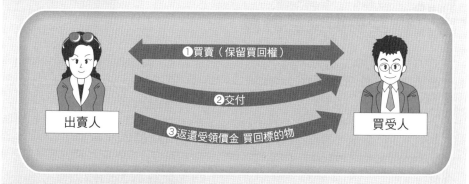

出賣人

❶買賣（保留買回權）

❷交付

❸返還受領價金 買回標的物

買受人

分期付款買賣契約

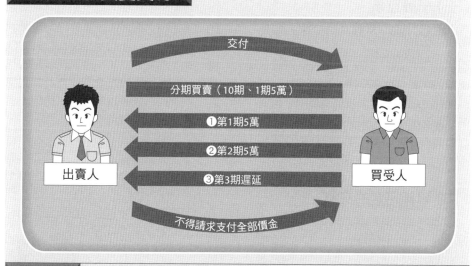

交付

分期買賣（10期、1期5萬）

出賣人

❶第1期5萬

❷第2期5萬

❸第3期遲延

不得請求支付全部價金

買受人

拍賣

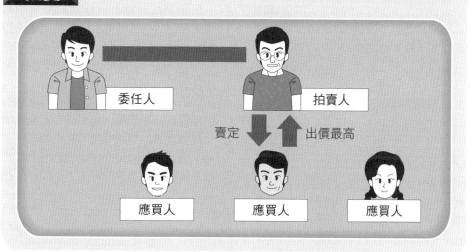

委任人

拍賣人

賣定 出價最高

應買人

應買人

應買人

UNIT **3-5** 互易與交互計算

圖解民法

「互易」是當事人雙方，約定互相移轉金錢以外的「財產權」的契約（§398），例如：以牛易馬。雙方當事人對於其所移轉的財產權，皆須負「出賣人」的責任。對於所受移轉的財產權，皆立於「買受人」的地位（§398）。

（一）一般互易

又可以分成「單純互易」及「價值互易」兩種，「單純互易」是當事人互相移轉財產權，而不具有嚴格對價。「價值互易」，就是標的物的交換，常以該物品的「金錢價格」為標準，也就是以具有同一金錢價值的財產權來作為互易標的。實際上就如同併存的買賣契約。

（二）附補足金的交易

當事人一方移轉金錢以外的財產權，另一方除了移轉金錢以外的財產權外，還需交付金錢時，就是「附補足金的互易」，關於金錢的部分，準用買賣的規定（§399）。例如：A以價值10萬的中古汽車和B價值8萬的電腦做互易，並由B補足現金2萬的差額。又既然稱作「附補足金的交易」，則該項金錢的給付，居於「從屬地位」。如果處在同等地位時，就會變成是買賣與互易的混合契約。

（三）交互計算

雙方約定就相互間交易上所生的債權、債務，定期計算，互相抵銷，而且僅支付其中差額的契約，就是「交互計算」（§400）。二人之間，經常往來互相交易，假如每件結算，手續繁雜，容易感到不方便，所以彼此就約定，在一定期間之內，將相互間一切交易上的付款，作一個總結，並且直接互相抵銷，藉以了結債權債務。

（四）交互計算的效力

在交互計算時，雙方的債權都會繼續保持原來的性質。債權如果附有「擔保」，這項「擔保」並不會因為交互計算而受影響。只是約定作交互計算的債權，都不能獨立行使，所以請求權的時效，無法進行。因為依照交互計算的意義，當事人所能夠請求的，只是計算上的差額，而不是個別債權。

還有，在交互計算時，債務人的給付，並不會直接發生債的消滅效力。債務人給付時，只會在計算上記載，而不是用此項給付，來抵充特定項目的債務，而債務人也僅在計算期，就其交易計算上的差額來清償而已。

（五）差額的確定

依照交互計算，計算期屆滿後，當事人的一方，對於他方所能夠請求的數額，稱為差額。交互計算的計算期，假如沒有特別約定，以6個月為一期（§402）。

因為「交互計算契約」具有相互信用的性質，所以如果當事人間不願意繼續這個關係，自然可以隨時終止契約；又如果雙方另外約定某特定期間前不可終止，就應該尊重雙方約定，不能隨時終止（§403）。

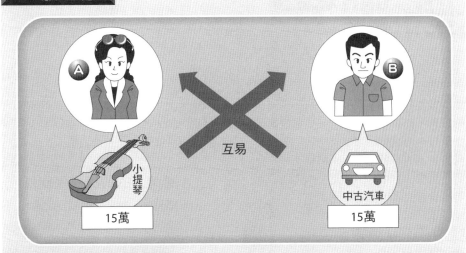

一般互易

A 小提琴 15萬

互易

B 中古汽車 15萬

附補足金之互易

A 中古汽車 10萬

補2萬差額

B 電腦 8萬

交互計算

甲

❶約定每半年交互計算

❷債權10萬

❸債權8萬

❹互相抵銷、支付差額2萬

乙

UNIT **3-6** 贈與

所謂的「贈與」，是當事人約定一方以自己的財產無償送給對方，他人允諾並且接受的契約（§406）。贈與的標的，需要是「財產」，如果是無償提供勞務的話，就不屬於贈與的範圍。至於所謂的「財產」，是指動產、不動產、債權、物權、準物權、無體財產權等，具有財產價值的權利。

（一）贈與之撤銷

❶任意撤銷

因為受贈人並沒有付出，所以法律特別允許贈與人可以在還沒移轉贈與物的權力之前，任意撤銷贈與契約，如果已經移轉一部分的話，對於未移轉的部分還是可以撤銷的（§408 I）。但是有兩種情況，不可以任意撤銷契約：①經過公證的贈與；②為了履行道德上義務的贈與（§408 II）。

❷法定撤銷

受贈人對於贈與人，有下列情事之一者，贈與人得撤銷其贈與：①對於贈與人、其配偶、直系血親、三親等內旁系血親或二親等內姻親，有故意侵害之行為，依刑法有處罰之明文者；②對於贈與人有扶養義務而不履行者（§416）。

❸窮困抗辯

贈與人於贈與約定後，其經濟狀況顯有變更，如因贈與致其生計有重大之影響，或妨礙其扶養義務之履行者，得拒絕贈與之履行（§418）。

（二）贈與人的責任

「贈與」是「無償行為」，贈與人並沒有從受贈人那裡獲得任何對價，所以，贈與人僅就其故意和重大過失，對於受贈人負給付不能的責任（§410）。至於「給付遲延責任」，除非是因為可以歸責於贈與人的原因，而使得給付遲延，不然就算贈與人有故意或重大過失，也不用負責。

（三）贈與人的瑕疵擔保責任

如果贈與物或權利有瑕疵，贈與人不需要負擔保責任。但是贈與人要是故意不告知有瑕疵，或保證無瑕疵，對於受贈人因為這個瑕疵，而生的損害，負有賠償的義務（§411）。

（四）特殊贈與

❶附負擔的贈與

就是指使受贈人負一定給付義務的贈與，如果贈與人已經做了給付，而受贈人卻不履行義務時，贈與人可以請求受贈人履行義務，或是撤銷贈與（§412 I）。另外，負擔如果是以「公益」為目的，在贈與人死亡後，主管機關或檢察官，可以請求受贈人履行其負擔（§412 II）。附負擔的贈與，其贈與不足抵償負擔時，受贈人僅在贈與的價值限度內履行負擔（§413）。附負擔的贈與，其贈與物或權利有瑕疵時，贈與人在受贈人負擔的限度內，負出賣人同一的責任（§414）。

❷定期給付的贈與

是定期地繼續為財產給付的贈與，如果沒有約定這個贈與要給付到什麼時候，這個贈與，當受贈人或贈與人死亡時失效（§415）。

❸死因贈與

就是贈與在贈與人死亡後才發生效力，此與「遺贈」不同。

贈與契約的成立

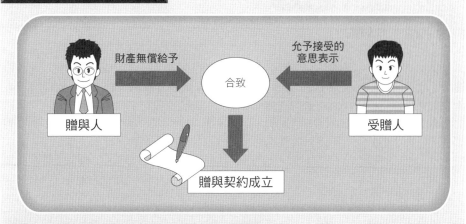

贈與契約移轉前可任意撤銷

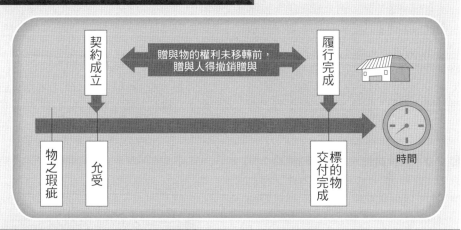

贈與之瑕疵擔保責任

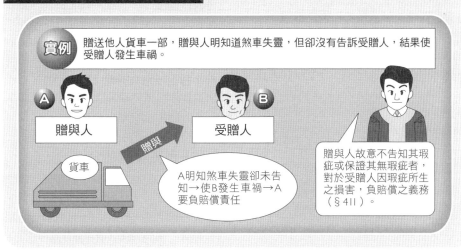

UNIT **3-7** 租賃

圖解民法

租賃是當事人約定一方以物租與他方使用、收益,他方支付租金的契約。動產或是不動產都可以作為租貸契約的標的物(§421)。所謂的「出租人」,即是以「物」租給他人「使用收益」的人。

(一)出租人的義務

❶交付及保持義務:「出租人」應該要將合於雙方所約定的「租賃物」,交付給「承租人」,並在租賃關係還沒中斷前,將租賃物保持著合於約定使用收益的狀態(§423)。

❷修繕義務:租賃物的修繕,原則上由出租人負擔,除非契約另有約定,或另有習慣;出租人如果是為了保存租賃物的必要行為,承租人必須要配合,不得拒絕(§429)。

❸出租人應負擔稅捐義務與飼養費:租賃物應該繳納的一切稅捐,因此原則上沒有特別約定的情形,出租人應該要負擔繳稅的義務(§427)。租賃物為動物的時候,日常飼養動物的費用,也應該由承租人負擔(§428)。

❹有益費用之償還及工作物之取回:承租人就租賃物支出有益費用,增加租賃物的價值,於租賃關係終止時,出租人應該償還費用(§431 I)。又承租人在租賃物上增加「工作物」,承租人可取回其工作物,但應回復原本租賃物的狀態(§431 II)。

(二)承租人的義務

承租人應有:❶支付租金義務;❷保管義務:承租人應以善良管理人的注意來保管租賃物,如果有生產力,就應保持生產力(§432 I)。要是有修繕的必要,也應通知出租人修繕。第三人對於租賃物主張權利,承租人也應該通知出租人,承租人怠於通知,而使得出租人受有損害,承租人應賠償出租人所受損害(§437);❸失火責任:承租人負有保管租賃物的義務,所以如果沒盡到「善良管理人的注意義務」,而使得租賃物毀損滅失時,應負賠償責任(§432 II);但若是因失火而滅失的情況,承租人只要在自身有「重大過失」時負責(§434)。

(三)買賣不破租賃原則

出租人於租賃物交付後,承租人占有中,縱將其所有權讓與第三人,其租賃契約,對於受讓人仍繼續存在。前項規定,於未經公證之不動產租賃契約,其期限逾5年或未定期限者,不適用之(§425)。

(四)承租人的轉租效力

承租人非經出租人承諾,不可以將租賃轉租給他人,否則出租人得終止租賃契約(§443)。但有兩種例外情形:❶轉租經出租人的承諾:未得出租人同意前,承租人不得將承租物轉租給他人;❷租賃物為房屋:除非當事人有反對的約定,不然承租人自可以將房屋的一部分轉租給其他人。

(五)租賃契約的消滅

租賃如果定有期限,租賃關係在期限屆滿時消滅(§450 I)。若未定期限,當事人可隨時終止契約,但有利於承租人習慣,從其習慣(§450 II)。

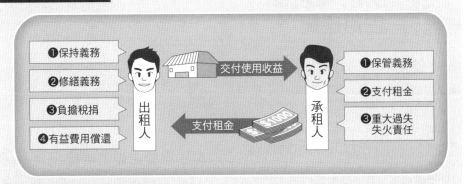

租賃契約

- ❶保持義務
- ❷修繕義務
- ❸負擔稅捐
- ❹有益費用償還

出租人

交付使用收益

支付租金

承租人

- ❶保管義務
- ❷支付租金
- ❸重大過失失火責任

買賣不破租賃

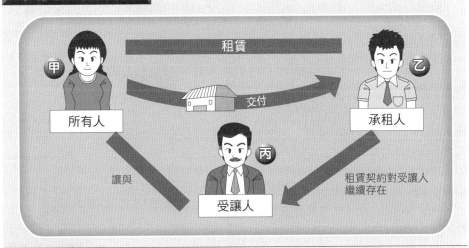

甲 所有人

租賃

交付

乙 承租人

丙 受讓人

讓與

租賃契約對受讓人繼續存在

轉租

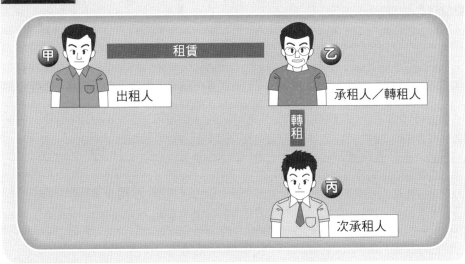

甲 出租人

租賃

乙 承租人／轉租人

轉租

丙 次承租人

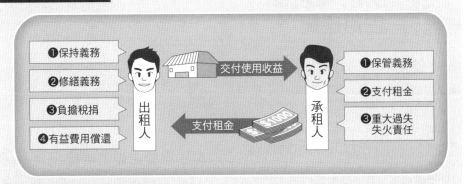

UNIT **3-8**
使用借貸

（一）使用借貸的意義

❶使用借貸的當事人是「貸與人」及「借用人」：「貸與人」就是將物品借給其他人來使用的人；而「借用人」則是從貸與人手上取得「借用物」來使用的人（§464）。

❷使用借貸是一種「無償契約」：借用人不需要給貸與人對價，否則就會變成「租賃契約」。不限於動產，不動產也可以作為使用借貸的標的物，只要借用人使用借用物是以「不消費」的方式，來使用就可以。

（二）對貸與人的效力

使用借貸之貸與人是無償的負擔義務，所以為了公平起見，貸與人不對借用物負擔瑕疵擔保的責任，但是如果貸與人是故意不告知借用人，不讓借用人知道物的瑕疵，而讓借用人因該瑕疵受有損害時，貸與人就需要負損害賠償的責任（§466）。

（三）對借用人的效力

❶依約定方法使用的義務：借用人對於借用物，應該要善盡保管之責，因此如果雙方曾經有約定使用借用物的方法，只要約定的使用方法不違背公序良俗，就應該要依照約定的方法來使用；如果沒有約定時，應依借用物的性質來使用（§467）。

❷保管義務：由於借用人是單方面獲得利益，所以就應該要負擔較重的責任，也就是借用人需要負擔「善良管理人的注意義務」，如果違反義務而使得借用物毀損滅失的話，就要負損害賠償責任，但如果是依照「約定的方法」或「事物的性質」來使用而毀損的話，就

不用負責（§468）。

❸保管費用的負擔：借用人負有保管義務，所以對於借用物「通常保管費用」，也應該要負擔（§469）。

（四）買賣破使用借貸

使用借貸是無償契約，與租賃的有償契約性質不同，所以不能類推適用民法第425條的規定。故當貸與人將借用物轉讓第三人時，第三人可向借用人請求返還。

（五）消滅時效

貸與人及借用人的「請求權」與「取回權」，因6個月不行使而消滅，期間是從借用物返還時開始起算；而對借用人之請求權，則是從借貸關係終止算起（§473）。

（六）使用借貸的消滅

❶對借用物約定有返還期限時，借用人應該在約定時間屆滿之前，返還借用物；❷如果沒有約定返還期限的話，可以依借用目的，而認為有使用完畢之時，或不能依借用目的定返還期限，向借用人請求返還（§470）；❸貸與人在下述情形得終止契約：①因為不可預知的情事，貸與人需要借用物；②借用人違反依約定方法使用的義務；③借用人違反保管義務；④借用人死亡。貸與人有權終止使用借貸契約，以消滅使用借貸的關係（§472）。

（七）共同借用人的連帶責任

如果對同一個借用物的借用人不只一人時，所有的借用人都應該對貸與人「負連帶責任」（§471）。

使用借貸

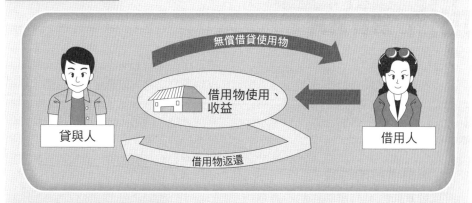

無償借貸使用物

借用物使用、收益

貸與人

借用人

借用物返還

買賣破使用借貸

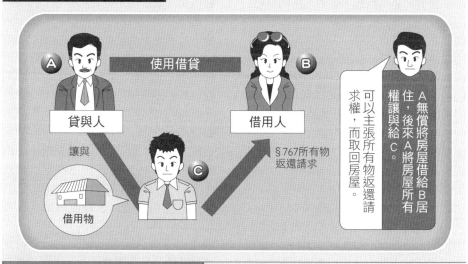

使用借貸

Ⓐ 貸與人

Ⓑ 借用人

讓與

借用物

Ⓒ

§767所有物返還請求

A無償將房屋借給B居住，後來A將房屋所有權讓與給C。

可以主張所有物返還請求權，而取回房屋。

使用借貸之消滅事由

❶期間屆滿

❷借用人目的達成

❸借用人使用、收益完畢

❹借貸未定期限亦不能依借貸目的而定期限，貸與人隨時請求返還

❺借用人死亡

使用借貸契約的終止

UNIT 3-9
消費借貸

消費借貸是當事人一方移轉金錢或其他代替物之所有權於他方，而約定他方以種類、品質、數量相同之物返還之契約（§474）。一般民間的借款，就是消費借貸。

（一）消費借貸的意義

消費借貸的「契約標的物」，必須要是可以消費的替代物，包括金錢或米、酒等。有的時候，貸與人借的是特定「貨物」或「有價證券」，折算成金錢，將來返還的金額，則應該照交付時之價格，作為借貸金額（§481）。

（二）要物契約與消費借貸的預約

消費借貸契約屬於「要約契約」，一定要將借用物交付，契約才成立。在借用物交付之前，雙方當事人對關於消費借貸做出約定，這個約定就是「消費借貸的預約」。消費借貸之預約，其約定之消費借貸有利息或其他報償，當事人之一方於預約成立後，成為無支付能力者，預約貸與人得撤銷其預約。消費借貸之預約，其約定之消費借貸為無報償者，準用第465條之1之規定（§475-1）。例如：一般向銀行借款若有約定利息，與銀行成立預約後，尚未撥款前，銀行不得隨意撤銷契約。

（三）準消費借貸契約

當事人的一方對他方負有金錢或其他代替物的給付義務，而約定以之作為消費借貸的標的者，也可以成立消費借貸（§474 II）。

（四）物之瑕疵擔保責任

消費借貸，約定有利息或其他報償者，如借用物有瑕疵時，貸與人應另易以無瑕疵之物。但借用人仍得請求損害賠償。消費借貸為無報償者，如借用物有瑕疵時，借用人得照有瑕疵原物之價值，返還貸與人。前項情形，貸與人如故意不告知其瑕疵者，借用人得請求損害賠償（§476）。

（五）對借用人的效力

❶借用人取得借用物的所有權，自得對之為處分。

❷支付利息或其他報償，應於契約所定期限支付之；若是沒有約定，就在借貸關係終止時支付，又如果借貸時間超過1年的話，則是在每年終了時支付（§477）。

❸借用人應於約定期限內，將與借用物同種類、同品質、同數量的物，返還給貸與人。未約定返還期限，借用人就可以隨時返還，或是貸與人定1個月以上的期限，來催告借用人返還（§478）。

❹金錢借貸之返還，除契約另有訂定外，應依下列之規定：①以通用貨幣為借貸者，如於返還時，已失其通用效力，應以返還時有通用效力之貨幣償還之；②金錢借貸，約定折合通用貨幣計算者，不問借用人所受領貨幣價格之增減，均應以返還時有通用效力之貨幣償還之；③金錢借貸，約定以特種貨幣為計算者，應以該特種貨幣，或按返還時、返還地之市價，以通用貨幣償還之（§480）。

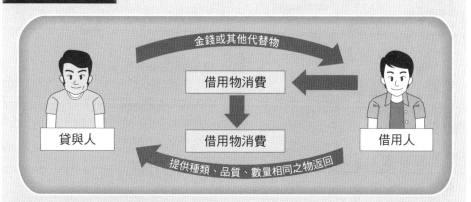

消費借貸

金錢或其他代替物

借用物消費

借用物消費

貸與人

借用人

提供種類、品質、數量相同之物返回

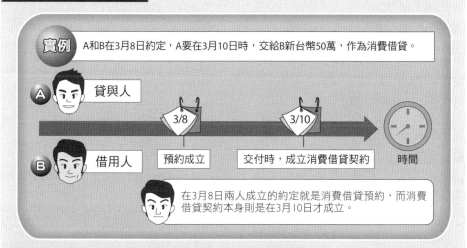

消費借貸預約

實例 A和B在3月8日約定，A要在3月10日時，交給B新台幣50萬，作為消費借貸。

A 貸與人

3/8　　　　3/10

B 借用人

預約成立　　交付時，成立消費借貸契約　　時間

在3月8日兩人成立的約定就是消費借貸預約，而消費借貸契約本身則是在3月10日才成立。

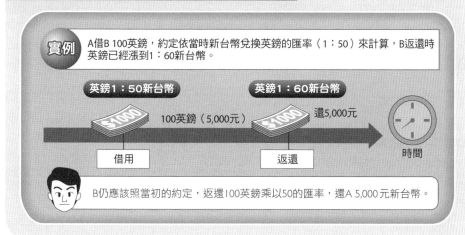

金錢借貸約定折合通用貨幣計算

實例 A借B 100英鎊，約定依當時新台幣兌換英鎊的匯率（1：50）來計算，B返還時英鎊已經漲到1：60新台幣。

英鎊1：50新台幣　　　　英鎊1：60新台幣

100英鎊（5,000元）　　還5,000元

借用　　　　返還　　　　時間

B仍應該照當初的約定，返還100英鎊乘以50的匯率，還A 5,000元新台幣。

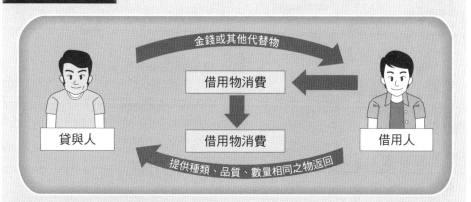
第 3 章 債編各論

UNIT **3-10** 僱傭

（一）僱傭

稱僱傭者，謂當事人約定，一方於一定或不定之期限內為他方服勞務，他方給付報酬之契約（§482）。

（二）對受僱人之效力

❶**服勞務的義務**：受僱人應依約定為雇主服勞務；❷**勞務給付之專屬性**：僱用人非經受僱人同意，不得將其勞務請求權讓與第三人。受僱人非經僱用人同意，不得使第三人代服勞務（§484）；❸**特種技能之保證**：受僱人明示或默示保證其有特種技能者，如嗣後發現無此種特種技能時，僱用人得終止契約（§485）。

（三）僱用人的義務

❶**給付報酬**：僱傭關係中受僱人之所以要為僱用人服勞務，是為了要能取得報酬，所以說僱用人有給付的義務。而關於報酬之給付，未定報酬額者，按照價目表所定給付之（§483）。又報酬應依約定之期限給付之，但無約定者，應依習慣，而無約定亦無習慣者，則依據：①報酬分期計算者，應於每期屆滿時給付之；②報酬非分期計算者，應於勞務完畢時給付之（§486）。

❷**僱用人受領遲延與報酬的給付**：僱用人受領勞務遲延的話，受僱人沒有補服勞務的義務，還是可以請求報酬（§487）。

❸**危險預防義務**：如果受僱人服勞務時，生命、身體、健康有受到危害的可能，僱用人就應該按照情形來做預防，若僱用人違反此項義務，應負損害賠償責任（§483-1）。

❹**無過失損害賠償責任**：受僱人服勞務，因非可歸責於自己之事由，致受損害者，得向僱用人請求賠償。前項損害之發生，如別有應負責任之人時，僱用人對於該應負責者，有求償權（§487-1）。

（四）僱傭關係消滅

❶**期限屆滿**

僱傭定有期限者，其僱傭關係於期限屆滿時消滅（§488 I）。

❷**契約終止**

契約終止之情況，約可分下列二種：①隨時終止：僱傭未定期限，亦不能依勞務之性質或目的定期限者，各當事人得隨時終止契約。但有利於受僱人之習慣者，從其習慣（§488 II）；②遇有重大事由之終止：當事人之一方，遇有重大事由，其僱傭契約縱定有期限，仍得於期限屆滿前終止之。

😊 小博士解說

勞動基準法

根據民法契約自由的規定，雇主和勞工可以自由訂定勞工契約的條件，例如：一天要上班幾小時、一週要上班幾天、一個月薪水多少、有哪些福利等，原則上這些都可以由勞工和雇主自由談判簽約。但是在市場自由交易下，勞工為了找工作，往往談判地位居於比較弱勢的一方，所以，另外有一個「勞動基準法」，為勞工設定了一些最低條件，這些最低條件就是要用來保護勞工，避免雇主在勞工契約中訂定太苛刻的待遇。

僱傭契約

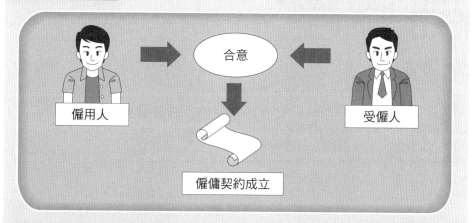

合意

僱用人 → ← 受僱人

僱傭契約成立

僱用人受領遲延

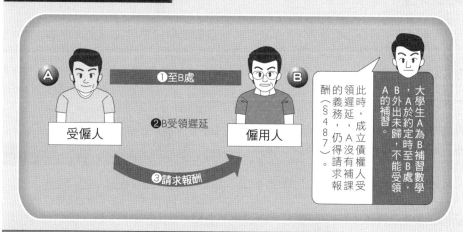

Ⓐ 受僱人

❶至B處

❷B受領遲延

Ⓑ 僱用人

❸請求報酬

此時，成立債權人受領遲延，A沒有補課的義務，仍得請求報酬（§487）。

大學生A為B補習數學，A於約定時至B處，B外出未歸，不能受領的補習。

僱用人之照顧義務與無過失賠償責任

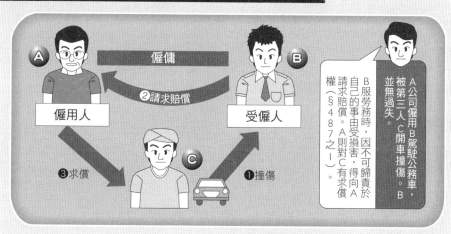

Ⓐ 僱用人

僱傭

❷請求賠償

Ⓑ 受僱人

❸求償

Ⓒ

❶撞傷

B服勞務時，因不可歸責於自己的事由受損害，得向A請求賠償。A則對C有求償權（§487之1）。

A公司僱用B駕駛公務車，被第三人C開車撞傷。B並無過失。

UNIT **3-11**
承攬（一）

圖解民法

（一）承攬

「承攬」又俗稱「承包」，是當事人雙方約定，讓一方為另一方完成一定的工作，他方俟工作完成，給付報酬之契約（§490 I）。承攬契約與僱傭契約不同之處在於，僱傭契約下只要提供勞務，但承攬契約必須完成一定的結果。

（二）承攬人的擔保責任

❶品質保證

承攬人完成工作，應使其具備約定的品質及無減少或減少價值或不適於通常或約定使用的瑕疵（§492）。

❷瑕疵修補責任

工作有瑕疵者，定作人得定相當期限，請求承攬人修補之。承攬人不於前項期限內修補者，定作人得自行修補，並得向承攬人請求償還修補必要之費用。如修補所需費用過鉅者，承攬人得拒絕修補，前項規定，不適用之（§493）。

❸解約或減少報酬

承攬人在定作人所定的期限之內，不修補瑕疵、拒絕修補，或瑕疵根本就不能修補，定作人則可「解除契約」或「減少報酬」。但基於公益上考量，若瑕疵不大、工作物是「建築物」，或屬於其他種土地上的工作物，定作人僅能請求減少報酬，而不能選擇解除契約。（§494）。

❹損害賠償責任或解約

因可歸責於承攬人之事由，致工作發生瑕疵者，定作人除依前二條之規定，請求修補或解除契約，或請求減少報酬外，並得請求損害賠償。前項情形，所承攬之工作為建築物或其他土地上之工作物，而其瑕疵重大致不能達使用之目的者，定作人得解除契約（§495）。

（三）瑕疵擔保責任期間

❶一般發見期間：工作交付後，若經過1年才發現有瑕疵，就不能主張權利。但工作本身的性質，不需要交付的話，從工作完成後起算1年期間（§498）。

❷土地上工作物瑕疵發見期間：建築物、其他土地上的工作物，或為此等工作物的重大的修繕，瑕疵擔保期間為5年（§499）。

❸瑕疵發見期間的延長：承攬人故意不告知有瑕疵，「一般瑕疵發見期間」從1年延長為5年，「土地上工作物瑕疵發見期間」，由5年延長為10年（§500）。

😊小博士解說

工作給付遲延

因可歸責於承攬人之事由，致工作逾約定期限始完成，或未定期限而逾相當時期始完成者，定作人得請求減少報酬或請求賠償因遲延而生之損害。前項情形，如以工作於特定期限完成或交付為契約之要素者，定作人得解除契約，並得請求賠償因不履行而生之損害（§502）。因可歸責於承攬人之事由，遲延工作，顯可預見其不能於限期內完成而其遲延可為工作完成後解除契約之原因者，定作人得依前條第2項之規定解除契約，並請求損害賠償（§503）。工作遲延後，定作人受領工作時不為保留者，承攬人對於遲延之結果，不負責任（§504）。

承攬契約

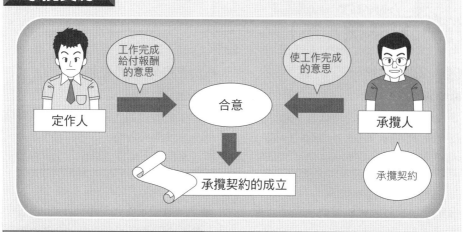

工作完成給付報酬的意思

定作人 → 合意 ← 使工作完成的意思 承攬人

承攬契約的成立

承攬契約

承攬人瑕疵擔保責任

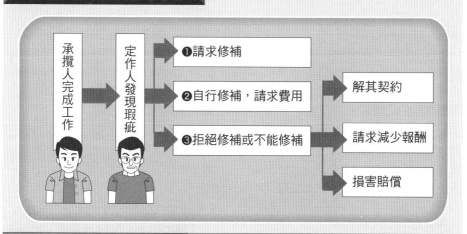

承攬人完成工作 → 定作人發現瑕疵

❶請求修補

❷自行修補，請求費用 → 解其契約

❸拒絕修補或不能修補 → 請求減少報酬

損害賠償

承攬工作給付遲延

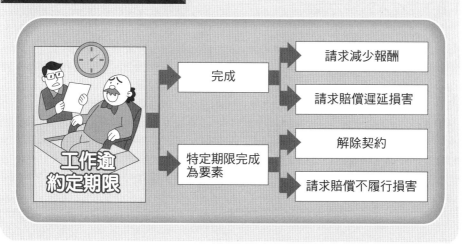

工作逾約定期限

完成 → 請求減少報酬

請求賠償遲延損害

特定期限完成為要素 → 解除契約

請求賠償不履行損害

UNIT **3-12**
承攬（二）

（四）報酬的給付

❶報酬數額

承攬需支付報酬，未定報酬額者，按照價目表所定給付之，無價目表者，按照習慣給付（§491 II）。約定由承攬人供給材料者，其材料之價額，推定為報酬之一部（§490 II）。

❷實際報酬超過預估概數甚鉅時之處理

訂立契約時，僅估計報酬之概數者，如其報酬，因非可歸責於定作人之事由，超過概數甚鉅者，定作人得於工作進行中或完成後，解除契約。定作人解除契約時，對於承攬人，應賠償相當之損害（§506）。

❸報酬給付之時期

報酬應在工作完成時交付，但若工作性質是屬於完成「無須交付」，那就應在工作完成時，給付報酬。又工作性質是屬於「分部分交付」，即在每部分完成交付後，分別給付該部分的報酬（§505）。

（五）定作人的協力義務

工作需定作人之行為始能完成者，而定作人不為其行為時，承攬人得定相當期限，催告定作人為之。定作人不於前項期限內為其行為者，承攬人得解除契約，並得請求賠償因契約解除而生之損害（§507）。例如：約定拍攝婚紗，需要定作人的配合，但定作人卻在約定日期失約，則婚紗公司得催告定作人配合，否則將解除契約並請求損害賠償。

（六）定作人的受領

❶危險負擔

工作毀損滅失之危險，於定作人受領前，由承攬人負擔。如定作人受領遲延者，其危險由定作人負擔。定作人所供給之材料，因不可抗力而毀損滅失者，承攬人不負其責（§508）。

❷可歸責於定作人之履行不能

於定作人受領工作前，因其所供給材料之瑕疵或其指示不適當，致工作毀損、滅失或不能完成者，承攬人如及時將材料之瑕疵或指示不適當之情事通知定作人時，得請求其已服勞務之報酬及墊款之償還，定作人有過失者，並得請求損害賠償（§509）。

❸視為受領工作

前二條所定之受領，如依工作之性質，無須交付者，以工作完成時視為受領（§510）。

（七）承攬人的法定抵押權

承攬工作是「建築物」、「其他土地上的工作物」，或「工作物的重大修繕」，承攬人可就承攬所產生的報酬金額，對其定作人的不動產為抵押權的登記，或對「將來完成的不動產」預先作「抵押權登記」。前項請求，承攬人於開始工作前亦得為之。前二項之抵押權登記，如承攬契約已經公證者，承攬人得單獨申請之。第1項及第2項就修繕報酬所登記之抵押權，於工作物因修繕所增加之價值限度內，優先於成立在先之抵押權（§513）。

定作人協力義務

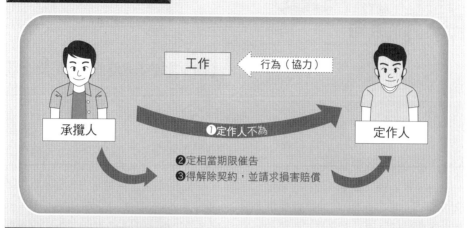

工作 ← 行為（協力）

承攬人 ❶定作人不為 定作人

❷定相當期限催告
❸得解除契約，並請求損害賠償

承攬之危險負擔

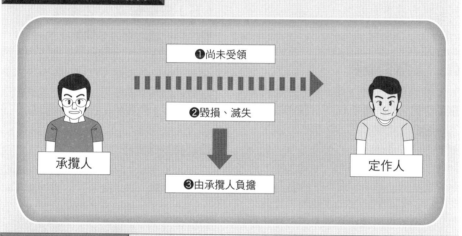

❶尚未受領

❷毀損、滅失

❸由承攬人負擔

承攬人 定作人

法定抵押權

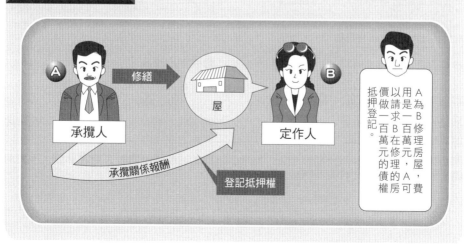

Ⓐ 修繕 → 屋 → Ⓑ

承攬人 定作人

承攬關係報酬

登記抵押權

為B修理房屋的A，是為一百萬元修理房屋的A，請求B在修理房屋的費用以做一百萬元的價，以用A抵押登記。

UNIT **3-13** 旅遊

所謂的「旅遊服務」，是指安排旅程及提供交通、膳宿、導遊或其他有關的服務，為營業而收取旅遊費用的人，就是「旅遊營業人」（§514-1）。

（一）旅遊為不要式契約

旅遊營業人應以書面記載特定事項，交付旅客（§514-2）。此種書面是在明確旅遊有這些事項，並非旅遊契約的要式文件，故旅遊契約為不要式契約，只要雙方當事人意思一致，就可以成立。

（二）旅客的義務

旅客應依旅遊契約給付旅遊營業人旅遊費用。有些旅遊行為，需要旅客行為的配合才能夠完成，而旅客不願配合的話，旅遊營業人可訂期限，催告旅客配合。若旅客不在期限內配合，即可終止契約，並得請求賠償因契約終止而生的損害；如果是在旅遊開始後，才終止契約，旅客可以請求旅遊營業人墊付費用，讓旅客回到原出發地，並償還費用附加利息給旅遊營業人（§514-3）。

（三）旅客的變更權

契約簽訂之後，但旅遊尚未開始前，要是因為某些原因而不能參加旅遊，這時旅客可以變更由第三人參加旅遊。旅遊營業人非有正當理由，不得拒絕。但若變成第三人參加，而因此增加費用，旅遊營業人得請求給付增加的費用。如減少費用，旅客則不得請求退還（§514-4）。

（四）旅遊未完成前旅客的終止權

旅遊營業人有不得已的事由，固然是可以變更旅遊內容，但旅客不同意時，得終止契約，同時也可以請求旅遊營業人墊付費用，送回原出發地。到達後，再由旅客附加利息償還費用（§514-5 Ⅳ）。而要是在旅遊未完成前，旅客都可以隨時終止契約，但要賠償旅遊營業人因契約終止而生的損害（§514-9）。

（五）旅遊營業人之義務
❶旅遊內容的履行及變更

為了保障旅客的權益，旅遊營業人不是有不得已的事由，而變更旅遊內容，因變更而減少的費用，應該要退還給旅客；而增加的費用，也不可以向旅客加收（§514-5 Ⅰ、Ⅱ）。

❷瑕疵擔保責任

旅遊營業人提供旅遊服務，應具備通常的品質（§514-6）。但旅遊服務不具備通常的價值及約定的品質，旅客得請求改善。旅遊營業人不願意改善，或是不能改善時，就可請求減少費用，要是因為「可歸責於旅遊營業人的事由」所導致的瑕疵，亦可請求損害賠償（§514-7）。

❸協助處理義務

旅客發生身體或財產上的事故時，旅遊營業人應為必要的「協助」及「處理」。若是「事故」是因為不可歸責於旅遊營業人的事由所造成，那麼所產生的費用，由旅客自己負擔（§514-10）。

圖解民法

旅遊契約

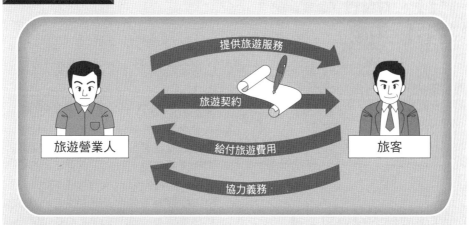

旅客義務與變更權

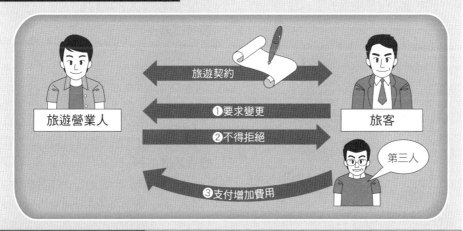

協助處理義務

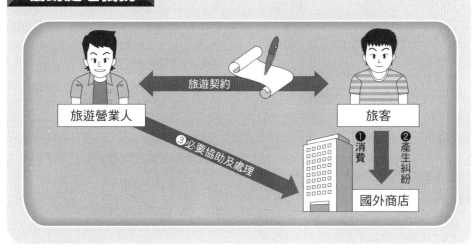

UNIT **3-14** 出版

「出版」是「雙務契約」的一種，當事人雙方約定，一方以文學、科學、藝術或其他著作，為了要出版而交付於另一方，擔任「印刷」或以其他方法「重製」及「發行」的契約。而若是投稿於新聞紙或雜誌，一經刊登，就推定成立出版契約（§515）。

（一）出版權的授與和消滅

「出版權」在「出版權授與人」依照「出版契約」，將著作交付給「出版人」時，授與出版人，這個出版權在出版契約終了時消滅（§515-1）。「出版契約」，需要有出版權的授與，出版人才能承擔著作的「重製發行」。而「出版權」，會在出版權授與人依出版契約，將著作交付給出版人時，授與給出版人。

（二）出版人和出版權授與人的權利

在合法授權實行的必要範圍內，著作財產權人的權利，由出版人來行使（§516 I）。出版權授與人，應該擔保契約成立的時候，有出版授與的權利，如果著作有受到法律上的保護，就應該擔保著作有著作權（§516 II）。如果已經將著作的全部或部分，交給第三人來出版，或經過第三人公開發表，出版權授與人知道的話，就應在契約成立前告知出版人（§516 III）。

（三）出版權授與人的義務

❶不作為義務

出版權授與人在出版人重製發行的出版物未賣完的時候，不可以就著作物的全部或一部，為不利於出版人的處分（§517）。

❷交稿後因不可抗力而滅失的負擔

若因著作物滅失而無法出版，出版人仍要給付報酬給出版權授與人，但若出版權授與人另有稿本，就應將另存稿本交給出版社出版。而沒有稿本時，如果出版權授與人就是著作人本人，且無需另耗費勞力，即應重作（§525 II）。

（四）出版人的義務

❶發行義務

出版人對於著作，不得增減或變更，以維護著作人的「著作人格權」中的「同一性保持權」，且應該用適當的格式重製著作。使用必要的廣告和用通常的方法為行銷，至於賣價，就由出版人依其專業知識判斷決定（§519）。

❷續版的義務

通常出版契約中會約定出版的版數，若無約定，出版人就不得再版。若約定可再版，於前版的出版物賣完後，出版人有義務繼續出新版，若不願意重製新版，出版權授與人得聲請法院命令出版人在一定期限內，再出新版，不然就喪失出版權（§518）。

❸給付報酬的義務

著作全部出版者，於其全部重製完畢時，分部出版者，於其各部分重製完畢時應給付報酬。報酬之全部或一部，依銷行之多寡而定者，出版人應依習慣計算，支付報酬，並應提出銷行之證明。（§524）。

出版契約

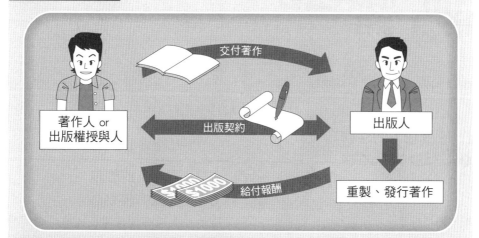

交付著作

著作人 or
出版權授與人

出版契約

出版人

給付報酬

重製、發行著作

出版權之權利瑕疵擔保

出版權授與人

授與著作財產權

擔保
❶有出版授與權利
❷有著作權

出版人

報酬給付義務

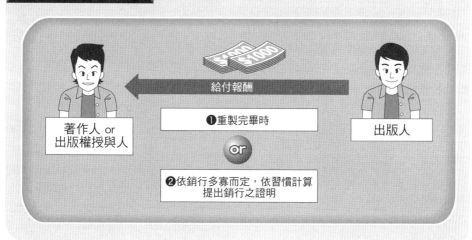

著作人 or
出版權授與人

給付報酬

❶重製完畢時

or

❷依銷行多寡而定，依習慣計算
提出銷行之證明

出版人

UNIT **3-15** 委任

圖解民法

委任就是當事人約定，一方委託他方處理事務，他方同意委託處理，「委任契約」就成立（§528）。

（一）受任人的義務

❶自己處理事務的義務

在當事人之間沒有特別約定，又別無習慣，且也無不得已的事由，受任人就應該自己處理委任事務，而不得使第三人代為處理（§537）。受任人違反這個義務，使第三人代為處理委任事務，第三人所做的行為，由受任人負責任（§538 I）。

❷遵守指示的義務

因為最後的處理結果，需要由「委任人」承擔，所以「受任人」處理委任事務，有「服從指示」和「注意」的義務，如果沒有獲得報酬，就與處理自己事務一樣，為同一注意，但如果受有報酬，應該以「善良管理人的注意」處理事務（§535）。但受任人有急迫情形，且可推定委任人知悉時，也會同意變更，受任人也可以變更委任人的指示（§536）。受任人處理委任事務，一旦有「過失」或是「逾越權限」的行為，所造成的損害，對委任人應負起損害賠償責任。但如果是無償的話，就僅對於「重大過失」負責任（§544）。

❸利益移轉義務

受任人因處理委任事務，而收取的金錢、物品和孳息，應交付給委任人（§541 I）。受任人若使用了交付委任人的金錢，或應為委任人的利益而使用的金錢，就自使用日起支付利息，若有損害應賠償（§542）。若受任人是以自己名義，而為委任人取得的權利，應移轉給委任人（§541 II）。

❹報告義務

受任人應該將委任事務進行的狀況，報告給委任人知道；當委任關係終止的時候，則應該報告事務的始末（§540）。

（二）委任人的義務

❶預付或償還費用的義務

受任人沒有先代委任人墊付費用的義務，故委任人有預先支付處理事務必要費用的義務（§545）。受任人因委任事務需支出費用，委任人應當償還這個費用，並支付利息。又受任人為了要處理委任事務，而必要負擔債務，亦可請求委任人代其清償，或請求委任人在未至清償期的時候，提出相當的擔保（§546 I & II）。

❷賠償的義務

受任人因無法歸責於自己的事由，而受到損害，則可向委任人請求賠償，不過損害的發生，有另外應該要負責的人，委任人對該負責的人有求償權（§546 III & IV）。

❸給付報酬的義務

縱然沒有約定報酬，但依照「習慣」或依「委任事務的性質」，應該要給付報酬，受任人就有請求報酬的權利（§547）。

（三）委任契約的終止

因委任契約是基於「信賴關係」而存在的，所以雙方間的信任有所改變的時候，當事人的任何一方都可以隨時來終止委任契約，終止的一方除非是因為不可歸責於他的事由而終止，否則就應該負損害賠償責任（§549）。

委任契約

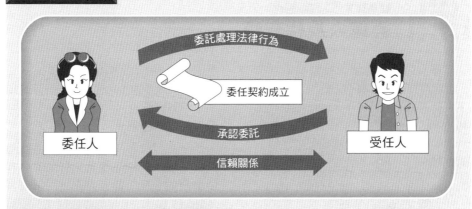

委託處理法律行為

委任契約成立

承認委託

信賴關係

委任人　　　　　　受任人

處理他人事務的分類

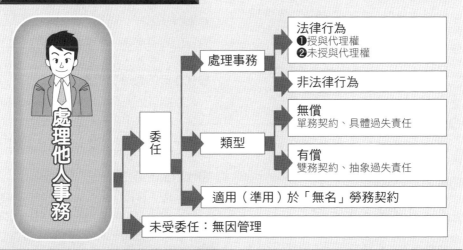

處理他人事務

委任

處理事務

法律行為
❶授與代理權
❷未授與代理權

非法律行為

類型

無償
單務契約、具體過失責任

有償
雙務契約、抽象過失責任

適用（準用）於「無名」勞務契約

未受委任：無因管理

委任人與受任人之義務

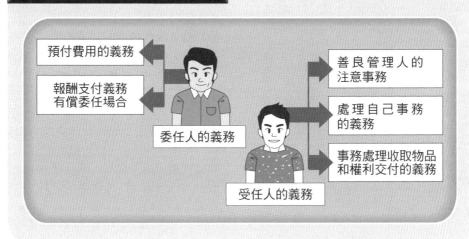

預付費用的義務

報酬支付義務
有償委任場合

委任人的義務

善良管理人的
注意事務

處理自己事務
的義務

事務處理收取物品
和權利交付的義務

受任人的義務

UNIT **3-16** 經理人及代辦商

圖解民法

經理人是由「商號的授權」，為其「管理事務」及「簽名」的人，而管理事務及簽名，這是經理人的權限並非權利。「經理權」的授與得以明示或默示為之。經理權得限於管理商號事務的一部或商號的一分號或數分號（§553）。

（一）經理權的內容

❶管理行為

經理人對於第三人的關係，就商號或其分號，或其事務的一部，視為其有管理上一切必要行為的權限。經理人除非商號乃經營不動產業務，不然對於不動產，需要有書面的授權，否則不得買賣，或設定負擔（§554）。

❷訴訟行為

經理人就所擔任的事務，有代表商號作為原告或被告，或其他一切訴訟行為的權限（§555）。

（二）共同經理人

商號因事務繁雜，並非一個經理人所能處理，或商號所有人想互相箝制，因此商號可以多設經理人，或是授權給數位經理人，只要有二位經理人的簽名，對於商號，就會發生效力者，而不需一定要全體經理人簽名，以使交易便利（§556）。又對於經理權的限制，除「主管事務部門」、「不動產的買賣或設定負擔的書面授權」、「共同經理需要二人簽名」的這些限制外，不可以這些經理權範圍受限制為理由，來對抗善意第三人（§557）。

（三）代辦商

「代辦商」並非經理人，而是受到商號的委託，在一定處所或一區域內，以商號的名義，辦理全部或一部分事務的人（§558 I）。

❶代辦商的權限

代辦商對於第三人的關係，跟經理人對第三人的關係相同，只要是所代辦事務的必要行為，就有權可以去做（§558 II）。但若無書面授權，不可負擔票據上的義務、作消費借貸，或為訴訟（§558 III）。代辦商所代辦的事務應隨時報告「商業狀況」給商號，並對於所為的交易，也應該要即時報告，以便商號統籌計畫（§559）。

❷代辦商的報酬請求權

代辦商可依契約所定請求報酬，若無約定，依習慣，無約定也無習慣，則依其代辦事務的重要程度及多寡，決定報酬數額（§560）。

❸代辦權的終止

代辦權未定期限，各當事人都可以隨時終止契約，但避免因而導致另一方措手不及受到損害，故應在3個月前通知另一方，除當事人之一方，因非可歸責於自己的事由，則可不先期通知而終止（§561）。

❹經理人及代辦商的競業禁止

經理人代辦商，未得商號允許，不可為自己或第三人經營與其所辦理的同類事業，也不可以擔任同類事業公司無限責任股東。經理人或代辦商，有違反競業禁止規定的行為時，其商號得請求因其行為所得的利益，作為損害賠償。此項請求權，自商號知有違反行為時起2個月，或自行為時起經過1年不行使而消滅（§563）。

經理人與商號之契約

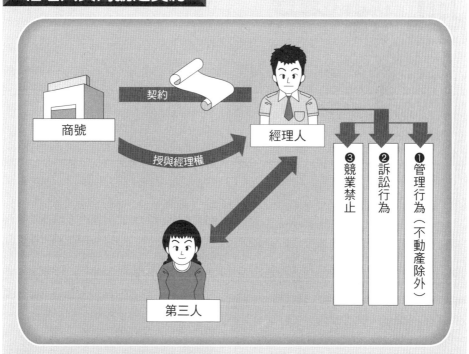

商號
契約
經理人
授與經理權
第三人

❸ 競業禁止
❷ 訴訟行為
❶ 管理行為（不動產除外）

代辦商與商號之契約

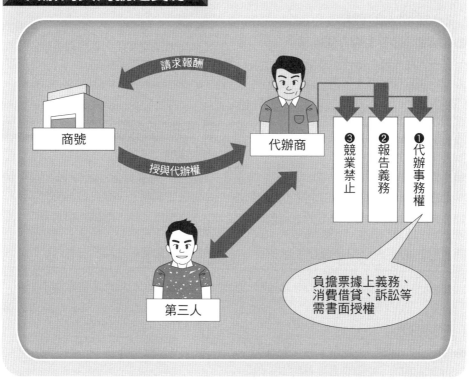

商號
請求報酬
代辦商
授與代辦權
第三人

❸ 競業禁止
❷ 報告義務
❶ 代辦事務權

負擔票據上義務、消費借貸、訴訟等需書面授權

UNIT 3-17
居間

圖解民法

「居間」，又俗稱「仲介」，媒介一方是居間人，另一方是委託人。當事人約定，一方為他方報告訂約的機會，或是訂約的媒介，由他方給付報酬的契約（§565）。民間最常使用居間契約的場合，就是不動產買賣的仲介。

（一）委託人的地位

委託人對於居間人所介紹的契約，並不負擔必須訂立契約的義務，委託人可以拒絕契約的訂立，並隨時撤回居間契約。再者，契約因居間人的報告或媒介而成立的話，委託人才有給付報酬的義務，而這個報酬，除了契約另有訂定或有習慣，否則就由契約當事人雙方來平均負擔（§570、§568 I）。

（二）居間人的義務

❶據實報告及妥為媒介的義務

居間人關於訂約事項，應就其所知，據實報告給各當事人。對於顯無支付能力的人或無訂約能力人，居間人不得為其媒介，因為可能會造成無法履行，或造成履行契約上的糾紛，只是徒增紛爭而已（§567）。

❷不告知與履行義務

當事人的一方，如果指定居間人不得將姓名或商號告知相對人時，居間人就有不告知的義務。這種情況下，居間人對於由契約所生的義務，應該要自己負履行之責，並得為其受領給付（§575）。

（三）報酬

❶居間是有償契約，報酬以雙方當事人的約定為原則，如果雙方沒有約定，但如果是不受報酬，就不為報告約定的機會或媒介的情形，為了保護居間人的利益，視為委託人同意給予報酬。至於報酬的數額，如果雙方當事人沒有約定，為了公平起見，法律明文規定應按照一般的公定價目表來給付；要是沒有公定的價目表，就按照習慣來決定報酬的多寡（§566）。

❷報酬給付的方式，原則上是採「後付主義」，居間人以契約因其報告或媒介而成立為限，才可以請求報酬。如果契約沒有成立，就算居間人已經報告訂約的機會，或訂約的媒介，還是不能請求居間的報酬。如果居間契約已經成立，但附有停止條件，在條件成就之前，居間人也不能請求報酬（§568）。

❸通常報酬內都已經包含居間人因為居間所支出的費用，除非有經過特別的約定，不然居間人不得請求償還。在居間人已為報告或媒介，而契約不成立，亦不得請求償還（§569）。

😊小博士解說

婚姻居間

雖然居間是有償契約，但如果是因婚姻居間而約定，要是定有報酬，則有害善良風俗之嫌，所以不使其有效。不過近代工商業發達，社會上道德標準也逐漸有所轉變，民間已有專門居間報告結婚機會，或介紹婚姻而酌收費用行業，所以僅規定居間人無報酬請求權，如果已經給付，給付人不得請求返還（§573）。

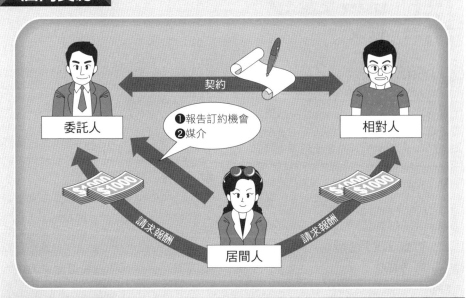

居間契約

- 委託人 — 契約 — 相對人
  - ❶報告訂約機會
  - ❷媒介
- 居間人
  - 請求報酬
  - 請求報酬

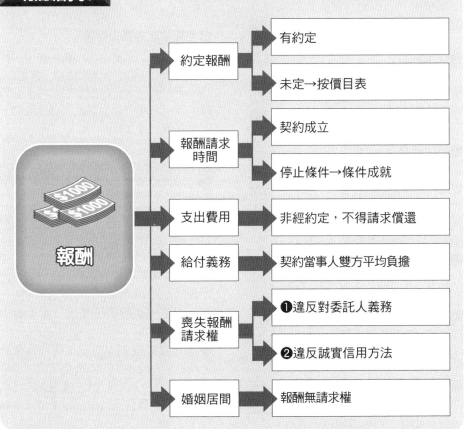

報酬請求

報酬	約定報酬	有約定
		未定→按價目表
	報酬請求時間	契約成立
		停止條件→條件成就
	支出費用	非經約定，不得請求償還
	給付義務	契約當事人雙方平均負擔
	喪失報酬請求權	❶違反對委託人義務
		❷違反誠實信用方法
	婚姻居間	報酬無請求權

UNIT **3-18**
行紀

圖解民法

（一）所謂行紀

以自己名義，為他人的計算，此與代辦商及代理人不同，而為動產買賣或其他商業交易，不動產交易不包含在內（§576）。行紀是為委託人處理事務之行為，故以「有償」為必要，所以行紀營業除民法有特殊規定外，適用委任的規定（§577）。股票的買賣，委託營業商代為交易，就是常見的行紀契約。

（二）行紀人的義務

❶直接履行義務

行紀人為委託人的計算所訂立的契約，若契約的他方當事人不願意履行債務時，則應由行紀人負直接履行的義務，除非契約另有訂定或習慣（§579）。

❷補償差額

行紀人如果以低於委託人指定的價格賣出，或是用高於委託人指定的價格買入，都應該要補償其中的差額（§580）。

❸保管義務

行紀人是受委託人委託而所買入或賣出物品，故應負擔保管的責任，所謂「買入之物」就是為了委託人而向他人購買的動產；「賣出之物」則是委託人委託行紀人賣出的物品（§583）。

❹委託物處置義務

委託出賣之物，於達到行紀人時有瑕疵，或依其物之性質易於敗壞者，行紀人為保護委託人之利益，應與保護自己之利益為同一之處置（§584）。

（三）行紀人的權利

❶報酬及費用償還之請求權

行紀人可以依約定或習慣，向委託人來請求報酬以及償還費用（§582）。

①報酬請求權：行紀人提供勞務的對價就是行紀的報酬，也稱作「傭金」，原則上報酬的數額由當事人雙方約定，如果沒有約定，就依照習慣來決定；②費用請求權：可請求，如寄託費、運送費、為了委託人利益所支出的費用。

❷買入物之拍賣提存權

行紀人依指示買入的物品，當委託人拒絕受領時，行紀人得定期限，催告委託人受領，逾期不受領，行紀人即可拍賣所買來的物品，並得因委託關係所生債權的數額，從拍賣價金中取償，如有剩額，應進行提存，以免除保管的責任。而易敗壞的物品，行紀人得不催告直接拍賣，以維護行紀人的利益（§585）。

❸委託物之拍賣提存權

委託行紀人出賣之物，無法賣出，或委託人撤回委託，此時委託人應取回物品或另行處分，但在相當期間內不處理時，行紀人便可以拍賣或提存買入物，行使其權利（§586）。

🔲 小博士解說

介入權

❶**行紀人之介入權**：即行紀人自己可為出賣人或買受人，而不另與第三人成立買賣契約的權利，行使時有二個要件：①市場定有市價之物；②行紀契約中無禁止介入的約定。因之如此，故行紀人還是可以行使「報酬及費用請求權」（§587）。

❷**介入權的擬制**：行紀人得自為買受人或出賣人時，如僅將訂立契約之情事通知委託人，而不以他方當事人之姓名告知者，視為自己負擔該方當事人之義務（§588）。

委任契約

轉交價金並支付差額　　　　價金

委託人　　行紀契約　　行紀人　　買賣契約　　相對人

請求報酬　　　　物

補償差價

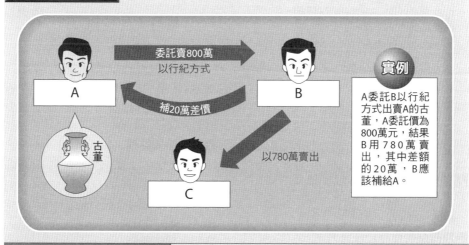

委託賣800萬
以行紀方式

A　　　　B

補20萬差價

古董

以780萬賣出

C

實例

A委託B以行紀方式出賣A的古董，A委託價為800萬元，結果B用780萬賣出，其中差額的20萬，B應該補給A。

行紀人之介入權

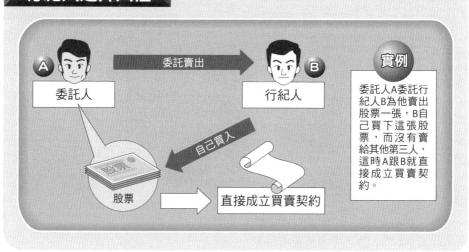

委託賣出

委託人 A　　　　B 行紀人

自己買入

股票

直接成立買賣契約

實例

委託人A委託行紀人B為他賣出股票一張，B自己買下這張股票，而沒有賣給其他第三人，這時A跟B就直接成立買賣契約。

UNIT **3-19** 一般寄託

圖解民法

「寄託」是當事人的一方以物交付他方，他方允為保管的契約（§589 I）。其分成「有償」和「無償」兩種。將物品交給他方，使他人保管物品的人，就是寄託人。為另一方當事人保管物品的人，就是受寄人。

（一）受寄人的義務

❶ 寄託物保管義務

寄託契約即以物的保管為目的，故受寄人保管寄託物自然應當要注意。若為無償時，只要盡與處理自己事務同一的注意，但若為有償寄託，則應盡善良管理人的注意（§590）。

❷ 禁止使用寄託物

受寄人非經寄託人同意，不得自己使用或讓第三人使用寄託物。若違反此項義務時，受寄人的責任應給付寄託人報酬。如有損害，除能夠證明就算受寄人不使用寄託物仍會有損害，不然就應給予賠償（§591）。

❸ 親自保管義務及保管方法

寄託是基於雙方當事人間的信賴關係而成立的，故受寄人應自己保管寄託物，若要使第三人代為保管，須經寄託人同意，或另有習慣，或有不得已的事由才可以（§592）。受寄人因使人代為保管，而發生損害，應負損害賠償（§593 I、§224）。寄託物保管方法，經約定者，非有急迫的情事，並可推定寄託人知有此事亦允許變更約定方法外，受寄人不得予以變更（§594）。

❹ 危險通知義務

第三人對寄託物主張權利，除對受寄人提起訴訟或扣押，不然受寄人仍應將寄託物還給寄託人；而當第三人提起訴訟或扣押時，受寄人應及時通知寄託人，以避免影響寄託人的利益受到影響（§601-1）。

❺ 寄託物返還義務

寄託物返還期限雖經約定，但寄託本來就是為了寄託人的方便和利益才會成立的，所以寄託人可以隨時請求返還（§597）。

（二）寄託人的義務

❶ 費用償還義務

有償寄託契約，寄託人應付報酬給受寄人。另外，保管寄託物若必須支出費用，除契約另有約定外，不然寄託人有償還的義務（§595）。

❷ 損害賠償義務

寄託人本於「誠信原則」，應將寄託物的性質、瑕疵告知受寄人，若未告知而使受寄人受到損害，寄託人便應負擔損害賠償的責任（§596）。

❸ 報酬給付義務

在有償寄託的情況下，報酬應該在寄託關係終止時給付；如果要分期給付報酬，寄託人就應該在每期屆滿時給付受寄人報酬（§601 I）。

（三）寄託契約的終止

未定返還期限者，受寄人得隨時請求返還寄託物（§598 I）。而定有返還期限者，受寄人非有不得已的事由，不得於期限屆滿前返還寄託物（§598 II）。

寄託契約

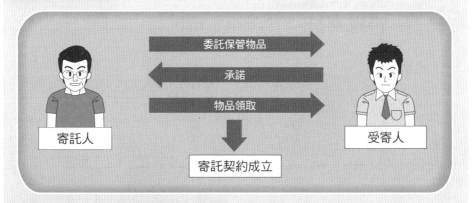

委託保管物品 →

← 承諾

物品領取 →

寄託人

受寄人

寄託契約成立

寄託人與受寄人之義務

費用償還義務

損害賠償義務

報酬給付義務

寄託人

受寄人

寄託物保管義務

禁止使用寄託物

親自保管義務及保管方法

危險通知義務

寄託物返還義務

寄託物保管義務

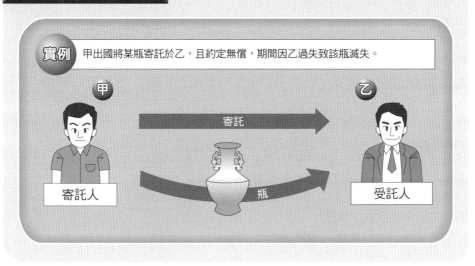

實例 甲出國將某瓶寄託於乙，且約定無償，期間因乙過失致該瓶滅失。

甲

乙

寄託 →

瓶

寄託人

受託人

UNIT **3-20** 特殊寄託

圖解民法

（一）消費寄託

寄託物為代替物時，如約定寄託物之所有權移轉於受寄人，並由受寄人以種類、品質、數量相同之物返還者，為消費寄託。自受寄人受領該物時起，準用關於消費借貸之規定。消費寄託，如寄託物之返還，定有期限者，寄託人非有不得已之事由，不得於期限屆滿前請求返還。前項規定，如商業上另有習慣者，不適用之（§602）。寄託物為金錢時，推定其為消費寄託（§603）。一般在銀行存款，就屬於消費寄託契約。

（二）混藏寄託

寄託物為代替物，如未約定其所有權移轉於受寄人者，受寄人得經寄託人同意，就其所受寄託之物與其自己或他寄託人同一種類、品質之寄託物混合保管，各寄託人依其所寄託之數量與混合保管數量之比例，共有混合保管物。受寄人依前項規定為混合保管者，得以同一種類、品質、數量之混合保管物返還於寄託人（§603-1）。

（三）法定寄託

❶旅店場所主人之責任

旅店或其他供客人住宿為目的之場所主人，對於客人所攜帶物品之毀損、喪失，應負責任。但因不可抗力或因物之性質或因客人自己或其伴侶、隨從或來賓之故意或過失所致者，不在此限（§606）。

❷飲食店浴堂主人之責任

飲食店、浴堂或其他相類場所之主人，對於客人所攜帶通常物品之毀損、喪失，負其責任。但有前條但書規定之情形時，不在此限（§607）。

❸貴重物品之責任

客人之金錢、有價證券、珠寶或其他貴重物品，非經報明其物之性質及數量交付保管者，主人不負責任。主人無正當理由拒絕為客人保管前項物品者，對於其毀損、喪失，應負責任。其物品因主人或其使用人之故意或過失而致毀損、喪失者，亦同（§608）。

❹免除責任之無效

以揭示限制或免除前三條所定主人之責任者，其揭示無效（§609）。

❺客人之通知義務

客人知其物品毀損、喪失後，應即通知主人。怠於通知者，喪失其損害賠償請求權（§610）。

❻短期消滅時效

依第606條至第608條之規定所生之損害賠償請求權，自發見喪失或毀損之時起，6個月間不行使而消滅。自客人離去場所後，經過6個月者亦同（§611）。

❼主人之留置權

主人就住宿、飲食、沐浴或其他服務及墊款所生之債權，於未受清償前，對於客人所攜帶之行李及其他物品，有留置權。第445條至第448條之規定，於前項留置權準用之（§612）。

消費寄託與第三人冒領

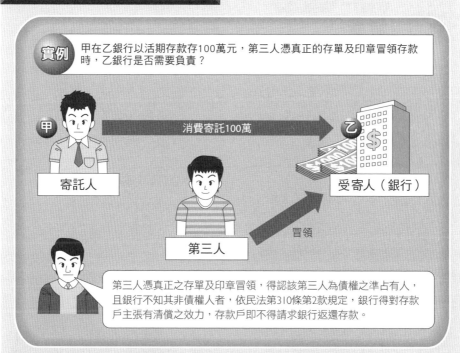

實例 甲在乙銀行以活期存款存100萬元,第三人憑真正的存單及印章冒領存款時,乙銀行是否需要負責?

寄託人 —— 消費寄託100萬 —— 乙 受寄人(銀行)

第三人 —— 冒領 —→

第三人憑真正之存單及印章冒領,得認該第三人為債權之準占有人,且銀行不知其非債權人者,依民法第310條第2款規定,銀行得對存款戶主張有清償之效力,存款戶即不得請求銀行返還存款。

飲食店主人責任

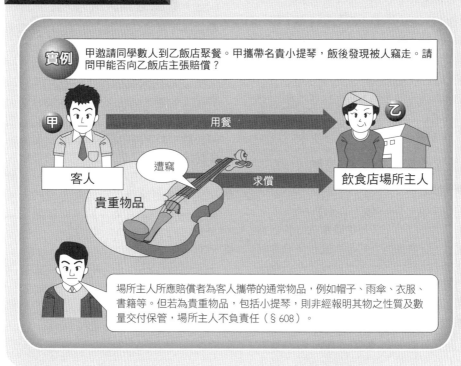

實例 甲邀請同學數人到乙飯店聚餐。甲攜帶名貴小提琴,飯後發現被人竊走。請問甲能否向乙飯店主張賠償?

甲 客人 —— 用餐 —→ 乙 飲食店場所主人

貴重物品 遭竊 —— 求償 —→

場所主人所應賠償者為客人攜帶的通常物品,例如帽子、雨傘、衣服、書籍等。但若為貴重物品,包括小提琴,則非經報明其物之性質及數量交付保管,場所主人不負責任(§608)。

UNIT *3-21* 倉庫

「倉庫」是受報酬為他人堆藏及保管物品的營業。「倉庫營業人」是以受報酬而為他人堆藏及保管物品的人（§613）。所謂的「營業人」，就是指以營利為目的的事業。「堆藏」、「保管」，是指儲存及照管，即是倉庫營業人須有倉庫設備以儲存物品，並照料管理存放的物品。不受報酬而為他人堆藏保管物品的人，就不屬於倉庫營業人，意即「倉庫契約」是「有償契約」。而委託倉庫營業人堆藏及保管物品而支給報酬的人，就稱為「寄託人」。

（一）倉庫準用寄託的規定

倉庫營業人應就所堆藏的物品，負保管的責任。若僅是提供場所堆藏物品，而不用負保管的責任，則屬「租賃」，而非倉庫營業。另外，「堆藏物品」是倉庫契約中的主要內容，若是為了履行其他種類的契約，像是「運送契約」，而暫時保管他人物品，則非屬倉庫營業。既然是為了他人堆藏及保管物品的營業，因此「倉庫營業」的性質和「寄託關係」，非常類似，故依民法規定倉庫準用關於寄託的規定（§614）。

（二）倉庫營業人的義務

❶倉單之填發

「倉單」是一種「有價證券」，亦是「物權證券」，經由倉單的「背書轉讓」，而使倉單上的貨物產生所有權歸屬及移轉的效力，故在倉庫營業人收受寄託物時，因寄託人的請求，應該要填發倉單（§615）。

❷寄託物的保管

保管寄託物的時間，如契約中有約定，倉庫營業人就不可在到期前，請求移轉走寄託物，而拒絕履行保管的義務。若未約定期限時，倉庫營業人保管6個月之後，有權隨時請求移走寄託物，但在移走之前，必須要提早1個月通知寄託人，讓寄託人能有時間作準備（§619）。

❸檢點或摘取樣本的允許

寄託物的寄託人或倉單持有人，可就需要檢點寄託物、摘取樣本時，請求檢點或滴取樣本，而倉庫營業人不能拒絕（§620）。

❹倉單遺失或被盜之救濟

如倉單遺失、被盜或滅失的話，倉單持有人得於公示催告程序開始後，向倉庫營業人提供相當的擔保，請求補發新倉單（§618-1）。

（三）倉庫營業人的權利

❶倉庫營業人準用民法寄託的規定有報酬請求權。

❷倉庫契約終止後，寄託人或倉單持有人拒絕或不能移去寄託物，而占用倉庫營業人的營業空間，及妨礙倉庫營業人的交易機會，倉庫營業人則可定相當期限，請求於期限內移去寄託物，若逾期不移去，倉庫營業人就得拍賣寄託物，由拍賣代價中扣去拍賣費用及保管費用，並將剩餘費用交付於應得的人，即可避免倉庫營業人受不當得利之嫌（§621）。

倉庫契約

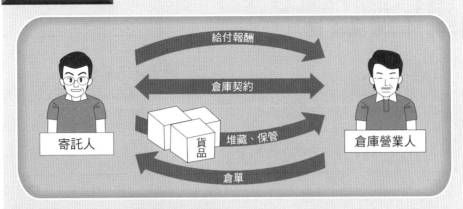

給付報酬

倉庫契約

貨品 堆藏、保管

倉單

寄託人

倉庫營業人

營業人和寄託人之義務

給付報酬

終止契約後移去寄託物

寄託人

倉庫營業人

倉單填發

保管寄託物

允許檢點或摘取樣本

倉單遺失或被盜之救濟程序

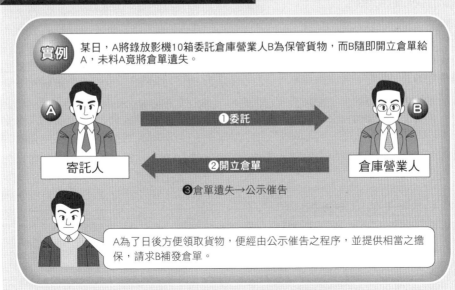

實例 某日，A將錄放影機10箱委託倉庫營業人B為保管貨物，而B隨即開立倉單給A，未料A竟將倉單遺失。

Ⓐ 寄託人

❶委託

❷開立倉單

Ⓑ 倉庫營業人

❸倉單遺失→公示催告

A為了日後方便領取貨物，便經由公示催告之程序，並提供相當之擔保，請求B補發倉單。

UNIT **3-22** 貨品運送

（一）物品運送

圖解民法

「物品運送」是收受運費在陸上或水上為他人運送物品的營業，在運送完成後，有收受物品權利人為「受貨人」。「託運人」和「受貨人」如果並非同一人，則就是「向第三人給付的契約」（§269）。

（二）託運人的權利義務

「託運人」就是委託運送人運送物品，而支付運費的人。

❶填發託運單

「託運單」是記載運送主要事項的單據。託運人因運送人的請求，開立並且交給運送人的物品清單，單上要記載：①託運人的姓名及住址；②運送物的種類、品質、數量，及其包皮的種類、個數及記號；③目的地；④受貨人的名號及住址；⑤託運單的填給地及填給的年月日等；並由託運人簽名（§624）。

❷文件交付說明義務

託運人對於運送人應交付運送上及關於稅捐警察所必要之文件，並應為必要之說明（§626）。

❸告知義務

託運人在訂立契約前，應告訴運送人運送物的性質，讓運送人處理運送物及應盡的注意程度；若未告訴運送人，而導致損害發生，託運人應負賠償的責任（§631）。

（三）受貨人的權利義務

收受運送人交付的運送物的人，就是「受貨人」。運送物達到目的地，並經受貨人請求交付後，受貨人取得託運人因運送契約所生的權利（§644）。

（四）運送人的義務

「運送人」是以運送物品或旅客為營業，而收受運費的人。

❶提單的填發

「提單」是表彰物品「所有權」的「有價證券」，當託運人將物品交給運送人時，運送人表示有收到物品的單據（§625）。

❷按時運送義務

運送人託運物品，而有約定期間，應在時間內送達，無特別約定，就依習慣。無約定亦無習慣，應於「相當期間」內送達（§632）。

❸依從指示義務

運送人非有急迫之情事，並可推定託運人若知有此情事亦允許變更其指示者，不得變更託運人之指示（§633）。

（五）運送人的責任

運送人對於運送物的「喪失」、「毀損」或「遲到」，應負責任。但運送人能證明其喪失、毀損或遲到，係因不可抗力或因運送物之性質或因託運人或受貨人之過失而致者，不在此限（§634）。運送物因包皮有易見之瑕疵而喪失或毀損時，運送人如於接收該物時，不為保留者，應負責任（§635）。另外，運送物由數運送人相繼運送者，除其中有能證明無第635條所規定之責任者外，對於運送物之喪失、毀損或遲到，應連帶負責（§637）。

運送契約

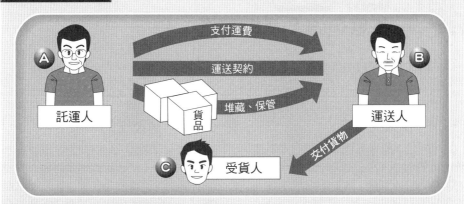

支付運費

運送契約

堆藏、保管

交付貨物

Ⓐ 託運人

貨品

Ⓒ 受貨人

Ⓑ 運送人

託運人與運送人之義務

❶填寫託運單

❷文件交付說明義務

❸告知義務

託運人

運送契約

運送人

❶填發提單

❷按時運送義務

❸依從指示義務

相繼運送人之連帶責任

Ⓐ 託運人

貨品

交付

Ⓑ 運送人

Ⓒ 運送人

交付

交付

Ⓓ 受貨人

相繼運送時，對於運送物之喪失、毀損或遲到，由B、C連帶負責（§637）

UNIT **3-23**
旅客運送及承攬運送

「旅客運送」是收受運費在陸上或水上為運送的營業。

（一）運送人的權利

為免除旅客運送人保管行李的繁累及兼顧旅客利益，因此旅客到達後1個月內不取回其行李時，運送人就得拍賣。若是行李有易於腐敗的性質，不到1個月就會腐爛，運送人在經過24小時後即可拍賣掉（§656）。

（二）運送人的義務

運送人除了運送旅客外，還有「行李返還義務」，讓行李能夠在旅客達到時或之前送到目的地，在旅客到達時，運送人應返還行李（§655）。運送人對於旅客所交託的行李，就算不另外收運費，其權利義務跟物品運送相當類似，所以除另有規定外，適用關於物品運送的規定（§657）。

（三）運送人的責任

旅客運送人對於「旅客因運送所受的傷害」及「運送的遲到」應負責任。但如果是因旅客的過失，或因不可抗力所致的，就不必負責，但仍須負因遲到而增加支出的必要費用（§654）。又運送人因自己或其受僱人的過失，而使得行李喪失或毀損，亦須負責任（§658）。

（四）減免責任約款的效力

運送人交給旅客的「票」、「收據」或「其他文件」上，有「免除」或「限制」運送人的責任的記載，類似免責的句子都應該認為是無效的，除非能證明旅客有對於其責任的免除或限制明示同意，才會生效（§659）。

（五）承攬運送的意義

「承攬運送」是以自己的名義，為他人的計算，使運送人運送物品而受報酬的營業。經營此項營業之人為「承攬運送人」。「承攬運送」與「行紀」是以自己名義為他人的計算，為動產或其他商業上的交易，而受報酬的營業性質相同，故準用關於「行紀」的規定（§660）。

（六）承攬運送人的權利
❶介入權
承攬運送人自行運送時，跟委託人間有與「物品運送」運送人相同的權利義務關係（§663）。
❷法定留置權
為了保護承攬運送人的利益，得以保全「報酬」及「墊款」會受到清償，如果受貨人拒絕清償時，對於運送物，就按照未受清償部分的比例，行使「留置權」（§662）。

（七）承攬運送人的責任

承攬運送人應該要負「事變責任」，也就是對於託運物品的喪失、毀損，或遲到，原則上應負責任。但假如能證明對於物品的接收保管、運送人的選定、在目的地的交付，及其他與承攬運送有關的事項，無怠於注意，就無須負責（§661）。

旅客運送契約

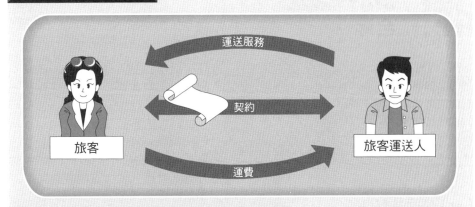

運送服務

契約

旅客 旅客運送人

運費

旅客運送人對交託行李之責任

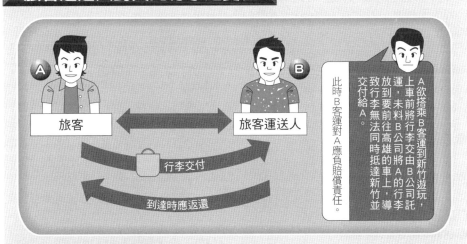

旅客 旅客運送人

行李交付

到達時應返還

此時B客運對A應負賠償責任。

A欲搭乘B客運到新竹遊玩，上車前將行李交由AB公司將行李交由AB公司，未料要前往高雄的車上，行李並導致行李無法同時抵達新竹，放到要前往高雄的車上，行李並導致行李無法同時抵達新竹並導致行李無法同時抵達新竹交付給A。

承攬運送契約

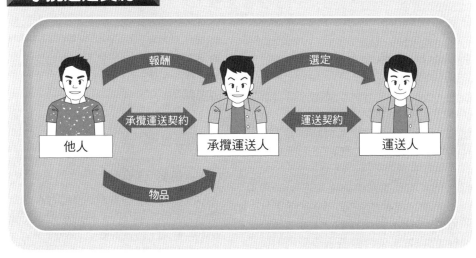

報酬 選定

承攬運送契約 運送契約

他人 承攬運送人 運送人

物品

UNIT *3-24*
合夥

稱合夥者,謂二人以上互約出資以經營共同事業之契約。前項出資,得為金錢或其他財產權,或以勞務、信用或其他利益代之。金錢以外之出資,應估定價額為其出資額。未經估定者,以他合夥人之平均出資額視為其出資額(§667)。

(一)公同共有

各合夥人之出資及其他合夥財產,為合夥人全體之公同共有(§668)。合夥人於合夥清算前,不得請求合夥財產之分析。對於合夥負有債務者,不得以其對於任何合夥人之債權與其所負之債務抵銷(§682)。

(二)合夥的內部關係

❶合夥損益分配

有約定時,就依照合夥契約的約定;若是沒有特別約定的情形下,每屆事務年度終了時,辦理「決算」以及「利益分配」(§676)。

❷合夥事務的決議的執行

①合夥決議及事業變更:合夥之決議,應以合夥人全體之同意為之。前項決議,合夥契約約定得由合夥人全體或一部之過半數決定者,從其約定。但關於合夥契約或其事業種類之變更,非經合夥人全體三分之二以上之同意,不得為之(§670)。合夥之決議,其有表決權之合夥人,無論其出資之多寡,推定每人僅有一表決權(§673)。

②事務執行人及注意義務:合夥事務的執行,要由全體合夥人一起共同執行,但實際上運作不方便,故契約可以另外約定或做成決議,將執行事務的權力,交給合夥人中的一人或數人來執行(§671)。合夥若未受報酬,就

應該與處理自己事務為同一的注意;有報酬者,則盡善良管理人注意義務(§672)。

③合夥人的事務檢查權:由沒有執行合夥事務權利的合夥人來擔任監察,其範圍包括:🅰隨時檢查合夥事務;🅱隨時檢查財產狀況;🅲隨時查閱帳簿(§675)。

④合夥人的報酬請求權:除另有約定,不然基本上合夥人執行合夥事務,是不能請求報酬的(§678)。

(三)合夥的外部關係與連帶責任

合夥具有「團體性」,對外需要有「代表」,即執行合夥事務的人,在執行合夥事務的範圍內,作為其他合夥人的代表(§679)。而因執行職務而使得他人受有損害,應該要讓行為人與其他合夥人,連帶負賠償責任。又合夥財產不足清償合夥的債務的時候,合夥人對於不足清償的部分,負連帶責任(§681)。

(四)合夥的入夥和退夥

❶入夥

原非合夥人的第三人,經合夥人全體的同意,加入已成立的合夥中,而取得合夥人資格的行為,若契約有約定,多數合夥人同意即可(§691)。

❷退夥

是合夥人退出已經成立的合夥,而喪失合夥人資格的事實(§687)。

(五)合夥的解散

合夥因合夥存續期限屆滿、合夥人全體同意解散,或合夥的目的事業已完成或不能完成,得為解散(§692)。

合夥契約

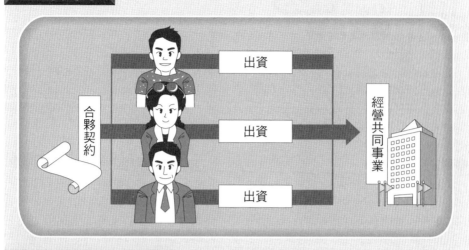

合夥的外部關係

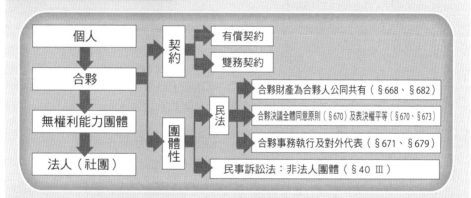

股分轉讓之限制

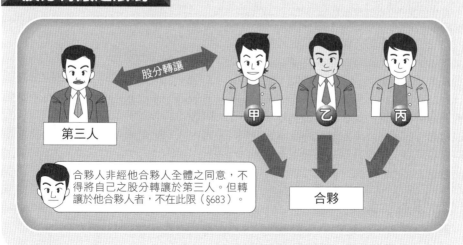

UNIT **3-25** 隱名合夥

稱隱名合夥者，謂當事人約定，一方對於他方所經營之事業出資，而分受其營業所生之利益，及分擔其所生損失之契約（§700）。隱名合夥的當事人有兩種：

❶ 隱名合夥人

出資的一方，該出資而受損益分配的合夥人，對於外部而言，並不出名，所以對於合夥債權人，絲毫不負任何責任。

❷ 出名營業人

經營事業的一方，就對外關係上來講，出名經營的合夥人對合夥債權人，負擔「直接無限清償責任」。在性質上，「隱名合夥」和「合夥」相類似，只要沒有特別規定，就準用「合夥」的規定（§701）。

（一）隱名合夥人與出名營業人的關係

隱名合夥人的出資，不問是金錢或其他可用金錢來估計的財產，財產權都應該移轉給出名營業人，如果是不動產，並且應該移轉登記給出名營業人，這是因為合夥事業的主體，還是出名營業人，為了事實上的方便，以及維護業務上的信譽，所以要將財產權移屬給出名合夥人（§702）。隱名合夥人，縱有反對之約定，仍得於每屆事務年度終，查閱合夥之帳簿，並檢查其事務及財產之狀況。如有重大事由，法院因隱名合夥人之聲請，得許其隨時為前項之查閱及檢查（§706）。

（二）損益計算及分配

出名營業人，除契約另有訂定外，應於每屆事務年度終，計算營業之損益，其應歸隱名合夥人之利益，應即支付之。應歸隱名合夥人之利益而未支取者，除另有約定外，不得認為出資之增加（§707）。

（三）隱名合夥人與第三人的關係

隱名合夥人，僅於其出資之限度內，負分擔損失之責任（§703）。隱名合夥的事務由出名營業人來執行，隱名合夥人原則上沒有執行事務的權利和義務。既然是由出名營業人執行，故對外都應由出名營業人負責，隱名合夥人就出名營業人所為的行為，對第三人不生權利義務的關係，即不生責任（§704）。但若參與合夥事務的執行，或作參與執行的表示，第三人以為是出名營業人而進行交易，此時對於第三人則應負責（§705）。

（四）隱名合夥的終止

❶ 聲明退夥

隱名合夥未定有存續期間，或是期間定為終身，各合夥人只要不是在退夥會不利於合夥事務的時期退夥，就可以在2個月前通知其他合夥人，然後聲明退夥（§686）。

❷ 法定事由的發生

除聲明退夥外，隱名合夥契約因下列事項之一而終止（§708）：①存續期限屆滿；②當事人同意；③目的事業已完成或不能完成；④出名營業人死亡或受監護的宣告；⑤出名營業人或隱名合夥人受破產宣告；⑥營業之廢止或轉讓者。隱名合夥契約的終止後，出名營業人應履行返還隱名合夥人的出資及給與隱名合夥人應得的利益（§709）。

隱名合夥契約

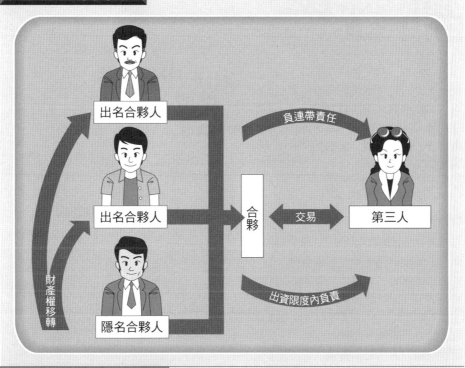

出名合夥人

出名合夥人　　　　　合夥　　交易　　第三人

隱名合夥人

財產權移轉

負連帶責任

出資限度內負責

隱名合夥之終止

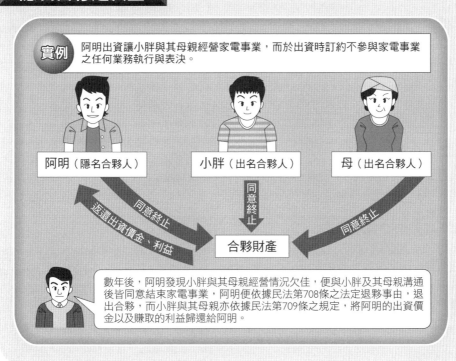

實例 阿明出資讓小胖與其母親經營家電事業，而於出資時訂約不參與家電事業之任何業務執行與表決。

阿明（隱名合夥人）　　　小胖（出名合夥人）　　　母（出名合夥人）

同意終止

同意終止

同意終止

返還出資價金、利益

合夥財產

數年後，阿明發現小胖與其母親經營情況欠佳，便與小胖及其母親溝通後皆同意結束家電事業，阿明便依據民法第708條之法定退夥事由，退出合夥，而小胖與其母親亦依據民法第709條之規定，將阿明的出資價金以及賺取的利益歸還給阿明。

UNIT 3-26
合會

稱合會者，謂由會首邀集二人以上為會員，互約交付會款及標取合會金之契約。其僅由會首與會員為約定者，亦成立合會。前項合會金，係指會首及會員應交付之全部會款。會款得為金錢或其他代替物（§709-1）。

（一）合會的意義

❶會首與會員

合會為民間經濟互助的組織，為防止合會經營企業化，而有牴觸金融法規之虞，因此以自然人為限（§709-2 I）。會首不能同時兼為同一合會的會員（§709-2 II）。為維持合會的穩定，遏止倒會的風氣，故無行為能力人及限制行為能力人不能當會首，也不能參加其法定代理人為會首的合會（§709-2 III）。

❷有償、雙務契約

會首不用付利息，但有多種義務，已得標的會員則要依出標的數額來繳交會款，未得標的會員則賺取利息，這些權利義務都是來自於「對價關係」，所以合會是有償契約，也是雙務契約。

（二）合會的成立

合會應訂立會單，記載各種事項（§709-3 I）。前項會單，應由會首及全體會員簽名，記明年月日，由會首保存並製作繕本，簽名後交每一會員各執一份（§709-3 II）。為緩和合會的要式性過於僵化，如會員事實上已交付會首「首期會款」，則雖未完成法定方式，合會契約還是會被視為已經成立（§709-3 III）。

（三）標會的方法

❶主持人、期日、地點

標會由會首來主持，依約定的期日及方法為之。其場所由會首決定並應先期通知會員。會首因故不能主持標會時，由會首指定或到場會員推選的會員主持之（§709-4）。

❷合會金的取得及標會方式

首期合會金不經投標，由會首取得，其餘各期由得標會員取得（§709-5），每會限得標一次，如無另有約定，就依下列方式處理：①每期標會，每個會員只能出標一次，以出標金額最高的人得標；②如果最高金額相同，就抽籤決定；③無人出標時，以抽籤決定得標人（§709-6）。

（四）會首及會員交付會款的期限

會員應在每期標會後3日內交付會款，會首則應在期限內，代得標會員收取會款，連同自己的會款，在期滿的翌日前交付給會員。逾期未收取會款，會首應代為給付，並可請求未給付的會員附加利息償還。會首收取會款，在未交付前，如有喪失、毀損，應負責任，但可歸責於得標會員的事由，則無須負責（§709-7）。

（五）倒會的善後

❶因會首破產、逃匿或有其他事由，致合會無法進行，除另有約定，會首及已得標的會員就應給付會款，在每屆標會期日平均交付給未得標會員（§709-9 I）。

❷會首對已得標會員在倒會後，應給付的各期會款，負連帶責任（§709-9 II）。

圖解民法

合會契約

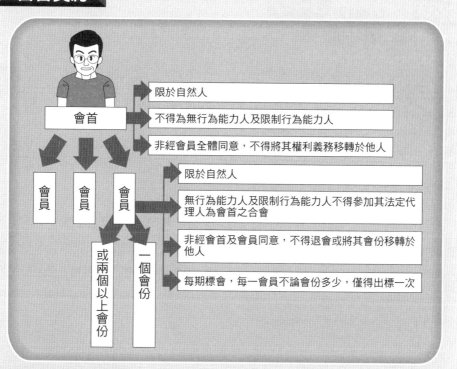

會首
- 限於自然人
- 不得為無行為能力人及限制行為能力人
- 非經會員全體同意，不得將其權利義務移轉於他人

會員
- 限於自然人
- 無行為能力人及限制行為能力人不得參加其法定代理人為會首之合會
- 非經會首及會員同意，不得退會或將其會份移轉於他人
- 每期標會，每一會員不論會份多少，僅得出標一次

或兩個以上會份

一個會份

倒會之處理

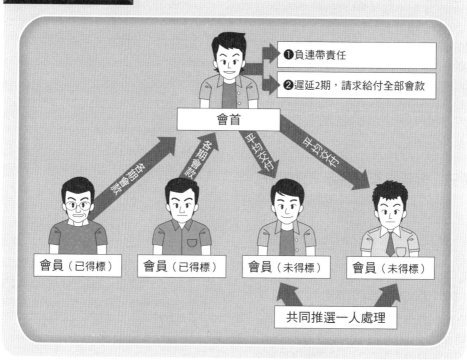

會首
- ❶負連帶責任
- ❷遲延2期，請求給付全部會款

各期會款

平均攤付

平均攤付

會員（已得標）　會員（已得標）　會員（未得標）　會員（未得標）

共同推選一人處理

UNIT **3-27** 指示證券

稱指示證券者,謂指示他人將金錢、有價證券或其他代替物給付第三人之證券。前項為指示之人,稱為指示人。被指示之他人,稱為被指示人。受給付之第三人,稱為領取人(§710)。

(一)被指示人和領取人的關係與抗辯

「被指示人」表示願依指示內容,給付「領取人」證券,也就是「指示證券的承擔」,有依證券內容,而為給付的義務。被指示人承擔後,僅得以本於指示證券的內容,或與領取人間的法律關係所得對抗領取人的事由,對抗領取人(§711)。

(二)指示人和領取人的關係

指示人為清償其對於領取人之債務而交付指示證券者,其債務於被指示人為給付時消滅(§712 I)。前項情形,債權人受領指示證券者,不得請求指示人就原有債務為給付。但於指示證券所定期限內,其未定期限者於相當期限內,不能由被指示人領取給付者,不在此限(§712 II)。

(三)指示人和被指示人的關係

被指示人雖對於指示人負有債務,無承擔其所指示給付或為給付之義務。已向領取人為給付者,就其給付之數額,對於指示人,免其債務(§713)。

(四)指示證券的讓與

因為指示證券是「有價證券」的一種,就是具有「流通性」的特性,所以指示證券的「領取人」,有權將證券讓與給他人,也稱為「受讓人」;「受讓人」也可以用「背書」的方式,將證券再讓給「第三人」,以助證券來流通。雖然原則上可以讓與,但是如果「指示人」在證券上有「禁止讓與」的記載時,就不能用「背書」的方式來轉讓證券(§716)。

(五)指示證券消滅

❶撤回

指示證券因撤回而消滅,會有兩種情形:

①任意撤回

「指示人」向「被指示人」表示要撤回的意思,而不需要去通知「領取人」;但撤回必須在被指示人還沒有向領取人「承擔給付」,或為「給付」之前,這是因為還沒承擔或給付之前,指示證券上的權利義務關係還沒發生,故可自由撤回;但如果已經承擔或是給付,則不能撤回(§715 I)。

②擬制撤回

指示人在被指示人未承擔或給付前,受到「破產宣告」,則信用就隨之喪失,被指示人也將不願意承擔或給付,所以雖然沒有做撤回的表示,法律上也「擬制」已經撤回,這就是「法定的撤回」,在此時,證券領取人對於指示人的債權,應按「破產程序」辦理(§715 II)。

❷宣告無效

指示證券如果有「遺失」、「被盜」或「滅失」的情形,為了保障持有人的利益,可以向法院聲請,依公示催告的程序,來宣告證券無效(§718)。

指示證券之契約範例

憑票祈於2002年9月9日付陳保羅先生新台幣十萬元整
此致

張雅各先生台照

李約翰 簽名
2002年6月2日

指示證券關係圖

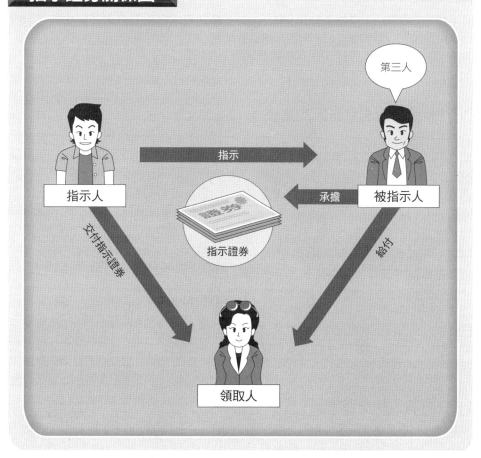

UNIT 3-28
無記名證券

圖解民法

「無記名證券」為「持有人」對於「發行人」，可以請求依所記載的內容為給付的證券，通常是由國家或私人大量的集體發行（§719）。

（一）無記名證券發行人的給付義務

證券持有人有依券面記載請求給付的權利，證券發行人亦即有「依券面記載給付」的義務；但發行人知持有人就證券無處分的權利，或受有遺失、被盜或滅失的通知，應該要拒絕給付（§720 I）。但當發行人已經給付之後，雖持有人就證券無處分的權利，發行人還是可以免除債務（§720 II）。但若故意為給付，則得請求「發行人」負起損害賠償。

（二）無記名證券發行人的責任

若證券因「遺失」、「被盜」或「其他非因發行人自己的意思而流通」時，發行人對於證券的「善意持有人」仍應負給付的責任，即無記名證券的「善意取得」（§721）。

（三）無記名證券發行人的抗辯權

無記名證券發行人，僅得以本於證券之無效、證券之內容或其與持有人間之法律關係所得對抗持有人之事由，對抗持有人。但持有人取得證券出於惡意者，發行人並得以對持有人前手間所存抗辯之事由對抗之（§722）。

（四）持有人的交還義務

當發行人依證券上的內容給付之後，如果不收回證券，發行人就可能會有「重複給付」的危險，故持有人請求給付時，應將證券交還給發行人，若不交還，發行人就可拒絕給付，且不用負債務不履行的責任。當發行人收回證券後，雖持有人就該證券無處分之權利，仍取得其證券之所有權（§723）。

（五）無記名證券的喪失

❶無記名證券

當「遺失」、「被盜」或「滅失」時，法院得因持有人之聲請，依公示催告的程序，宣告證券無效，發行人並應供給其證明所必要的材料（§725）。

❷利息、年金及分配利益的無記名證券

有遺失、被盜或滅失時，「持有人」通知發行人知悉，通知後，持有人要獲得給付，可分兩種情形（§727）：①如果在法定關於「定期給付」的時效期間屆滿前，沒有任何人「提示」證券時，通知發行人的「持有人」，可以在時效期間屆滿後的1年內，向「發行人」請求給付證券上所記載的利息、年金或應分配的利益；②如於時效期間屆滿前，有第三人提示證券，發行人應不為給付，告知第三人，並於第三人與為通知的人合意前，或在法院確定判決前，不應給付。

❸無利息見票即付的無記名證券

這種證券是指不給付利息，且記明「見票即付」，或沒有說明是「見票即付」，但也沒有記載給付日期，效用上和現金相同，既然不能拒絕給付，就也不能適用公示催告程序（§728）。

無記名證券

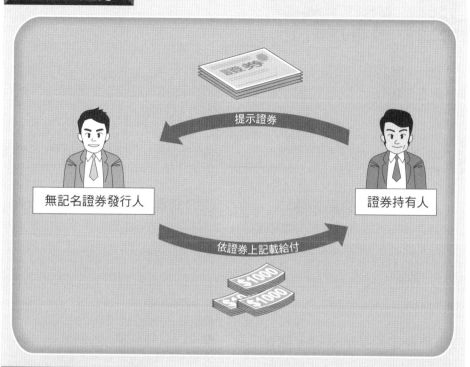

提示證券

無記名證券發行人

證券持有人

依證券上記載給付

$1000 $1000 $1000

發行人抗辯權

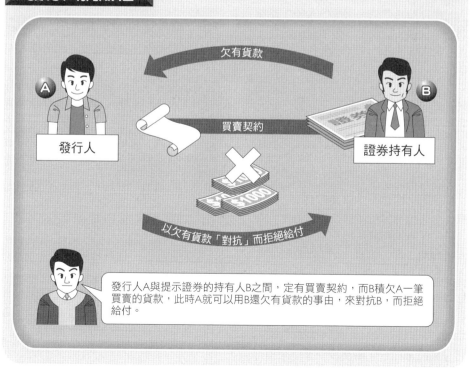

欠有貨款

A 發行人

買賣契約

B 證券持有人

以欠有貨款「對抗」而拒絕給付

發行人A與提示證券的持有人B之間，定有買賣契約，而B積欠A一筆買賣的貨款，此時A就可以用B還欠有貨款的事由，來對抗B，而拒絕給付。

UNIT **3-29**
終身定期金

圖解民法

「終身定期金契約」和保險契約相類似，當事人間實際上的關係相當重要，其內涵為稱終身定期金契約者，謂當事人約定，一方於自己或他方或第三人生存期內，定期以金錢給付他方或第三人之契約（§729）。

(一)終身定期金的要式性

終身定期金可以發生長期且繼續性的法律關係，所以說為了避免日後產生爭議，因此這種契約應該要以「書面」作成，若不以書面作成，契約就無效（§730）。

(二)終身定期金的法律上關係

期間沒有特別約定時，則以債權人的生存期為準，但如能證明契約是以他人的生存期為準時，則以他人的生存期為準；又對於定期金的數額有所約定，就依照約定給付；若契約中只有提到給付若干金額，但沒有約定多久給付一次，考慮到一般來說終身定期金是屬於長期給付，長期給付多半是以一年為單位，因此有疑義時，推定是要每年給付一定金額，但有反證的話即可推翻（§731）。

通常終身定期金是由於當事人訂定契約而生的，但也不僅以契約為限，「遺囑」也可使其發生，即為「終身定期金遺贈」，有準用關於終身定期金的規定（§735）。

(三)終身定期金的給付時期

定期金債務的給付，應依當事人雙方間的約定，在年初、年中或年尾來給付，但如未約定，則應按「季」來預行支付，如果在定期金預付後，該期屆滿之前，以其生存期為標準的特定人死亡的話，債權人對已經拿到的定期金，不但不需要按日計算加以返還，還可以對沒有依期預付金額的全部請求給付（§732）。

(四)終身定期金的消滅與例外

終身定期金債權，會因為以其生存期為標準的人死亡，而消滅；但符合下列三個要件時，可以向法院聲請，宣告其債權在相當期限內，仍然可以存續（§733）：

❶依其生存期為標準的人死亡。
❷死亡的事由可歸責於債務人，例如：債務人故意殺害債權人或第三人。
❸有債權人或其繼承人向法院聲請。

(五)終身定期金的權利不得轉讓

終身定期金因為是債權人和債務人相互間的關係，存在的目的多半是為了要維持債權人個人生活之用，所以說終身定期金的權利，是「專屬」的權利，原則上不可以移轉給他人，除非契約有約定可以移轉，或是法院宣告終身定期金的債權為其繼承人而存續，才可以例外移轉（§734）。

終身定期金契約（給付他方）

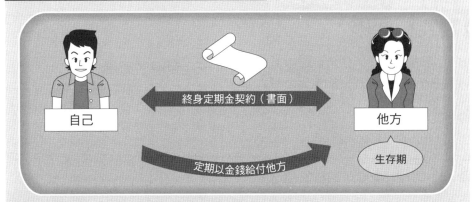

終身定期金契約（書面）

自己

他方

定期以金錢給付他方

生存期

終身定期金契約（給付第三人）

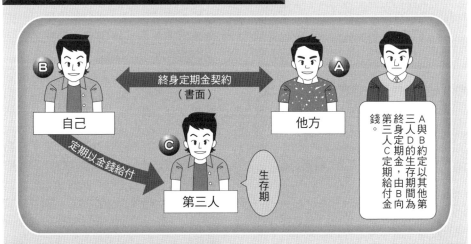

B

終身定期金契約
（書面）

A

自己

他方

定期以金錢給付

C

第三人

生存期

A與B約定以其他第三人D的生存期間為終身定期金，由B向第三人C定期給付金錢。

終身定期金之給付時期

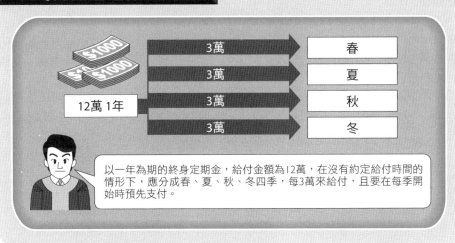

3萬	→	春
3萬	→	夏
12萬 1年 3萬	→	秋
3萬	→	冬

以一年為期的終身定期金，給付金額為12萬，在沒有約定給付時間的情形下，應分成春、夏、秋、冬四季，每3萬來給付，且要在每季開始時預先支付。

UNIT **3-30** 和解

圖解民法

和解為當事人約定，互相讓步，以終止爭執或防止爭執發生的契約（§736）。

❶屬於契約的一種

以法律規定「和解契約」的成立，才能夠杜絕無益的爭論。

❷為終止爭執或防止爭執發生的契約

所謂的「爭執」，是指當事人雙方對於某一法律關係存在與否，以及內容和效力等為相反的主張而言。爭執的對象，不僅限於財產關係，還包括身分關係，但所爭執的法律關係，必須是當事人可以自由處分的，才能成為和解的對象。

❸為當事人相互約定讓步的契約

「和解」必須要當事人雙方相互讓步，才能達成終止爭執或防止爭執發生的目的，這就是「和解契約」的「互讓性」。如果只有一方讓步，就不是和解。

（一）和解的效力

「和解契約」成立之後，就會發生和解的效力，這種效力分為積極和消極兩種：

❶積極的效力

使當事人取得和解契約所訂明的權利。

❷消極的效力

使當事人所拋棄的權利歸於消滅。和解不但有使法律關係更加確定的效力，還有創設新的法律關係的效力。

（二）和解的分類

「裁判上的和解」與確定判決有同一效力，可以作為聲請「強制執行」的名義。在民法上的和解為「裁判外的和解」，並沒有確定判決的效力，不能成為聲請強制執行的名義。

（三）和解的撤銷

當事人的一方有錯誤、被詐欺或是被脅迫的狀況，當事人就可撤銷意思表示，而使得契約歸於消滅，這是契約的原則。雖然和解是契約的一種，但是只是要經過和解的法律關係，就算有對於當事人一方不利的情形發生，也不准以「錯誤」為理由而撤銷和解契約。但如果有以下三種情形的話，還是可以撤銷和解（§738）：

❶和解所依據的文件，事後發現為偽造或變造，而和解當事人若知其偽造或變造，即不為和解

雖然和解有創設新的法律關係的效力，然而和解本就基於雙方的誠信，不應建立在欺騙上，如有這種錯誤的狀況，就可以撤銷和解契約。

❷和解事件，經法院確定判決，而為當事人雙方或一方在和解當時所不知

當事後知道判決時，應該要准許撤銷和解契約，這是由於在和解受到不利益的一方，如果早就知道法院已經有確定判決，則可能就不願和解，所以說基於這種不知道有確定判決的錯誤，例外可以撤銷和解。不撤銷的話，就以和解契約為準。

❸當事人之一方，對於他方當事人的資格或對於重要的爭點有錯誤，而為和解

①對於他方當事人的資格有錯誤：這種情況像是，誤以為他方為債務人，而免除債務，訂立和解契約。

②對於重要爭點有錯誤：這種錯誤對當事人的權益影響重大，而且違反符合真實的原則，因此可以成為當事人撤銷和解的理由。

和解契約

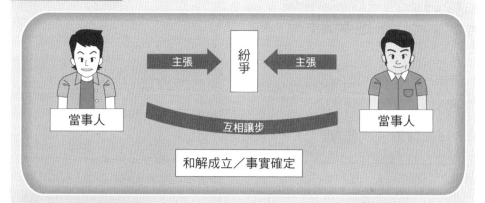

和解的效力

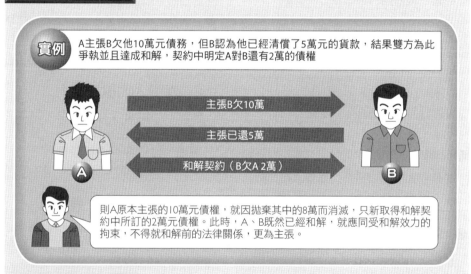

和解之撤銷

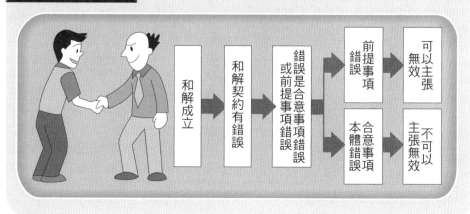

UNIT **3-31**
保證契約

「保證契約」是雙方當事人約定，一方在他方的債務人不履行債務時，由其代為負履行責任的契約（§739）。

（一）保證債務的範圍

保證債務除契約另有訂定外，包含主債務的「利息」、「違約金」、「損害賠償」和「其他從屬於主債務」的負擔（§740）。保證人的負擔比較主債務人為重，應減縮到主債務人的限度。

（二）保證人對債權人可以主張的權利

主債務人不履行債務時，債權人可請求保證人代為履行，基於保證責任的從屬性與補充性，保證人可行使以下權利來對抗：

❶**保證人的抗辯權**

主債務人所有之抗辯，保證人得主張之。主債務人拋棄其抗辯者，保證人仍得主張之（§742）。

❷**保證人的抵銷權**

保證人可以用主債務人對債權人的債權，主張抵銷（§742-1）。

❸**保證人的拒絕履行權**

主債務人對於債的發生原因有撤銷權，保證人就可以對債權人主張拒絕清償（§744）。

（三）先訴抗辯權

保證債務是當主債務人沒有辦法履行主債務的時候，而履行債務，因此債權人應該首先向主債務人請求清償債務，在未向主債務人請求清償債務前，不可向保證人請求清償債務。故債務人應先向主債務人的財產聲請強制執行，必須強制執行而沒有效果，才可對保證人請

求清償，否則保證人對於債權人有拒絕清償的權利（§745）。

（四）先訴抗辯權的喪失

有下列各款情形時，保證人不得主張第745條的權利（§746）：

❶**保證人拋棄先訴抗辯權**：保證人用書面或口頭的方式，拋棄原本可以向債權人主張的「先訴抗辯權」之後，權利就歸於消滅，不能再行主張。

❷**主債務人受破產宣告**：主債務人無法清償債務，自然應該由保證人償還。

❸**主債務人的財產不足清償其債務。**

（五）保證人清償之效力

保證人向債權人為清償後，於其清償之限度內，承受債權人對於主債務人之債權。但不得有害於債權人之利益（§749）。

（六）保證責任除去與免除

保證人受主債務人之委任，而為保證者，有下列各款情形之一時，得向主債務人請求除去其保證責任：

❶**主債務人之財產顯形減少者。**

❷**保證契約成立後，主債務人之住所、營業所或居所有變更，致向其請求清償發生困難者。**

❸**主債務人履行債務遲延者。**

❹**債權人依確定判決得令保證人清償者。**

主債務未屆清償期者，主債務人得提出相當擔保於保證人，以代保證責任之除去（§750）。債權人拋棄為其債權擔保之物權者，保證人就債權人所拋棄權利之限度內，免其責任（§751）。

圖解民法

保證契約

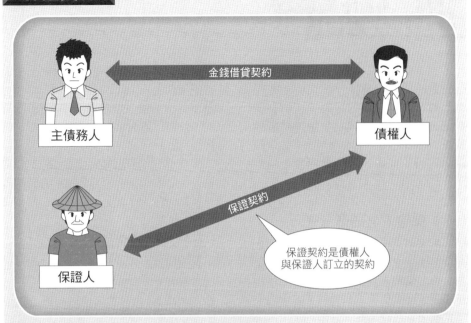

金錢借貸契約

主債務人

債權人

保證契約

保證人

保證契約是債權人
與保證人訂立的契約

保證契約所涉及的法律構造

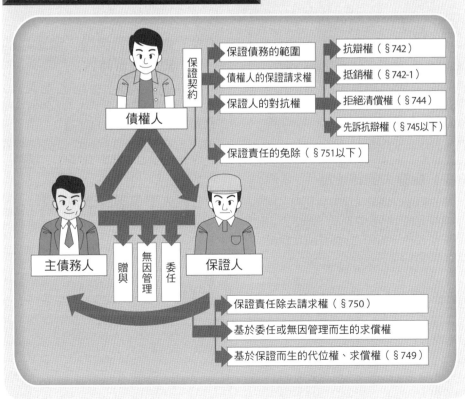

債權人

保證契約

保證債務的範圍

債權人的保證請求權

保證人的對抗權

保證責任的免除（§751以下）

抗辯權（§742）

抵銷權（§742-1）

拒絕清償權（§744）

先訴抗辯權（§745以下）

主債務人

贈與

無因管理

委任

保證人

保證責任除去請求權（§750）

基於委任或無因管理而生的求償權

基於保證而生的代位權、求償權（§749）

UNIT **3-32** 人事保證

圖解民法

「人事保證」為當事人約定，一方也就是「人事保證人」，在他方的受僱人將來因職務上的行為，而對他方為賠償損害，由其代為負損害賠償的責任（§756-1 I）。人事保證契約，應以「書面」作成，不然就不發生效力（§756-1 II）。

（一）保證人之賠償責任

人事保證之保證人，以僱用人不能依他項方法受賠償者為限，負其責任。保證人依前項規定負賠償責任時，除法律另有規定或契約另有訂定外，其賠償金額以賠償事故發生時，受僱人當年可得報酬之總額為限（§756-2）。

（二）人事保證的期間

人事保證約定的期間，不得超過3年，逾3年則縮短成3年，期間屆滿之後，當事人可依自己意願，來更新保證契約，但仍不能超過3年。若未定期間，自成立之日起，有效期間為3年，經過3年後，保證關係就會消滅（§756-3）。

（三）保證人的終止權

契約若定有期限，保證責任則在期間屆滿後消滅；若未定期間，保證人可隨時終止契約，但須在3個月前通知僱用人（§756-4）。

（四）僱用人的通知義務

有下列情形之一者，僱用人應即通知保證人：
❶僱用人依法得終止僱傭契約，而其終止事由有發生保證人責任之虞者。
❷受僱人因職務上之行為而應對僱用人負損害賠償責任，並經僱用人向受僱人行使權利者。
❸僱用人變更受僱人之職務或任職時間、地點，致加重保證人責任或使其難於注意者。

保證人受前項通知者，得終止契約。保證人知有前項各款情形者，亦同（§756-5）。

（五）減輕或免除賠償責任

有下列情形之一者，法院得減輕保證人之賠償金額或免除之：
❶有前條第1項各款之情形而僱用人不即通知保證人者。
❷僱用人對受僱人之選任或監督有疏懈者（§756-6）。

（六）僱用人對保證人請求權的短期消滅時效

僱用人受到損害，如僱用人有其他方法可受賠償，僱用人應先用其他方法請求賠償，如其他方法無法請求賠償時，僱用人在2年內可向保證人請求賠償（§756-8）。

（七）人事保證的消滅

人事保證關係因下列事由而消滅：
❶保證之期間屆滿。
❷保證人死亡、破產或喪失行為能力。
❸受僱人死亡、破產或喪失行為能力。
❹受僱人之僱傭關係消滅（§756-7）。

人事保證契約

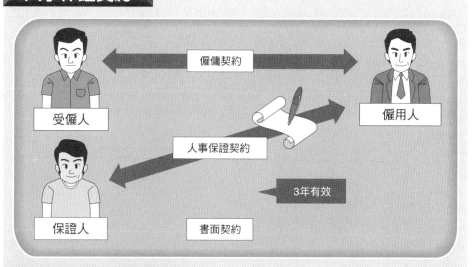

人事保證之期間

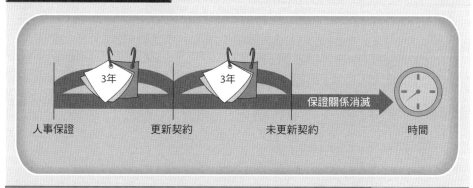

僱用人的通知義務及保證人的法定終止權

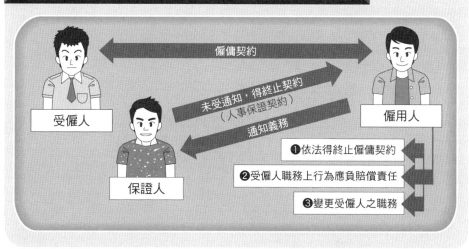

第 **4** 章

物權編

●●●●●●●●●●●●●●●●●●●●●●●●●● 章節體系架構 ▼

UNIT *4-1*
物權概述

（一）物權是什麼

「物權」就是權利人能直接支配物，而可以對抗一般人干涉的權利。所謂的「直接支配物」，就是指說對於物可以直接使用，其他人不能干涉權利人對物的收益、處分。債權是特定人跟特定人，也就是債權人跟債務人間的關係，給付雖然會涉及物，但是卻不能支配物。例如：牛羊的所有人對於牛羊有支配的權利，不管想要宰殺或出賣都可以去做；但是在牛羊的買賣中，牛羊的買受人支付價金，可以請求牛羊的所有人交付牛羊，可是在沒有移轉牛羊的所有權之前，買受人不能直接支配牛羊。

（二）物權法定主義

民法第757條規定：「物權除依法律或習慣外，不得創設。」此為物權法定主義。

物權除了民法或其他法律有規定之外，不能自己隨意創設，這是因為物權有極強的效力，可以對抗一般人，假如可以用契約或習慣任意創設，會有害社會公益，所以不允許創設。又民法是普通私法，所以其他特別物權，例如：漁業權、著作權、專利權，又或是附隨其他物權的債權，應該要用其他的法律來規定。

（三）物權的種類

❶所有權

所有權是權利人可以享受標的物所提供一切利益的物權，一切利益就是：①權利人對於標的物質的利用：例如：駕駛自己所有汽車；②給予他人利用自己的物品：例如：出租自己房子給他人收取租金；③用作擔保而取得信用：例如：用自己房子提供銀行擔保，而取得貸款。

❷用益物益

對於他人之物，在一定範圍內，可以使用、收益的物權，包括地上權、農育權、不動產役權以及典權等四種。

❸擔保物權

用標的物提供作債權的擔保為目的的物權，包括抵押權、質權、留置權等三種。

❹占有

對於物有事實管領力。

（四）物權的分類

❶以標的物種類來區分

①不動產物權：存在於不動產上的物權。例如：不動產所有權、用益物權、抵押權。

②動產物權：存在於動產上的物權。例如：動產所有權、質權、留置權。

③權利物權：存在於權利上的物權，有稱之為「準物權」。例如：Ａ權利抵押權：以地上權、農育權、不動產役權、典權設定抵押；Ｂ權利質權：以債權設定質權。

❷以物權是否有從屬性區分

①主物權：物權不須從屬於他權利而得獨立存在。例如：所有權、地上權、典權、農育權。

②從物權：物權無法獨立存在，一定得從屬於其他權利而存在。例如：Ａ抵押權、質權、留置權從屬於擔保的債權；Ｂ不動產役權從屬於需役地之所有權。

物權與債權之區分

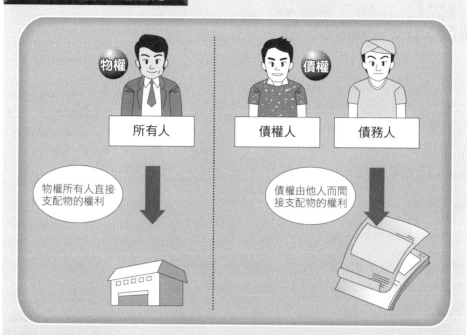

物權 所有人

債權 債權人 債務人

物權所有人直接支配物的權利

債權由他人而間接支配物的權利

物權分類

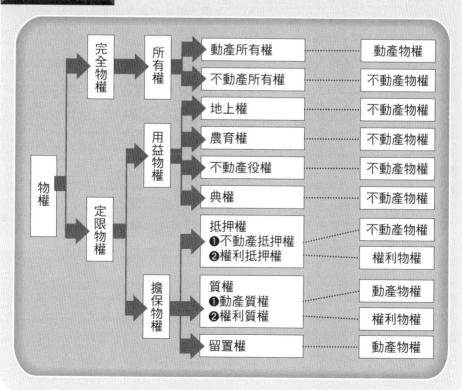

物權	完全物權	所有權	動產所有權	動產物權
			不動產所有權	不動產物權
	定限物權	用益物權	地上權	不動產物權
			農育權	不動產物權
			不動產役權	不動產物權
			典權	不動產物權
		擔保物權	抵押權 ❶不動產抵押權 ❷權利抵押權	不動產物權 / 權利物權
			質權 ❶動產質權 ❷權利質權	動產物權 / 權利物權
			留置權	動產物權

UNIT 4-2
物權的效力

物權因為法律賦予直接支配排他性，而產生了不同的效力，其為個別物權所特有的。物權效力有下列三種：

（一）排他效力

指的是在同一個標的物上，不能夠同時成立二個以上內容互不相容的物權。

❶不同種類之物權

彼此之間可以相容，可以在標的物（所有權）上再設立用益物權或擔保物權。例如：一塊土地上可同時設立擔保物權及用益物權。

❷同種類之物權

需視情況而定，同一標的物不能有兩個所有權，但同一標的物可以設立多個擔保物權，例如：一棟房子只有一個所有權，但可以因擔保數債權，而設立數個抵押權。然而，用益物權部分，原則上同一標的物不能同時設立存在兩個用益物權，例如：同一標的物不能設立兩個典權或兩個農育權。

只有例外於不動產役權與其他種類用益物權時，可於同一標的物設立兩個用益物權，例如：一塊土地上可設定不動產役權又設定地上權，只是其後設定物權之權利行使，不得妨害先設定之物權（§851-1）。

物權人有排斥對於其加害行為的權能，所以在權利的標的物，可以發生請求權。有此項權能的權利人，可以請求返還其物，或者請求回復原狀，或者請求賠償損害（§767）。又此項權能，在所有權、地上權、農育權、不動產役權、抵押權、典權都存在，可以發生物上請求權，有排他的效力。

（二）優先效力

所謂的優先效力，有多種內涵：❶權利人在同一物上，享有某種物權，則他人在此物上就不能再享有同一的權利；❷定限物權優先於所有權，例如：土地所有人A，上面設定地上權給B，則B優先於A，可使用該土地；❸同一物上，假如設定數個性質相容的權利，但是設定的時間有所先後，那這些權利的優劣，就應該依照設定的先後來決定。例如：不動產所有人，因擔保數債權，就同一不動產，設定數抵押權者，其次序依登記之先後定之（§865）；❹用役物權與擔保物權並存時，成立在先者優先於後者。例如：不動產所有人設定抵押權後，於同一不動產上，得設定地上權或其他以使用收益為目的之物權，或成立租賃關係。但其抵押權不因此而受影響（§866）。

（三）追及效力

在物權成立之後，標的物不論轉入誰的手中，物權都可以追及物的所在，物權的權利人，可以直接支配物而對抗一般人。

❶不動產所有人設定抵押權之後，可以將不動產讓與給其他人，但是原本設定的抵押權不會因此受有影響（§867）。

❷如果有人無權占有或者侵奪他人的所有物，所有人可以隨時請求返還其物（§767 I 前段）。

排他效力

實例 甲對A車擁有所有權，乙可否對A車也擁有所有權？

所有權

甲 乙

甲對A車有所有權，擁有全面的支配權能，所有權與所有權間不能相容，故乙不能再對A車擁有所有權。

優先效力

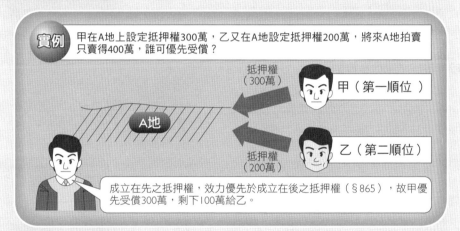

實例 甲在A地上設定抵押權300萬，乙又在A地設定抵押權200萬，將來A地拍賣只賣得400萬，誰可優先受償？

抵押權（300萬） 甲（第一順位）

A地

抵押權（200萬） 乙（第二順位）

成立在先之抵押權，效力優先於成立在後之抵押權（§865），故甲優先受償300萬，剩下100萬給乙。

追及效力

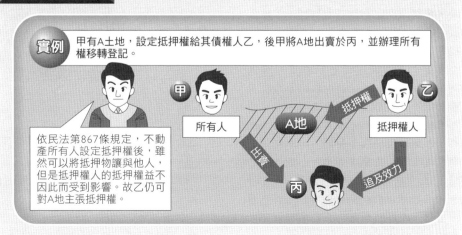

實例 甲有A土地，設定抵押權給其債權人乙，後甲將A地出賣於丙，並辦理所有權移轉登記。

甲 乙

所有人 A地 抵押權人

抵押權

拍賣

追及效力

丙

依民法第867條規定，不動產所有人設定抵押權後，雖然可以將抵押物讓與他人，但是抵押權人的抵押權益不因此而受到影響。故乙仍可對A地主張抵押權。

UNIT **4-3**
物權變動

圖解民法

物權變動指權利之得、喪、變更，以下先就不動產物權之取得來介紹。

（一）不動產物權的變動

❶基於法律行為變動

依民法第758條規定：「不動產物權，依法律行為而取得、設定、喪失及變更者，非經登記，不生效力。」「前項行為，應以書面為之。」「登記」為不動產變動之公示方法，性質上為不動產物權變動的生效要件，因此，不動產移轉時必須經登記才算移轉完成，且亦須以書面之方式。

❷非基於法律行為變動

民法第759條規定：「因繼承、強制執行、徵收、法院之判決或其他非因法律行為，於登記前已取得不動產物權者，應經登記，始得處分其物權。」由於繼承自事實發生時（死亡）即發生；強制執行取得權利時點為執行法院發給權利移轉證書時；公用徵收則為補償發給完竣時；形成判決自判決確定日取得。上述行為皆在登記前就依據法律取得不動產物權。因此，上述事實發生時，權利即產生變動取得權利，但應依民法第759條規定經登記，才能處分其物權。

例如：甲留有遺囑表示名下一塊土地要給兒子乙，甲死後，乙尚未辦理繼承登記，請問乙是否取得土地所有權？乙想將土地賣給丙，是否應先登記？此時，乙雖未辦理繼承登記，繼承自死亡發生起生效，故雖未登記，乙已經取得該土地所有權。但若乙想將土地賣給丙，依民法第759條規定，需先辦妥繼承登記，先將乙登記為土地所有人，才能處分（移轉）給丙。

（二）動產物權的變動

基於法律行為變動

民法第761條第1項本文規定：「動產物權之讓與，非將動產交付，不生效力。」因此，動產變動要件為「讓與合意」與「交付」。

讓與合意指雙方當事人以動產物權讓與為內容的移轉合意。交付則為對物的移轉占有，大多為現實交付，亦即直接移轉對於該物「事實上之管領力」，使得受讓人取得直接占有。不過為交易上方便，法律規定允許觀念交付，即非真正之交付，僅是觀念上的移轉，有下列三種：

①簡易交付

受讓人已占有動產者，於讓與合意時，即生效力（§761 I 但書）。

②占有改定

讓與動產物權，而讓與人仍繼續占有動產者，讓與人與受讓人間，得訂立契約，使受讓人因此取得間接占有，以代交付（§761 II）。

③指示交付（返還請求權之讓與）

讓與動產物權，如其動產由第三人占有時，讓與人得以對於第三人之返還請求權，讓與於受讓人，以代交付（§761 III）。

不動產物權的變動

不動產場合

❶買賣　❷買賣

首先登記者
取得所有權

不動產移轉要件：
讓與合意（書面）+登記

動產物權的變動

動產場合

❶買賣　❷買賣

首先移轉
占有的人
取得所有權

動產移轉要件：
讓與合意+交付

動產交付方式

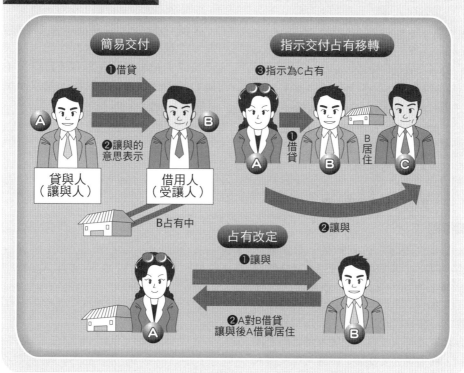

簡易交付

❶借貸

❷讓與的
意思表示

A 貸與人
（讓與人）

B 借用人
（受讓人）

B占有中

指示交付占有移轉

❸指示為C占有

A ❶借貸 B B居住 C

❷讓與

占有改定

❶讓與

❷A對B借貸
讓與後A借貸居住

A　　　B

UNIT **4-4**
善意取得

（一）登記的推定效力

不動產物權經登記者，推定登記權利人適法有此權利（§759-1 I）。此項登記的推定力，乃是為登記名義人除不得援以對抗其直接前手之真正權利人外，得對其他任何人主張之。為貫徹登記的效力，此項推定力，應該依照法定程序塗銷登記，才可以推翻。至於土地法第43條雖規定依照該法所為的登記有絕對效力，惟實務上向認在第三者依賴登記而取得土地權利之前，真正權利人仍得對登記名義人主張登記原因之無效或撤銷，是該條文所說絕對效力，其範圍僅止於保護依賴登記的善意第三人，其效果自然與第759條之1相同。

（二）不動產物權的善意取得

因信賴不動產登記的善意第三人，已依法律行為作物權變動的登記，這個變動的效力，不會因原登記物權之不實而影響（§759-1 II）。例如：甲明明無土地所有權，但登記簿上登記其為所有人，如有善意第三人乙，因信賴土地登記甲為所有人而向甲購買土地，並完成移轉登記，事後如有真正權利人出面，乙即可主張善意取得。

（三）動產的善意取得

❶原則

動產之受讓人占有動產，而受關於占有規定之保護者，縱讓與人無移轉所有權之權利，受讓人仍取得其所有權（§801）。以動產所有權，或其他物權之移轉或設定為目的，而善意受讓該動產之占有者，縱其讓與人無讓與之權利，其占有仍受法律之保護。但受讓人

明知或因重大過失而不知讓與人無讓與之權利者，不在此限（§948 I）。

❷善意取得的例外：無償回復

占有物如係盜贓、遺失物或其他非基於原占有人之意思而喪失其占有者，原占有人自喪失占有之時起2年以內，得向善意受讓之現占有人請求回復其物。依前項規定回復其物者，自喪失其占有時起，回復其原來之權利（§949）。

❸例外之例外

①有償回復

盜贓、遺失物或其他非基於原占有人之意思而喪失其占有之物，如現占有人由公開交易場所，或由販賣與其物同種之物之商人，以善意買得者，非償還其支出之價金，不得回復其物（§950）。

②金錢或為記載權利人之有價證券

盜贓、遺失物或其他非基於原占有人之意思而喪失其占有之物，如係金錢或未記載權利人之有價證券，不得向其善意受讓之現占有人請求回復（§951）。

圖解民法

不動產物權之善意取得

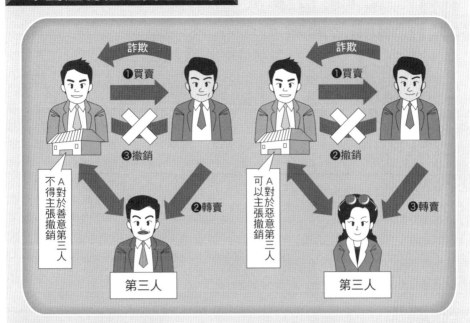

動產善意取得

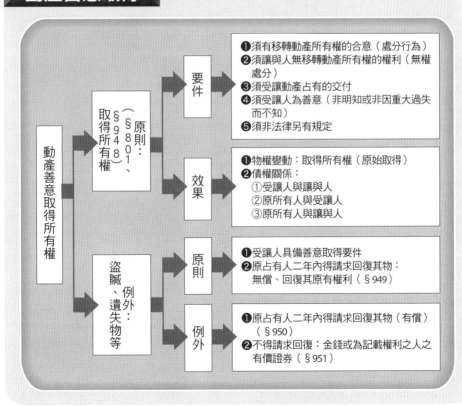

UNIT **4-5** 物權之消滅

（一）所有權與其他物權混合

圖解民法

同一物之所有權及其他物權，歸屬於一人，其他物權因混同而消滅。但其他物權之存續，對於所有人或第三人有法律上的利益，不在此限（§762）。例如：甲就其所有之土地，設定地上權給乙，如將來乙購買該地取得該地所有權時，則所有權與地上權同歸於一人，其地上權即因混同而消滅。如果當時乙取得地上權時，又以地上權為標的設定抵押權給丙，則丙的利益，不因乙的地上權與所有權混同之影響而消滅。

（二）所有權以外物權與以該物權為標的物的權利混同

所有權以外之物權，及以該物權為標的之權利，通通都歸屬於一人的時候，這些權利會因為「混同」而消滅（§763 I）。例如：甲以其取得的地上權再設定抵押權給乙，其後乙經由繼承或其他原因取得地上權時，則該地上權與以地上權為標的物的抵押權，歸屬於同一人，其抵押權即因混同而消滅。但如果抵押權原亦已有設定質權給第三人時，雖然乙的抵押權隨混同而消滅，但第三人（權利質權人）對於抵押權的存續有法律上利益，並不因乙的抵押權混同消滅而消滅。

（三）拋棄

物權除法律另有規定外，因拋棄而消滅。前項拋棄，第三人有以該物權為標的物之其他物權或於該物權有其他法律上之利益者，非經該第三人同意，不得為之（§764 I、II）。

所謂的「以物權為標的物而設定其

他物權，或在物權有其他法律上之利益」，例如：以自己的「所有權」或以取得的「地上權」或「典權」當作標的物，而設定「抵押權」來向第三人借款；或以「質權」或「抵押權」連同其所擔保之債權，設定「權利質權」；或是說地上權人在土地上建築房屋後，就將這間房屋設定抵押權給第三人。在這些情形下，如果允許原物權人可以拋棄這些地上權等，那麼所設定的其他物權，將會因為標的物的物權消滅而受到影響，因而導致第三人的利益受到損害，無法充分保障第三人的權益。

另外，如果拋棄的是動產物權，就應一起拋棄動產的占有（§764 III）。但要是拋棄的是不動產物權時，仍應作成書面，並完成登記，才會發生效力。因為以單獨行為使物權喪失，應有第758條規定之適用。

物權得喪變更

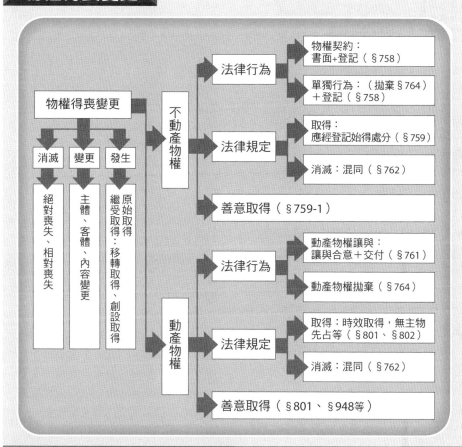

所有權與其他物權混同

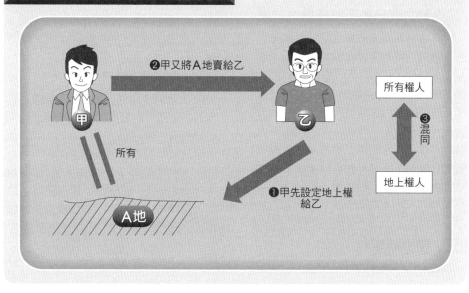

UNIT **4-6**
所有權

（一）所有權之權能

所有人，於法令限制的範圍內，得自由使用、收益、處分其所有物，並排除他人之干涉（§765）：

❶占有

物的使用、收益都是以占有為前提。

❷使用

指依照物的用法，在不毀損物品本身，或改變物品的性質的情況下，來供生活上的需要。

❸收益

指收取所有物的「天然孳息」和所有物的「法定孳息」。

❹處分

包括「事實上處分」，也就是有形的變更，或毀損物的本體，例如：拆除房屋重建；以及「法律上的處分」，這包含「債權行為」，例如：租賃、買賣，和「物權行為」，例如：所有權的移轉。

（二）物之成分與天然孳息之歸屬

物之成分及其天然孳息，於分離後，除法律另有規定外，仍屬於其物之所有人（§766）。其中，「物的成分」例如：還沒和土地分離的樹木。物的成分，無論是由天然或者人工，和原物分離後，就應該被看作新物體，而不是原物的一部分，但仍為原物所有。「天然孳息」例如：果實和動物的產物，雖然和原物分離，但是仍然屬於原物所有人所有。

（三）物上請求權

依據民法第767條第1項規定：「所有人對於無權占有或侵奪其所有物者，得請求返還之。對於妨害其所有權者，得請求除去之。有妨害其所有權之虞者，得請求防止之。」此為物上請求權。

❶所有權之返還請求權

所有人對於無權占有或侵奪其所有物者，得請求返還之（§767 I 前段）。所謂「無權占有」指欠缺占有本權，占有人如對占有有正當權源者，則為有權占有，如基於買賣或租賃占有他人之物，或者基於地上權或質權而占有，則屬於有權占有，並非無權占有。

❷所有權之妨害除去請求權

對於妨害其所有權者，得請求除去之（§767 I 中段）。所謂妨害所有權，指以占有以外的方式，阻礙或侵害所有權之支配，例如：無權占有他人土地、傾倒廢棄物於他人土地。而土地登記不實或錯誤已屬於妨害他人所有權。

❸所有權之妨害防止請求權

有妨害其所有權之虞者，得請求防止之（§767 I 後段）。例如：地震後房屋有倒塌的危險，而使得鄰居受到威脅，此時鄰居即可行使妨害防止請求權。

❹物上請求權之時效

民法第125條規定：「請求權，因十五年間不行使而消滅。但法律所定期間較短者，依其規定。」原則上物上請求權因15年間不行使而消滅，例外於已登記不動產部分，依據釋字第107號與第164號表示，已登記不動產所有人之物上請求權，無民法第125條消滅時效規定之適用。

所有權之限制

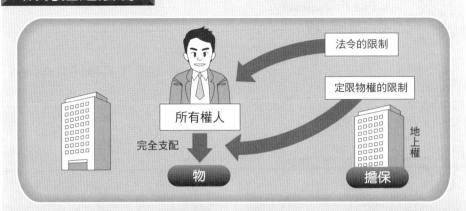

法令的限制

定限物權的限制

所有權人

完全支配

物

擔保

地上權

所有權之返還請求權

A所有的手錶

手錶

❷❶
損返
害還
賠請
償求
請
求

被B侵奪

所有權之妨害除去請求權

妨害A
使用土地

A的土地

所有人A

❶妨害的排除請求
❷損害賠償請求

所有權之妨害防止請求權

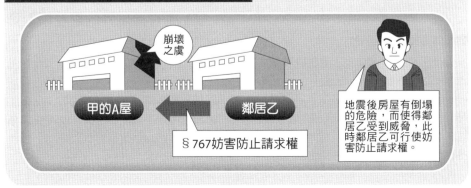

崩壞
之虞

甲的A屋

鄰居乙

§767妨害防止請求權

地震後房屋有倒塌
的危險，而使得鄰
居乙受到威脅，此
時鄰居乙可行使妨
害防止請求權。

221

UNIT **4-7**
取得時效

「取得時效」性質上屬於一種「事實行為」，是指占有他人的物，或行使一定的財產權，經過一定的期間，因而取得所有權或是其他財產權。

（一）動產所有權的取得時效

以所有之意思，10年間和平、公然、繼續占有他人之動產者，取得其所有權（§768）。以所有之意思，5年間和平、公然、繼續占有他人之動產，而其占有之始為善意並無過失者，取得其所有權（§768-1）。

❶占有

要以「所有」的意思而占有、和平占有、公然占有。

❷他人的動產

如果是無主的動產，就應該要適用「先占」的規定；而自己的物，就不會產生「時效取得」的問題。另外，如果是共有人其中一人，想要單獨所有而占有共有物，也可以成立時效取得。

❸時效取得

時間的經過為「時效取得」的要件，所以沒有經過一定的期間，就不能完成時效取得。視占有之始善意及有無過失，如占有之始為善意並無過失者，經過5年則取得所有權，否則須經過10年。

❹時效取得未經中斷

動產所有權取得時效，雖然沒有明白規定須以「繼續占有」為要件，但從取得時效的性質來看，應該採肯定解釋。況且民法關於不動產所有權的取得時效，也是以「繼續占有」為要件，繼續占有為動產所有權取得的要件。

（二）不動產所有權的取得時效

以所有之意思，20年間和平、公然、繼續占有他人未登記之不動產的人，就可以請求登記為所有人（§769）。而以所有之意思，10年間和平、公然、繼續占有他人未登記之不動產，而其占有之始為善意並無過失者，得請求登記為所有人（§770）。

不動產所有權取得時效的要件可以分為：

❶占有

占有須符合：①自主占有：就是以「所有」的意思而占有；②和平占有；③繼續占有；④公然占有：學者通說認為不得以隱密的方式占有他人不動產，必須「公然占有」，才有對「占有」加以保護的必要性。況且對於因時效取得動產所有權，也是以「公然占有」為要件。「公然占有」為不動產所有權取得時效之要件。

❷取得時效

如果在占有的一開始，是善意並沒有過失的話，以所有的意思，在10年間和平、公然、繼續占有他人未登記的不動產，就可以請求登記成為所有人，否則須經過20年，才得請求登記為所有人。

（三）所有權以外的財產權取得時效

所有權取得時效制度，於所有權以外財產權之取得，適用之。而且於已登記之不動產，亦適用（§772）。例如：*以自己的意思公然占有他人已登記之不動產，超過20年後，可以取得地上權。*

取得時效

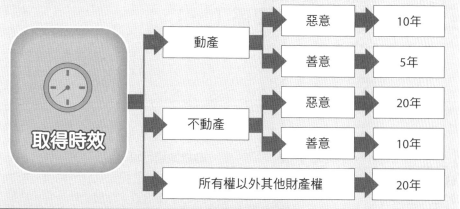

取得時效

動產 → 惡意 → 10年
動產 → 善意 → 5年
不動產 → 惡意 → 20年
不動產 → 善意 → 10年
所有權以外其他財產權 → 20年

不動產及其他財產權之取得時效

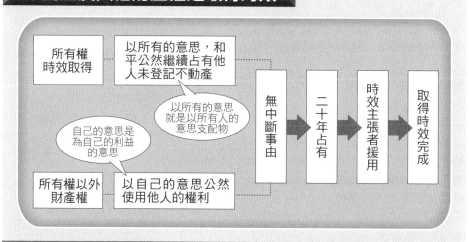

所有權時效取得 — 以所有的意思，和平公然繼續占有他人未登記不動產

以所有的意思就是以所有人的意思支配物

自己的意思是為自己的利益的意思

所有權以外財產權 — 以自己的意思公然使用他人的權利

無中斷事由 → 二十年占有 → 時效主張者援用 → 取得時效完成

時效中斷情形

占有人有右列情形之一，所有權的取得、所有權以外財產權的取得、已經登記的不動產，時效中斷（§771）	❶變成不以所有之意思而占有
	❷變成非和平或非公然占有
	❸自行中止占有
	❹非基於自己的意思，而喪失其占有。但如果依照第949條或第962條規定，回復了占有，就不會時效中斷
	❺依第767條規定起訴，請求占有人返還占有物，占有人的所有權取得時效，也會因而中斷

UNIT **4-8**
不動產相鄰關係（一）

「相鄰關係」就是調整相鄰的土地相互間的利用關係，例如：現代家居使用冷氣機排出的水滴，抽油煙機排出的油滴，滴到相鄰不動產的情形，時常發生。

(一) 相鄰關係的規範手段

❶ 土地所有人從事一定行為時，應防範鄰地遭受損害

土地所有人經營事業或行使其所有權，應該防止對鄰地的損害（§774）。例如：土地所有人因製造藥品，毒氣蒸騰，以致鄰地的植物變質或枯死，即係侵害鄰地。

❷ 土地所有人不得為一定行為

土地所有人不得設置屋簷、工作物或其他設備，使雨水或其他液體直注於相鄰不動產（§777）。

❸ 土地所有人得於相鄰土地為一定行為，但應遵循最低損害原則，並就鄰地所受損害，支付償金

例如：管線安設權。①土地所有人因使浸水之地乾涸，或排泄家用或其他用水，以至河渠或溝道，得使其水通過鄰地。但應擇於鄰地損害最少之處所及方法為之（§779），可對於鄰地所有人主張有「過水權」；②土地所有人因使其土地之水通過，得使用鄰地所有人所設置之工作物，如排水設施。但應按其受益之程度，負擔該工作物設置及保存之費用（§780）。

❹ 土地所有人可以禁止他人為一定行為

例如：關於禁止氣響侵入（§793）。

❺ 土地所有人應容忍他人在其土地為一定行為

土地所有人因鄰地所有人在其界址或近旁，營造或修繕建築物或其他工作物，有使用土地的必要，應該要允許（§792）。

(二) 袋地通行權

❶ 袋地通行權

土地因與公路無適宜之聯絡，致不能為通常使用時，除因土地所有人之任意行為所生者外，土地所有人得通行周圍地以至公路（§787 I）。前項情形，有通行權人應於通行必要之範圍內，擇其周圍地損害最少之處所及方法為之；對於通行地因此所受之損害，並應支付償金（§787 II）。

❷ 開路通行權

有通行權人於必要時，得開設道路。但對於通行地因此所受之損害，應支付償金。前項情形，如致通行地損害過鉅者，通行地所有人得請求有通行權人以相當之價額購買通行地及因此形成之畸零地，其價額由當事人協議定之；不能協議者，得請求法院以判決定之（§788）。

❸ 通行權之限制

因土地一部之讓與或分割，而與公路無適宜之聯絡，致不能為通常使用者，土地所有人因至公路，僅得通行受讓人或讓與人或他分割人之所有地。數宗土地同屬於一人所有，讓與其一部或同時分別讓與數人，而與公路無適宜之聯絡，致不能為通常使用者，亦同。前項情形，有通行權人，無須支付償金（§789）。

不動產相鄰關係

❶鄰地損害的防免→ §774、§794、§795	
❷排水及用水關係→ §775～§785	
❸鄰地利用	管線安設 → §786
	鄰地通行 → §787～§789
❹侵入他人土地	人之侵入 → §790
	氣響侵入 → §793
❺越界建築 → §796～§796-2	
❻越界竹木枝根 → §797	
❼果實自落鄰地 → §798	
❽區分所有權 → §799～§800	

袋地通行權

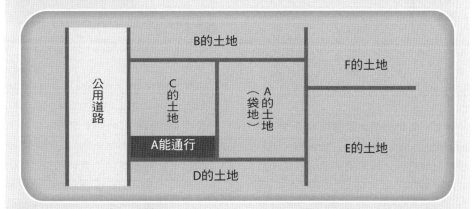

通行權之限制

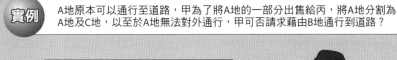

實例 A地原本可以通行至道路,甲為了將A地的一部分出售給丙,將A地分割為A地及C地,以至於A地無法對外通行,甲可否請求藉由B地通行到道路?

甲僅得通行受讓人之所有地(§789),故只能通行丙之C地,而不能要求通行B地

UNIT **4-9**
不動產相鄰關係（二）

（一）氣響侵入

土地所有人可以禁止他人的土地、相鄰的建築物或其他工作物，有瓦斯、蒸氣、臭氣、煙氣、熱氣、灰屑、喧囂、振動及其他與相類似事物的侵入。但如果侵入很輕微，或按土地形狀、地方習慣，認為相當於輕微的程度，就不在此限（§793）。

（二）越界建築

土地所有人建築房屋時，不是因為故意或重大過失而逾越地界，鄰地所有人如果在明知越界的情形下，卻不即時提出異議，那就不得請求移去或變更房屋。但土地所有人對於鄰地因此所受到的損害，應支付損害賠償金（§796 I）。鄰地所有人得請求土地所有人，由當事人協議以相當的價格購買越界部分的土地，及因此形成的畸零地，如果價格協議不成，可以請求法院以判決定之（§796 II）。因越界建築，鄰地所有人因此所損害，土地所有人應支付償金，例如：使鄰地所有人的土地成為「畸零地」，而「畸零地」不堪使用的話，亦應賦予鄰地所有人請求土地所有人購買。

土地所有人建築房屋逾越地界，鄰地所有人請求移去或變更時，法院得斟酌公共利益及當事人利益，免為全部或一部之移去或變更。但土地所有人故意逾越地界者，則不適用此規定（§796-1）。

（三）植物枝根之刈除

土地所有人遇鄰地植物之枝根有逾越地界者，得向植物所有人，請求於相當期間內刈除之。植物所有人不於前項期間內刈除者，土地所有人得刈取越界之枝根，並得請求償還因此所生之費用（§797）。

（四）建築物區分所有

稱作「區分所有建築物」，是指數人區分一建築物，而各專有其中的一部分，就「專有部分」有「單獨所有權」，並就這個建築物及其附屬物的共同部分，大家一起共有的建築物（§799 I）。

❶專有部分

是指區分所有建築物在「構造上」及「使用上」可以獨立，並且可以單獨作為「所有權標的」，可以在經過所有人的同意之後，依規約的約定，供區分所有建築物的所有人共同來使用

❷共有部分

指區分所有建築物的專有部分以外的其他部分，及不屬於專有部分的附屬部分，除法律另有規定外，可以經規約的約定，供區分所有建築物的特定所有人使用（§799 II）。

專有部分得經其所有人之同意，依規約之約定供區分所有建築物之所有人共同使用；共有部分除法律另有規定外，得經規約之約定供區分所有建築物之特定所有人使用（§799 III）。區分所有建築物共有部分之修繕費及其他負擔，由各所有人按其應有部分分擔之。但規約另有約定者，不在此限（§799-1 I）。

越界建築

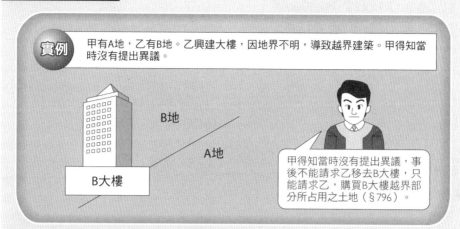

實例　甲有A地，乙有B地。乙興建大樓，因地界不明，導致越界建築。甲得知當時沒有提出異議。

B地

A地

B大樓

甲得知當時沒有提出異議，事後不能請求乙移去B大樓，只能請求乙，購買B大樓越界部分所占用之土地（§796）。

植物枝根越界之刈除

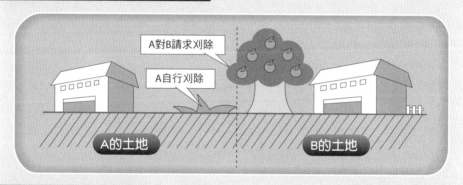

A對B請求刈除

A自行刈除

A的土地

B的土地

區分所有權

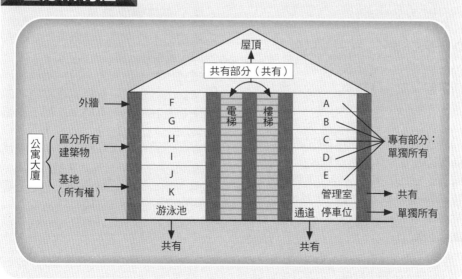

屋頂

共有部分（共有）

外牆

電梯　樓梯

公寓大廈

區分所有建築物

基地（所有權）

F　G　H　I　J　K

游泳池

A　B　C　D　E

管理室　→　共有

通道　停車位　→　單獨所有

專有部分：單獨所有

共有

共有

UNIT **4-10** 動產所有權

(一) 無主物先占

以「所有」的意思，占有無主的動產，除非法令另外有所規定，否則就取得其所有權（§802）。

(二) 遺失物拾得

❶遺失物拾得者之招領報告義務

拾得遺失物者應從速通知遺失人、所有人、其他有受領權之人或報告警察、自治機關。報告時，應將其物一併交存。但於機關、學校、團體或其他公共場所拾得者，亦得報告於各該場所之管理機關、團體或其負責人、管理人，並將其物交存（§803 I）。前項受報告者，應從速於遺失物拾得地或其他適當處所，以公告、廣播或其他適當方法招領之（§803 II）。

❷遺失物返還

遺失物自通知或最後招領之日起6個月內，有受領權之人認領時，拾得人、招領人、警察或自治機關，於通知、招領及保管的費用受償後，應將遺失物返還（§805 I）。

❸報酬請求權

有受領權之人認領遺失物時，拾得人得請求報酬。但不得超過其物財產上價值十分之一；其不具有財產上價值者，拾得人亦得請求相當之報酬（§805 II）。有受領權人依前項規定給付報酬顯失公平者，得請求法院減少或免除其報酬（§805 III）。第二項報酬請求權，因6個月間不行使而消滅（§805 IV）。

❹留置權

這是一種特殊留置權，支出費用的人或可以請求報酬的拾得人，在費用或報酬未受清償前，對於遺失物有留置權。當權利人有數人時，就視為是全體權利占有（§805 V）。

❺認領報酬之例外

有下列情形之一者，不得請求前條第2項之報酬：……二、拾得人未於7日內通知、報告或交存拾得物，或經查詢仍隱匿其拾得遺失物之事實。三、有受領權之人為特殊境遇家庭、低收入戶、中低收入戶、依法接受急難救助、災害救助，或有其他急迫情事者（§805-1）。

❻拾得人取得逾期未領遺失物所有權

遺失物自通知或最後招領之日起逾6個月，未經有受領權之人認領者，由拾得人取得其所有權。警察或自治機關並應通知其領取遺失物或賣得之價金；其不能通知者，應公告之。拾得人於受前項通知或公告後3個月內未領取者，其物或賣得之價金歸屬於保管地之地方自治團體（§807）。

(三) 埋藏物之發見

所謂的「埋藏物」是指長年埋沒在一般人通常難以常見到地方的物，且不知道這個物的所有人。發現埋藏物而占有的人，就取得其所有權。但假如埋藏物是在他人所有的動產或不動產中發現，「動產或不動產的所有人」與「發見人」，分別各取得一半的埋藏物（§808）。發見之埋藏物足供學術、藝術、考古或歷史之資料者，其所有權之歸屬，依特別法之規定（§809）。

圖解民法

動產所有權取得

	善意取得（§801＋§948）
動產所有權之取得方式	無主物先占（§802）
	遺失物的拾得（§803～§807-1） 漂流物、沈沒物自然脫離，準用遺失物的拾得（§810）
	埋藏物之發見（§808～§809）
	動產附合（§811）
	時效取得（§768、§768-1）

不得請求報酬之情況

遺失物在公眾場所或供公眾來往的交通設備內，由「管理人」或「受僱人」拾得（§805-1①）

拾得人違反通知、報告或交存義務，或經查詢仍隱匿其拾得之事實（§805-1②）

站長

拾得

遺失物

拾得人

遺失物

拾得後隱匿

有受領權之人為社會救助法所稱對象及特殊境遇家庭等弱勢民眾（§805-1③）

拾得人

遺失物

弱勢民眾

有受領權之人

（掉東西的人為弱勢民眾）

UNIT *4-11* 添附

「添附」是指物主不同的動產與不動產附合、動產與動產附合、動產與動產混合及動產加工，也就是因為物跟其他物的結合，或是因為加工，而成為一個新的物件。

（一）動產與不動產附合

當動產因為附合，而成為不動產的「重要成分」時，不動產的所有人，就會取得動產所有權，所謂的「重要成分」，是指兩個物互相結合，如果沒有毀損或是變更性質，這兩個物就無法分離（§811）。例如：播種在他人田裡，所生成的稻米，屬於田畝所有人所有。

（二）動產與動產附合

自己動產與他人動產附合，而如果不毀損的話，就不能分離，或是分離所需要的費用龐大，原本動產各自的所有人，就按動產附合時的價值，共有「合成物」（§812 I）。例如：A有木材，價值300元；B有木材，價值200元，合製成木桌，木桌所有權A有3/5，B有2/5。但附合的動產，有可視為主物者，該主物所有人，取得合成物之所有權（§812 II）。例如：使用A的皮革和B的木片，來製成一個皮箱，皮革是皮箱主要原料，木片則不是，因此由A取得皮箱所有權。

（三）混合

「混合」就是所有人不同的動產，互相混合，而成為一物，使得動產無法識別，或者是識別所需要的費用太大，例如：米粉和麥粉混合在一起。動產與他人之動產混合，不能識別或識別需費用過鉅，就由主物的所有人取得所有權（§813）。例如：咖啡跟糖混合，咖啡可以視為是主物，因此就由咖啡的所有人取得所有權。

（四）加工

「加工」是加人工於他人動產，變更形體，另成一物，例如：對大理石加工，雕塑成藝術人像、動物。對他人的動產加工，所做出來的「加工物」，所有權屬於「材料所有人」。但如果加工之後增加的價值，很顯然超過材料原本的價值的話，這個加工物的所有權就屬於「加工人」（§814）。例如：雕刻家將木材雕成藝術品，這個藝術品就屬於雕刻家所有。

（五）添附之效果

❶其他權利一同消滅

依第811條、第812條、第813條、第814條的規定，當動產所有權消滅之後，這個動產上所有的其他權利也會跟著消滅（§815）。

❷補償請求

縱使財產上損益變動是依法而發生，例如：第811條至第815條規定，仍屬無法律上原因，因此得依不當得利來請求（§816）。

添附

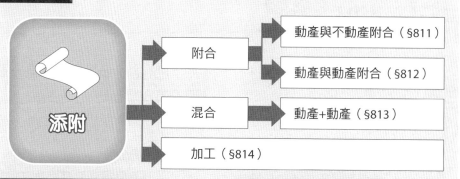

添附

- 附合 → 動產與不動產附合（§811）
- 附合 → 動產與動產附合（§812）
- 混合 → 動產＋動產（§813）
- 加工（§814）

附合（§812）

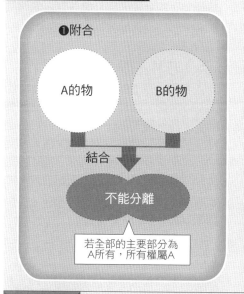

❶附合

A的物　　B的物

結合

不能分離

若全部的主要部分為A所有，所有權屬A

混合（§813）

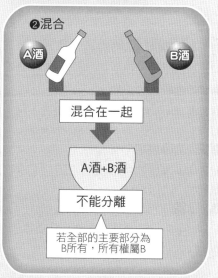

❷混合

A酒　　B酒

混合在一起

A酒+B酒

不能分離

若全部的主要部分為B所有，所有權屬B

加工

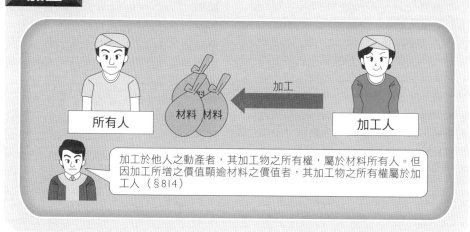

所有人　　材料 材料　←加工←　加工人

加工於他人之動產者，其加工物之所有權，屬於材料所有人。但因加工所增之價值顯逾材料之價者，其加工物之所有權屬於加工人（§814）

231

UNIT **4-12**
分別共有（一）

共有的類型可分為分別共有與公同共有。以下先從分別共有介紹：

圖解民法

（一）分別共有

數人按照各自「應有部分」，對於一樣物品有所有權，就是「共有人」；如果不知道各共有人的應有部分的話，就推定各共有人均等平分應有部分（§817）。

（二）分別共有的發生

分別共有的發生原因，共有三種：

❶**基於當事人的意思**

例如：A、B、C共同出資購買一塊土地，而共同受讓這塊土地的所有權。

❷**基於法律規定**

例如：埋藏物的共有、添附物的共有。

❸**將公同共有變為分別共有**

例如：A、B、C共同繼承一間房屋，辦理繼承登記為分別共有這間房屋。

（三）應有部分

「應有部分」是指各共有人，對於所有權在份量上，應該要享有的部分，也就是「成數」，或稱「比例」。由此可知，「應有部分」是抽象存在共有物上的任何一部分，並非具體特定是共有物的某一個部分，例如：甲、乙、丙共有某間房屋，其應有部分各為1/3，也就是甲、乙、丙對屋子的任何一部分都享有1/3，而不是屋子切成三塊，各占其1/3。

（四）應有部分及共有物之處分權

❶**應有部分的處分**

各共有人，得自由處分其應有部分，不必其他共有人的同意（§819 I）。

❷**共有物的處分**

整個共有物的處分、變更及設定負擔，應得到共有人全體的同意，因為這些行為，都會影響到全體共有人的利益（§819 II）。

（五）共有人的使用收益權

各共有人對於共有物使用收益權能的基本分配，除共有人已有分管協議契約外，按其應有部分，對於共有物的全部，有使用收益的權利（§818）。契約約定的部分，縱使各共有人依該協議實際可為使用或收益之範圍超過或小於應有部分，也屬「契約自由範圍」，應該要按照契約約定。

（六）分管契約

基於共有物管理的私法自治原則，共有人得訂立共有物管理契約，尤其是所謂的「分管契約」，即共有人間約定各自分別就其共有物之特定部分為使用、收益等管理行為，例如：甲乙兩人共有一店面房屋，而兩人約定其使用與營業範圍和時間。或者區分建築所有權人，共有建築與基地，而約定分管停車位。

分管契約乃物權關係上關於共有物管理的約定，性質上屬於債權契約，不在民法債編的有名契約之列，屬於無名契約之一種。

分別共有的應有部分

甲乙丙共有A地，每人的應有部分都存在於A地的任何一處，並非分成三處

若A地分割，則甲、乙、丙不再是共有，而各自獨立擁有1/3

分別共有人對共有物之使用收益

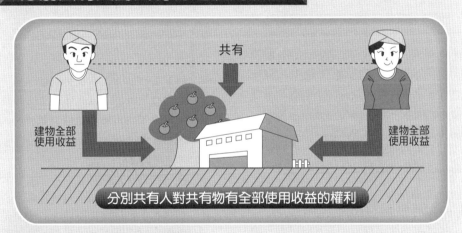

共有

建物全部使用收益

建物全部使用收益

分別共有人對共有物有全部使用收益的權利

分別共有人之權利

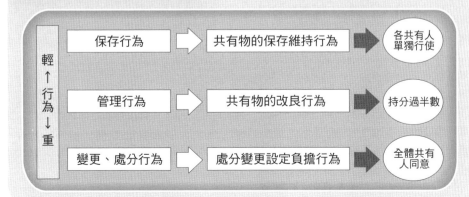

輕 ← 行為 → 重

保存行為	共有物的保存維持行為	各共有人單獨行使
管理行為	共有物的改良行為	持分過半數
變更、處分行為	處分變更設定負擔行為	全體共有人同意

UNIT **4-13** 分別共有（二）

（一）多數決的共有物管理

如果共有人無訂立分管契約的話，為促使共有物有效利用，共有物的管理，應以共有人過半數及其應有部分合計過半數的同意，才可以做。但如果應有部分合計超過2/3，就不計算人數（§820 I）。如果就共有物所定的管理，對少數不同意的共有人顯失公平時，不同意的共有人可以聲請法院以裁定變更管理決定，以避免多數決的濫用，並保障全體共有人之權益（§820 II）。

「管理」係指多數決或應有部分超過2/3所定管理，因情事變更難繼續時，法院得因任何共有人的聲請，以裁定變更之（§820 III）。共有人為管理之決定，如果有故意或重大過失，導致共有人受有損害，為保護不同意該管理方法的少數共有人權益，共有人應對不同意的共有人連帶負賠償責任（§820 IV）。各共有人可以對單獨共有物做簡易修繕及其他保存行為（§820 V）。

（二）共有物費用之分擔

共有物的管理費用，及其他負擔，除契約另有約定外，應由各共有人按其應有部分分擔（§822 I）。所謂「管理費」就是因為「保存」或「改良」共有物所需要的費用。至於「其他負擔」就是共有物所應該繳納的稅捐，或是因共有物對第三人所加損害，而應該支出的賠償金。

共有人其中的一人，支付共有物的負擔，而超過原本所應分擔的部分，可以請求其他共有人按各自應分擔的部分，償還所超額負擔的部分（§822 II）。例如：A、B、C共有房屋一間，所有權均等，因為修繕房屋，A支出3,000元，A可向B、C各求償1,000元。

（三）共有人對於第三人之權利義務

❶對第三人的權利

各共有人對於第三人，得就共有物之全部為本於所有權之請求。但回復共有物之請求，僅得為共有人全體之利益為之（§821）。例如：甲、乙、丙共有的A地，被丁無權占用，由於乙、丙二人遠在國外，甲可以不需要得到乙及丙的同意，依照第767條所有物返還請求權，請求丁返還A地。此時，甲只要以自己的名義對丁提起訴訟。但是，甲必須是為了共有人全體的利益，才可以提起訴訟，因此，甲在訴狀上必須表明：「請求丁將土地返還給全體共有人（甲、乙、丙）」。

❷對第三人的義務

因共有物而生的義務，例如：共有物的修繕費、因共有物而生的損害賠償責任，各共有人應該要按照彼此的應有部分，來對第三人負責；如果債務性質是屬於不可以分割的類型的話，例如：損害賠償回復原狀，就由各分別共有人對第三人負連帶責任。

共有物之管理

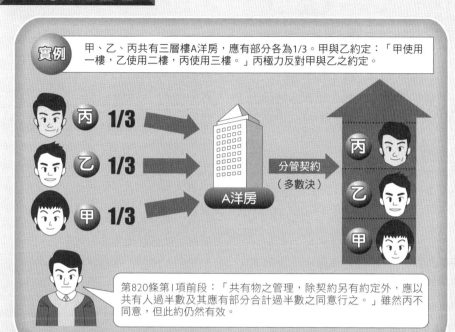

實例 甲、乙、丙共有三層樓A洋房，應有部分各為1/3。甲與乙約定：「甲使用一樓，乙使用二樓，丙使用三樓。」丙極力反對甲與乙之約定。

丙 1/3

乙 1/3

甲 1/3

A洋房

分管契約
（多數決）

丙

乙

甲

第820條第I項前段：「共有物之管理，除契約另有約定外，應以共有人過半數及其應有部分合計過半數之同意行之。」雖然丙不同意，但此約仍然有效。

共有人對第三人之權利

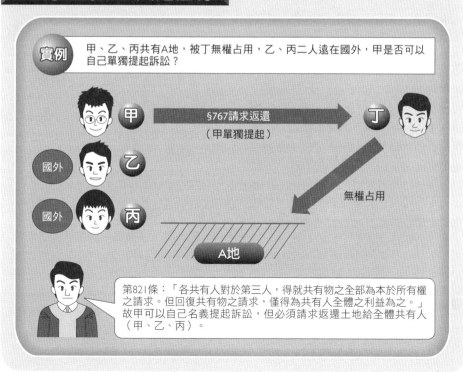

實例 甲、乙、丙共有A地，被丁無權占用，乙、丙二人遠在國外，甲是否可以自己單獨提起訴訟？

甲

§767請求返還
（甲單獨提起）

丁

國外 乙

國外 丙

無權占用

A地

第821條：「各共有人對於第三人，得就共有物之全部為本於所有權之請求。但回復共有物之請求，僅得為共有人全體之利益為之。」故甲可以自己名義提起訴訟，但必須請求返還土地給全體共有人（甲、乙、丙）。

UNIT **4-14**
共有物的分割

圖解民法

（一）共有物之分割與限制

不動產利用都需要一個長期規劃，並且要達到一定的經濟規模，才能夠發揮真正的效益，若是共有人間對於共有的不動產，已經有管理的協議時，這個不動產的用益就能夠圓滑的來進行，可以避免共有制度效率低落的問題，這是法律對共有人的「契約自由」及「財產權」的安排，因此自應充分尊重。

各共有人，除法令另有規定外，可以隨時請求分割共有物。但要是因為物本身的使用目的，而不能分割，或契約訂有不分割的期限的話，就不能隨時請求分割（§823 I）。

（二）不分割約定

約定不分割的期限，不能超過5年，如果超過5年的話，就縮短為5年。但如果是契約訂有管理共有的不動產的約定時，約定不分割的期限，則是不能超過30年，超過30年，縮短成30年（§823 II）。

如有重大事由，共有人還是可以隨時請求分割，所謂「重大事由」，是指法院斟酌具體情形，認為這個共有物已經不可能通常使用或做其他管理，或難以繼續維持共有的情形而言，例如：共有人之一所分管的共有物部分已經被徵收，分管契約的履行已屬不能，或分管契約有其他消滅事由（§823 III）。

（三）共有物分割之方法
❶協議分割

依共有人協議的方法來分割共有物，有節省費用、和諧迅速的效益（§824 I）。

❷裁判分割

如果不能以協議的方式來決定分割的方法，或協議決定之後，因消滅時效完成，且經共有人拒絕履行，法院可以因任何共有人的請求，命為分配（§824 II）。裁判分割的原因，除共有人不能協議決定外，實務上認為，共有人並有為拒絕給付的抗辯，共有人得請求法院判決分割（最高法院69年度第8次民事庭會議決議參照）。

協議分割的時候，分割方法沒有特別限制，採「私法自治原則」，但在裁判分割時，明文定有兩種方法：

①原物分配

將原物分配給各共有人。但如果各共有人想要均受原物的分配，卻顯然有困難的話，也可以將原物只分配給部分的共有人；沒有分配到的人，或是不能按照應有部分受到分配的人，就以金錢來補償（§824 II ①）。

②變價分配

當原物分配顯然有困難的時候，就可以變賣共有物，以共有物賣得的價金，分配給各共有人；或以原物的其中一部分分配給各共有人，把沒有分配的部分拿去變賣，再將所得的價金分配給各共有人（§824 II ②）。

（四）分得物之擔保責任

各共有人，對於他共有人因分割而得之物，按照各自的應有部分，跟出賣人負擔一樣的擔保責任（§825）。

裁判分割

實例 甲、乙、丙三人共同擁有一塊背山面海的A地。在當初買下A地時，三人曾約定：「十年內不分割A地。」第六年時，甲想要分割，且想要靠海的部分，但乙、丙均想要靠海的部分。協議不成，乙最後訴請法院裁判分割。但法院將靠海1/3的土地分配給丙，中間的1/3給乙，靠山的1/3給甲。請問法院的分割是否合法？

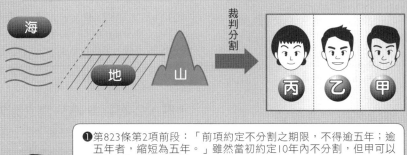

❶第823條第2項前段：「前項約定不分割之期限，不得逾五年；逾五年者，縮短為五年。」雖然當初約定10年內不分割，但甲可以在第五年後請求分割。

❷第824條第2項第1款：「分割之方法不能協議決定，或於協議決定後因消滅時效完成經共有人拒絕履行者，法院得因任何共有人之請求，命為下列之分配：一、以原物分配於各部分共有人。但各共有人均受原物料之分配顯有困難者，得將原物分配於部分共有人。」本題法院乃以原物分配的方式分割，原則上合法。

共有物分割之擔保責任

實例 A、B共有土地100坪，每坪1萬元，共計100萬元，雙方應有部分均等。經分割後，A方知道分割所得50坪為C所有。A因為C追奪其分得50坪，A不能享受50坪的所有權。

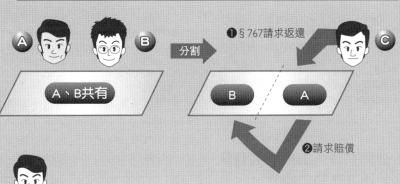

第825條：「各共有人，對於他共有人因分割而得之物，按其應有部分，負與出賣人同一之擔保責任。」故B應負A損失的50萬元。

UNIT **4-15** 公同共有

(一) 公同共有關係及其權利

「公同共有關係」,是指依法律規定、習慣或法律行為,成一公同關係的數人,基於其公同關係,而共有一物的人,就是「公同共有人」(§827 I)。例如:A、B、C公同共有未分割遺產、合夥人公同共有合夥財產。

(二) 依法律規定或習慣

公同關係的成立,所稱的習慣,例如:最高法院19年上字第1885號判例的祭田、18年上字第1473號判例的祀產、39年台上字第364號判例的祭祀公業、42年台上字第1196號判例的同鄉會館、93年台上字第2214號判例的家產,都屬於習慣。依法律行為成立的公同關係,以有法律規定或習慣為限(§827 II)。依法律行為而成立的公同關係,其範圍,不宜誤解為依法律行為可以任意成立公同關係,明定此種公同關係以有法律規定,例如:第668條,或習慣者為限。

(三) 公同共有人的權利

各公同共有人的權利,可以及於公同共有物的全部(§827 III)。蓋在公同,仍是物的全部所有權屬於共有人的全體,因此各公同共有人的權利,及於公同共有物的全部。

(四) 公同共有人的權利義務與公同共有物之處分

公同共有人的權利義務,依「公同關係」所由成立的法律、法律行為或習慣來決定(§828 I)。關於共有物之管理,共有物對於第三人的權利,共有物「使用」、「管理」、「分割」或「禁止分割」的約定,對繼受人的效力等規定,準用第820條、第821條及第826條之1規定(§828 II)。公同共有物的處分,以及其他的權利行使,除非法律有另外的規定,不然應該要得到全體公同共有人的同意才可以(§828 III)。

(五) 公同共有物分割之限制

在「分別共有」的狀態,原則上各共有人可以隨時請求分割共有物,但公同共有則不一樣。只要是在公同關係還存續的時候,各個公同共有人,就不能請求分割公同共有物(§829)。公同共有的存在,是為了使公同關係的目的,能夠更容易達成,因此公同關係存續中,不能不維持公同共有的狀態,各公同共有人,自然不能請求分割公同共有物。

(六) 公同共有之消滅及公同共有物之分割

公同共有的關係,自公同關係終止,或因公同共有物的讓與而消滅(§830 I)。「公同共有」本身是基於「公同關係」而存在,所以如果一旦「公同關係終止」,「公同共有」當然就會隨之而消滅。例如:合夥解散、共同繼承人分割遺產,由這類關係而生的共同財產,各共有人即因分割而分得部分,取得單獨所有權,公同共有關係因此而消滅。

法律上之公同共有

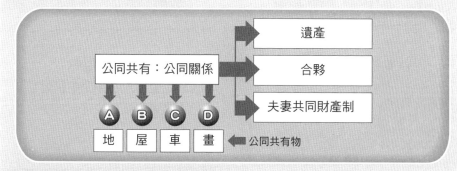

公同共有：公同關係 → 遺產

公同共有：公同關係 → 合夥

公同共有：公同關係 → 夫妻共同財產制

A B C D

地 屋 車 畫 ← 公同共有物

公同共有人的權利行使

實例 甲死亡後，由子女乙、丙、丁共同繼承。遺產之中有一筆土地A地，被戊無權占用，乙可否單獨起訴戊請求返還？

甲 歿

無權占用 → 戊

乙 丙 丁

A地

第828條第2項：「第八百二十條、第八百二十一條及第八百二十六條之一規定，於公同共有準用之。」故準用第821條：「各共有人對於第三人，得就共有物之全部為本於所有權之請求。但回復共有物之請求，僅得為共有人全體之利益為之。」乙可單獨請求戊，返還土地給全體公同共有人。

公同共有之分割

實例 甲死亡後，由子女乙、丙、丁共同繼承。乙、丙想要分割遺產，丁不同意，可否請求分割？

甲 歿

乙 丙 丁

可否請求分割遺產？

第829條：「公同關係存續中，各公同共有人，不得請求分割其公同共有物。」但第1164條前段：「繼承人得隨時請求分割遺產。」乃特別規定。故乙、丙可隨時請求法院裁判分割。

UNIT **4-16**
地上權（一）

（一）用益物權

用益物權，是對不動產為使用、收益的物權，包括在他人土地上建築房屋（地上權）、種植竹木（農育權）、通行他人土地（不動產役權），或使用居住他人土地或房屋（典權）。

（二）地上權

稱普通地上權者，謂以在他人土地之上下有建築物或其他工作物為目的而使用其土地之權（§832）。「地上權」的標的是土地，而不是建築物或工作物。因此地上權不會因建築物或工作物的滅失而消滅（§841）。

（三）地上權的取得

取得地上權之方法，有下列數種：

❶以法律行為設定或受讓

地上權基於法律行為而取得，即藉由設定或移轉取得。地上權的「設定」或「移轉」，均是不動產物權行為，須以書面來進行，經登記才會生效（§758）。

❷基於法律規定而取得

地上權是「取得時效」的適用客體，所以可以時效取得（§772準用§769、§770）；此外，於抵押物拍賣時，有法定地上權之規定（§876）。

❸基地租賃所生地上權設定

租用基地建築房屋，承租人在契約成立之後，可以請求出租人做地上權的登記，這是為了要保障基地承租人而設（§422-1、土§102）。

（四）地上權人的權利

❶依約定使用方法進行使用收益

地上權人應依設定之目的及約定之使用方法，為土地之使用收益；未約定使用方法者，應依土地之性質為之，並均應保持其得永續利用。前項約定之使用方法，非經登記，不得對抗第三人（§836-2）。地上權人違反前條第1項規定，經土地所有人阻止而仍繼續為之者，土地所有人得終止地上權。地上權經設定抵押權者，並應同時將該阻止之事實通知抵押權人（§836-3）。

❷地上權之讓與

地上權人得將其權利讓與他人或設定抵押權。但契約另有約定或另有習慣者，不在此限。前項約定，非經登記，不得對抗第三人。地上權與其建築物或其他工作物，不得分離而為讓與或設定其他權利（§838）。

（五）地上權人的義務

❶租金繳納

地上權的設定，通常為有償，對價稱為地租。地租的支付是地上權人的主要義務。地上權人縱因不可抗力，妨礙其土地之使用，不得請求免除或減少租金（§837）。

❷預付地租

土地所有權讓與時，已預付之地租，非經登記，不得對抗第三人（§836-1）。

地上權

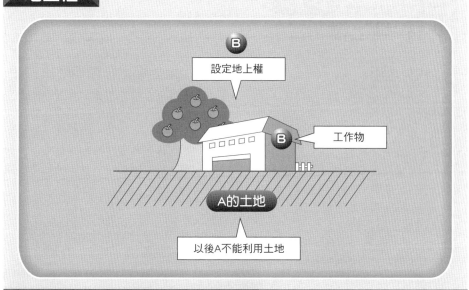

設定地上權

工作物

A的土地

以後A不能利用土地

地上權讓與及土地使用方式

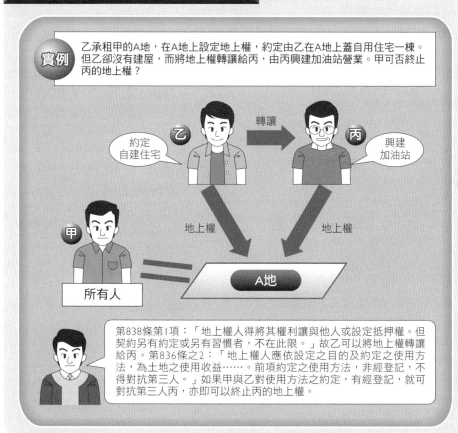

實例 乙承租甲的A地，在A地上設定地上權，約定由乙在A地上蓋自用住宅一棟。但乙卻沒有建屋，而將地上權轉讓給丙，由丙興建加油站營業。甲可否終止丙的地上權？

約定
自建住宅

乙

轉讓

丙

興建
加油站

甲

所有人

地上權

地上權

A地

第838條第1項：「地上權人得將其權利讓與他人或設定抵押權。但契約另有約定或另有習慣者，不在此限。」故乙可以將地上權轉讓給丙。第836條之2：「地上權人應依設定之目的及約定之使用方法，為土地之使用收益……。前項約定之使用方法，非經登記，不得對抗第三人。」如果甲與乙對使用方法之約定，有經登記，就可對抗第三人丙，亦即可以終止丙的地上權。

UNIT *4-17* 地上權（二）

（一）積欠地租

地上權人積欠地租達2年之總額，除另有習慣外，土地所有人得定相當期限催告地上權人支付地租，如地上權人於期限內不為支付，土地所有人得終止地上權。地上權經設定抵押權者，並應同時將該催告之事實通知抵押權人（§836 I）。地租之約定經登記者，地上權讓與時，前地上權人積欠之地租應併同計算。受讓人就前地上權人積欠之地租，應與讓與人連帶負清償責任（§836 II）。

（二）地上權的拋棄

地上權如果沒有約定支付地租，地上權人得隨時拋棄其權利（§834），但如果有支付地租的約定，在拋棄地上權時，則有應盡的義務：

❶地上權定有期限

地上權定有期限，而有支付地租之約定者，地上權人得支付未到期之3年分地租後，拋棄其權利（§835 I）。

❷地上權未定有期限

地上權未定有期限，而有支付地租之約定者，地上權人拋棄權利時，應於1年前通知土地所有人，或支付未到期之1年分地租。（§835 II）。

❸因不可歸責於地上權人的事由

因不可歸責於地上權人之事由，致土地不能達原來使用之目的時，地上權人於支付前二項地租二分之一後，得拋棄其權利；其因可歸責於土地所有人之事由，致土地不能達原來使用之目的時，地上權人亦得拋棄其權利，並免支付地租。（§835 III）。

（三）地上權之存續期間與終止

地上權未定有期限者，存續期間逾20年或地上權成立之目的已不存在時，法院得因當事人之請求，斟酌地上權成立之目的、建築物或工作物之種類、性質及利用狀況等情形，定其存續期間或終止其地上權（§833-1）。

（四）地上權消滅之法律效果

❶工作物的取回

地上權上的工作物是地上權人的所有物，地上權人在地上權消滅的時候當然可以收回，但是應該要回復土地原狀（§839 I）。

❷建築物的補償

地上權人之工作物為建築物者，如地上權因存續期間屆滿而消滅，地上權人得於期間屆滿前，定1個月以上之期間，請求土地所有人按該建築物之時價為補償。但契約另有約定者，從其約定（§840 I）。

（五）區分地上權

由於建築技術進步，土地利用不再侷限於地面，而逐漸向空中與地下發展，由平面化而趨向立體化，產生土地分層利用的結果。民法因而規定「區分地上權」，使土地達到分層立體使用的目的。稱區分地上權者，謂以在他人土地上下之一定空間範圍內設定之地上權（§841-1）。區分地上權人得與其設定之土地上下有使用、收益權利之人，約定相互間使用收益之限制。其約定未經土地所有人同意者，於使用收益權消滅時，土地所有人不受該約定之拘束（§841-2 I）。

圖解民法

積欠地租

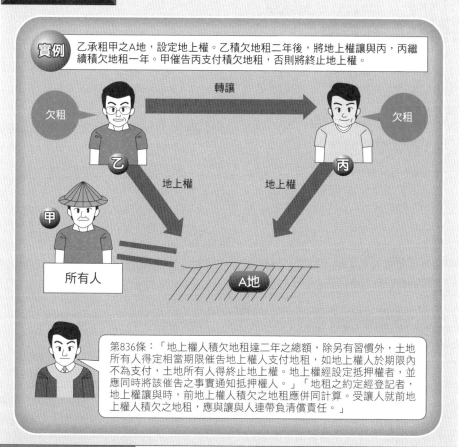

實例 乙承租甲之A地,設定地上權。乙積欠地租二年後,將地上權讓與丙,丙繼續積欠地租一年。甲催告丙支付積欠地租,否則將終止地上權。

轉讓

欠租

欠租

乙

丙

甲

地上權

地上權

所有人

A地

第836條:「地上權人積欠地租達二年之總額,除另有習慣外,土地所有人得定相當期限催告地上權人支付地租,如地上權人於期限內不為支付,土地所有人得終止地上權。地上權經設定抵押權者,並應同時將該催告之事實通知抵押權人。」「地租之約定經登記者,地上權讓與時,前地上權人積欠之地租應併同計算。受讓人就前地上權人積欠之地租,應與讓與人連帶負清償責任。」

區分地上權

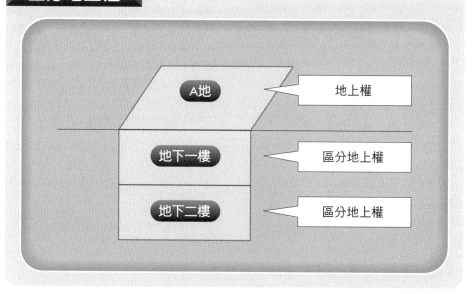

A地 ◁ 地上權

地下一樓 ◁ 區分地上權

地下二樓 ◁ 區分地上權

UNIT **4-18**
農育權

圖解民法

稱農育權者，謂在他人土地為農作、森林、養殖、畜牧、種植竹木或保育之權（§850-1 I）。

（一）農育權的期限

農育權的期限如果過於長久，將對於公益有損害，應以20年為最長期限。如果訂約期間超過20年，也應該縮短為20年。但是以造林、保育為目的，實務上常發生須超過20年才能達到目的，或法令另外有規定，為了顧到事實，例外允許有超過20年（§850-1 II）。

（二）未定期限農育權的終止

農育權如果沒有定期限時，除以造林、保育為目的者外，只要在6個月前通知另一方當事人，當事人就可以隨時終止（§850-2 I、II）。而如果是以造木、保育為目的而沒有定期限，沒有相當的存續期間，就無法達到土地利用的目的，因此土地所有人或農育權人可以請求法院斟酌各種狀況，來決定農育權的存續期間；或是在造林、保育的目的不存在的時候，法院可以終止其農育權（§850-2 III）。

（三）農育權的讓與

農育權是財產權的一種，農育權人原則上可以自由處分權利，只要有經過地政機關登記，並能夠對抗第三人。可是契約另有約定或另有習慣，那應該順從約定或者習慣（§850-3 I、II）。因為農育權而設置在土地上的農育工作物，例如：水塔、倉庫，應該和農育權互相結合，才能發揮它的經濟作用，所以二者不可以分離而為讓與、設定其他權利，

例如：農育工作物不可以單獨設定典權（§850-3 III）。

（四）土地和農育工作物出租的禁止

土地所有人設定農育權於農育權人，大都注重在農育權人能夠有效使用土地。假如農育權人把土地出租給他人，會使得農地利用關係複雜化，並且和土地所有人同意設定農育權的原意不相符合。因此農育權人不能將土地或農育工作物出租於給別人。但要是另外有習慣，例如：倉庫的短期出租，自然應該適當地遵從習慣（§850-5 I）。

（五）農育權土地的使用方法

農育權人使用土地不僅應依設定目的和約定的方法，也該保持土地的生產力；而不能使土地發生無法回復原狀的變更、過度利用、戕害它自我更新的能力，以避免自然資源的枯竭，例如：某種除草劑連年使用，有害土地的自我更新能力時，就不可以任意施用（§850-6 I）。農育權人違反這項義務，經過土地所有人阻止而且仍繼續的話，土地所有人就可以終止農育權（§850-6 II）。

（六）減免地租的請求

農育權有支付地租之約定者，農育權人因不可抗力致收益減少或全無時，得請求減免其地租或變更原約定土地使用之目的（§850-4 I）。前項情形，農育權人不能依原約定目的使用者，當事人得終止之（§850-4 II）。

農育權設定

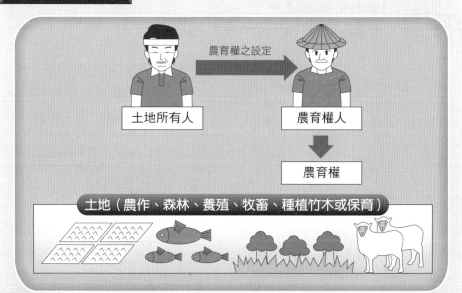

農育權之設定

土地所有人 → 農育權人

農育權

土地（農作、森林、養殖、牧畜、種植竹木或保育）

土地和農育工作物出租的禁止

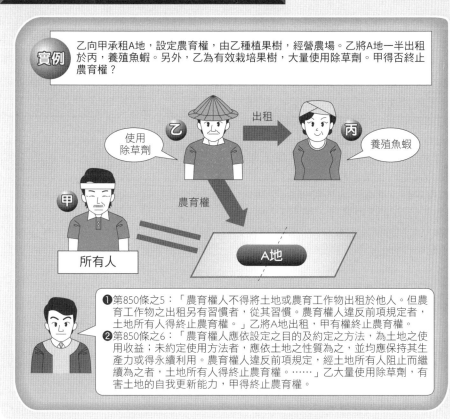

實例 乙向甲承租A地，設定農育權，由乙種植果樹，經營農場。乙將A地一半出租於丙，養殖魚蝦。另外，乙為有效栽培果樹，大量使用除草劑。甲得否終止農育權？

使用除草劑　乙　出租　丙　養殖魚蝦

甲　所有人　農育權　A地

❶第850條之5：「農育權人不得將土地或農育工作物出租於他人。但農育工作物之出租另有習慣者，從其習慣。農育權人違反前項規定者，土地所有人得終止農育權。」乙將A地出租，甲有權終止農育權。

❷第850條之6：「農育權人應依設定之目的及約定之方法，為土地之使用收益；未約定使用方法者，應依土地之性質為之，並均應保持其生產力或得永續利用。農育權人違反前項規定，經土地所有人阻止而繼續為之者，土地所有人得終止農育權。……」乙大量使用除草劑，有害土地的自我更新能力，甲得終止農育權。

UNIT **4-19**
不動產役權（一）

圖解民法

「不動產役權」，過去又稱為「地役權」，是以在他人不動產提供自己不動產通行、汲水、採光、眺望、電信或其他以特定便宜之用為目的的權利（§851）。其中，「需役不動產」就是需要使用他人土地者，而「供役不動產」，就是提供土地供他人土地使用者。而所謂的「不動產役權人」，亦即「需役不動產」之所有權人。例如：A為了要可以遠眺住家前方的美景，和前面空地的所有人B簽訂「遠眺地役權」契約，請求B在他的土地上如果要蓋房子，則建物不可高於多少公尺，以免妨礙其景觀。

（一）登記之排他性與優先效力

不動產役權之設定須經登記，雙方土地所有人可以約定租金，亦作為設定不動產役權的交換條件。同一不動產上有不動產役權與以使用收益為目的之物權同時存在者，其後設定物權之權利行使，不得妨害先設定之物權（§851-1），例如：一塊土地上設定不動產役權後又設定地上權，其地上權之行使不得妨礙不動產役權，前述案例中，如果A給B設定不動產役權後，又設定地上權給C，C在行使地上權時，不得妨礙B的不動產役權。

（二）不動產役權的從屬性

不動產役權是為提供需役不動產便益而存在的物權，所以不動產役權應該從屬需役不動產不可以分離，當不動產役權移轉時，假如當事人沒有特別約定，應該和不動產的所有權一併移轉，但是不可以僅僅以不動產役權讓與他人或者作為其他權利的標的物（§853）。

（三）不動產役權的不可分性：需役不動產分割的效力

不動產役權是需役不動產的便利和利益而使用的物權，有不可分的性質，所以分割需役地或者是將需役地的一部讓與時，不動產役權仍然為各部分而繼續存在。然而不動產役權的性質，有僅僅關於土地的一部分的話，則是例外，其不動產役權不為各部而繼續存在，僅僅為一部分而繼續存在（§856）。

（四）不動產役權的不可分性：供役不動產分割的效力

供役不動產經分割者，不動產役權就其各部分仍為存續。但不動產役權之行使，依其性質祇關於供役不動產之一部分者，僅對於該部分仍為存續（§857），例如：甲地所有人在乙地有通行不動產役權，嗣後乙地分割A、B兩地時，甲地所有人仍對該A、B兩地有行使通行權；但若僅需通過A地時，則僅對於A地有通行權。

眺望不動產役權

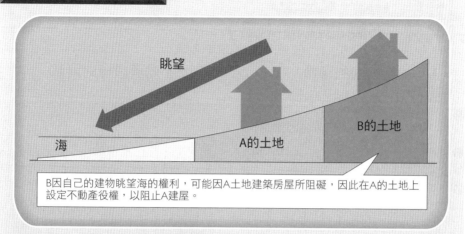

眺望

海　　　　A的土地　　　B的土地

B因自己的建物眺望海的權利，可能因A土地建築房屋所阻礙，因此在A的土地上設定不動產役權，以阻止A建屋。

不動產役權與從屬性

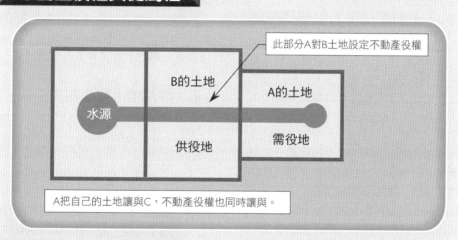

此部分A對B土地設定不動產役權

B的土地

A的土地

水源

供役地　　　　需役地

A把自己的土地讓與C，不動產役權也同時讓與。

需役不動產之分割

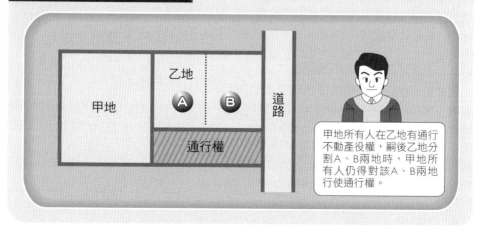

乙地

甲地　　Ⓐ　　Ⓑ　　道路

通行權

甲地所有人在乙地有通行不動產役權，嗣後乙地分割A、B兩地時，甲地所有人仍得對該A、B兩地行使通行權。

UNIT **4-20**
不動產役權（二）

圖解民法

（一）不動產役權的種類

不動產役權可依不同類型區分為：
❶作為不動產役權（如通行、汲水）與不作為不動產役權（如不排放廢水）。
❷繼續不動產役權（如通行、汲水）與不繼續不動產役權（如鄰地放牧）。
❸表見不動產役權指不動產役權的行使，依一定的事實而表現於外部，如通行、汲水；反之不能表現於外部者，如採光，眺望地役權則為不表見不動產役權。

（二）不動產役權人的必要附隨行為權

不動產役權人因行使或維持權利，可以作一些必要的附隨行為。但應該要選擇對於「供役不動產」損害最少的處所及方法來做（§854）。不動產役權人為了遂行其權利的目的，在行使其不動產役權或者是維持其不動產役權起見，有需要做額外必要行為時，學者稱這個必要行為是「附隨不動產役權」，並且認為它和「主不動產役權」同其命運。所以必要行為並不是指行使不動產役權的行為，乃是行使不動役權以外的另外一個概念，假如汲水不動產役權在必要時，可以埋設涵管，或者是通行的附隨行為，就是適當的例子。

（三）不動產役權人的義務

不動產役權人因行使權利而為設置者，有維持其設置之義務；其設置由供役不動產所有人提供者，亦同。（§855 I）。供役不動產所有人於不妨礙不動產役權行使的範圍內，也可以使用其地上存在的工作物，並且應該按照它受益的程度，分擔維持設置的費用（§855 II）。

（四）不動產役權的消滅

不動產役權有不必要存續的時候，或是因為情事變更沒有存在的可能，應該使供役不動產所有人，可以聲請法院宣告不動產役權消滅，以保護其利益（§859 I）。再者不動產役權原來已經支付對價的話，不動產役權消滅時，不動產役權人可以依照不當得利的規定，向供役不動產所有人請求返還超過部分的對價。不動產役權因需役不動產滅失或不堪使用時，不動產役權當然消滅，不必等法院做形成判決的宣告（§859 II）。例如：若需役地因嚴重水災、土地流失，則不動產役權當然消滅。

（五）準用地上權之規定

不動產役權與地上權均使用他人土地之物權，性質近似，因此增訂第834條至第836條之3規定，於不動產役權準用之。

包含不動產役權的拋棄、地租的增減、積欠地租時不動產役權的終止、不動產役權讓與時預付地租對第三人之效力、不動產役權人為不動產使用收益的方法及其違反時不動產所有人得終止地上權等問題。

（六）就自己不動產之設定

不動產役權，亦得就自己之不動產設定之（§859-4）。

不動產役權與鄰地通行權比較

	不動產役權	鄰地通行權
成立不同	雙方當事人因契約所生為意定，但以登記為必要	土地所有權能之擴張或限制，為法定，不以登記為必要
是否為獨立物權	因供役不動產設定物權而受限制，為獨立物權	鄰地通行權並非使通行人取得獨立之定限物權，僅為所有權權能之限制或擴張，非獨立之權利
機能不同	不限制為相鄰不動產，可供特定目的之使用	以相鄰不動產為限，且鄰地之利用僅為最低必要限度
內容不同	可將土地所有人通行的權利獨立化，亦可禁止相鄰關係之所有權擴張	僅土地所有人通行之權利

必要附隨行為

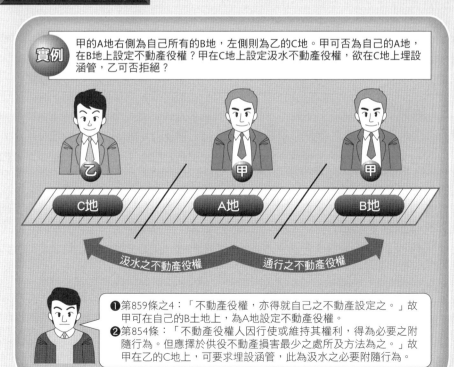

實例　甲的A地右側為自己所有的B地，左側則為乙的C地。甲可否為自己的A地，在B地上設定不動產役權？甲在C地上設定汲水不動產役權，欲在C地上埋設涵管，乙可否拒絕？

汲水之不動產役權　　　通行之不動產役權

❶第859條之4：「不動產役權，亦得就自己之不動產設定之。」故甲可在自己的B土地上，為A地設定不動產役權。

❷第854條：「不動產役權人因行使或維持其權利，得為必要之附隨行為。但應擇於供役不動產損害最少之處所及方法為之。」故甲在乙的C地上，可要求埋設涵管，此為汲水之必要附隨行為。

UNIT *4-21* 典權

（一）典權的定義

所謂的「典權」，就是支付典價，在他人的不動產為使用、收益，對方不回贖時，取得該不動產所有權的權利（§911）。此時，「典權人」，就是支付典價、使用他人不動產之人；「出典人」就是該不動產所有權人；「典物」就是該被設定典權的不動產。

（二）典權之期限

典權約定不得超過30年，超過30年的話，就縮短成30年（§912）。如果定有期限，在期限屆滿後，出典人可以用原價贖回典物，出典人在點期屆滿後，經過2年，不以原典價回贖典物的話，典權人即可取得典物的所有權（§923）。典權沒有定期限，則出典人隨時可以依原典價回贖典權，但如果經過30年不回贖的話，典權人即可取得典物的所有權（§924）。

（三）絕賣的限制

不動產的典價通常比典物的價額還低，債權人往往乘機利用，附加到期不贖就作絕賣的條款，實在無法保護債務人的利益，因此典權的約定期限如果不滿15年，就不可以附有到期不贖就作「絕賣」的條款（§913 I）。如果典權附有絕賣條款的話，出典人在典期屆滿，不用原典價回贖的時候，典權人就可以取得典物所有權（§913 II）。在這裡所說的「取得所有權」，性質上屬於「繼受取得」。當事人的約定中有絕賣條款的話，要經過登記後才會發生物權的效力，也才能對抗第三人（§913 III），所以土地和物權的受讓人或其他第三人，例如：抵押權人，會受到拘束。

（四）典物的讓與

典物所有權，屬於出典人所有，自然可以將所有權讓與他人，但典權人並不因為典物的讓與而受到影響，對於受讓人仍然可以主張權利（§918）。

（五）典權人留買權與找貼

當出典人將典物出賣給其他人時，典權人有以相同條件「留買」的權利，也因此出典人應用書面通知典權人。典權人在收到通知後10日內，如果不以書面表示要留買的話，就視為拋棄權利（§919）。出典人於典權存續中，表示讓與其典物之所有權於典權人者，典權人得按時價找貼，取得典物所有權。前項找貼，以一次為限（§926）。

（六）危險分擔 —— 非常事變的責任

如果典物因為天災、地變等不可抗力，導致全部或一部分滅失的話，為了避免糾紛，所以滅失部分的典權和回贖權，都會歸於消滅（§920 I）。出典人回贖典物餘存部分時，可以依照滅失的時候典物滅失部分的價值的比例來扣減原典價（§920 II）。物權會因為標的物滅失而消滅，可是為了保護典權人的權益，典物因為不可抗力，而導致滅失全部或一部分的話，特別給予重建或修繕的權利，這種時候，原來典權會繼續存在重建的標的物上（§921）。

典權關係

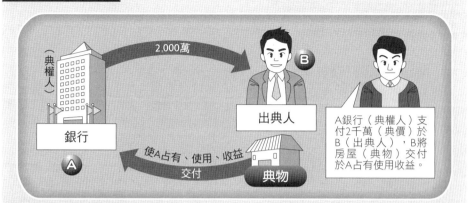

2,000萬

（典權人）

銀行 Ⓐ

使A占有、使用、收益
交付

出典人 Ⓑ

典物

A銀行（典權人）支付2千萬（典價）於B（出典人），B將房屋（典物）交付於A占有使用收益。

典權讓與

甲 出典人

出典A屋

乙 典權人

轉讓所有權

讓與典權

丙

典權關係存續中，出典人可將典物所有權轉讓，典權人也可將典權轉讓。

丁

典物滅失與比例

實例 出典房屋一棟，典價是180萬元，因不可抗力以至於房屋一部分滅失，經過估價計算滅失的時候房屋價值是600萬元，滅失部分是360萬元。

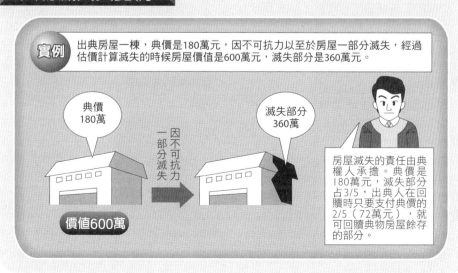

典價180萬

因不可抗力一部分滅失

滅失部分360萬

價值600萬

房屋滅失的責任由典權人承擔。典價是180萬元，滅失部分占3/5，出典人在回贖時只要支付典價的2/5（72萬元），就可回贖典物房屋餘存的部分。

UNIT **4-22** 擔保物權

(一)擔保物權的意義

「擔保物權」的社會功能在擔保債權的實現,就是以確保債務的清償為目的,而在債務人或者是第三人提供的特定物或者是權利上所設定的一種限定物權。詳細來說,在所擔保債務屆期,但卻沒有獲清償時,擔保物權人得就擔保物取償。通常是依強制執行程序拍賣,並就拍得價金而優先受償,這種「優先受償權」同時也能帶給債務人一定心理壓力,讓債務人及早履行債務。

民法上的擔保物權,有抵押權、質權、留置權三種;於動產擔保交易法,尚有動產抵押權。

(二)擔保物權的特性

「擔保物權」,是屬於一種「價值權」,也就是說所支配的並非「標的物」,而是支配標的物的「交換價值」。這是因為本來是為了要擔保債權人的債權能獲完全清償,所以,對債權人來說,支配債務人或第三人所提出的「標的物」其實並沒有實益,有意義的是支配「標的物」的交換價值,才能使債權獲清償。又因此基於具價值權的性質,又可導出下列三種特性:

❶從屬性

為了擔保債權人的債權能獲清償,所以擔保物權的效力,必須要附隨著債權,詳細來說是:

①成立從屬性

指擔保物權的成立,要以有效存在的債權為前提。當然也有例外,例如:最高限額抵押權。

②移轉從屬性

指擔保物權所擔保的債權移轉時,擔保物權也會跟著移轉。

③消滅從屬性

擔保物權既然是為了擔保債權的實現,所以如果債權已經消滅的話,那麼擔保物權就沒有擔保的對象,當然就跟著消滅。

❷不可分性

在債權人的債權獲得全部實現前,債權人得就擔保物之「全部」行使其權利。也可以說,擔保物權不會因債權的一部消滅,就限縮範圍,還是可以對擔保物的全部價金取償,又可分為:

①債權一部移轉或消滅

以抵押權擔保之債權,如經分割或讓與其一部,其抵押權不因此而受影響(§869 I)。而債權的部分讓與時,債權的擔保及其他從屬的權利,也就會隨同移轉給受讓人,因此債權人對債務人都有擔保物權,而處於「準共有」的狀態(§295 I)。

②債務的一部讓與或分割。

③標的物的一部讓與或分割。

❸物上代位性

當擔保物滅失時,依擔保物權的「從屬性」,擔保物權本來應該要隨之消滅,但如因此有賠償金存在時,為了保護債權人,應該認為也是在擔保物權影響所及的範圍內。

擔保物權之類型

內容 事項	性質	種類	客體	發生	標的物占有
抵押權	定限物權	❶普通抵押權 ❷最高限額抵押權	不動產	❶意定 ❷法定	不占有
		其他抵押權（權利抵押）	農育權 地上權 典權	意定	
質權	定限物權	❶動產質權	動產	意定	占有
		❷權利質權	債權及其他可讓與的權利		不占有
留置權	定限物權	動產		法定	占有

擔保物權消滅從屬性

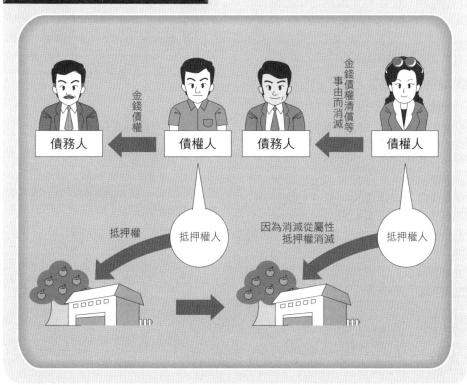

UNIT **4-23** 抵押權（一）

圖解民法

（一）普通抵押權

「普通抵押權」是債權人對於債務人或第三人不移轉占有，而供債權擔保的不動產，可以對這個不動產賣得價金取得「優先受償」的權利（§860）。所謂「優先受償」，就是附有抵押權的債權人，可以比無抵押權的債權人優先受償。

設定抵押權的人稱為「抵押人」，享有抵押權的人稱為「抵押權人」。例如：甲向乙銀行貸款1,000萬元，甲以自有的工廠，並委請友人丙提供A地與B地為乙設定抵押權，以擔保此項債務清償。在此情形，乙為債權人（抵押權人），甲為債務人與抵押人，丙亦為抵押人（稱物上保證人）。甲如屆期不清償債務時，乙得拍賣抵押物，而受清償。

（二）抵押權的特性

❶抵押權之從屬性

從屬性可分成三方面：①發生上的從屬：「抵押權」為「擔保物權」，也是一種「從物權」，因此以有「主債務」存在為前提；②處分上的從屬：抵押權不得與其所擔保之債權分離而單獨讓與，或單獨為其他債權之擔保（§870）；③消滅上的從屬：抵押權所擔保的債權，因為清償、提存、抵銷、免除等原因，而全部消滅時，抵押權也會隨之消滅。

❷抵押權的不可分性

①抵押物分割

抵押的不動產如果經過分割，或讓與其中一部分，或擔保一債權的數不動產，而將其一讓與他人，抵押權不會因此而受影響（§868）。例如：A有土地10萬平方公尺，提供給債權人B為借款的抵押擔保，之後A將其中5萬平方公尺出賣給C，A借款到期，無法償還，B可以聲請法院拍賣A與C的土地。

②債權分割

以抵押權擔保的債權，如經分割或讓與其中一部分，或債務分割或承擔一部時，抵押權都不因此而受影響（§869）。債務之一部分割和債務承擔同樣屬於債之移轉，均有擔保物權不可分性的適用。

❸抵押權之代位性

抵押權除法律另有規定外，因抵押物滅失而消滅。但抵押人因滅失得受賠償或其他利益者，不在此限（§881）。抵押權人得就該賠償或賠償金行使權利，稱為抵押權之（物上）代位性，該賠償或賠償金即成「抵押物之代位物」。抵押權人對於抵押人所得行使的賠償，或其他請求權，有權利質權，其次序與原抵押權同（§881 II）。

（三）抵押權之實行

抵押權的作用是擔保債權。若抵押權人，於債權已屆清償期，而未受清償者，得聲請法院，拍賣抵押物，就其賣得價金而受清償（§873）。

抵押權基本關係

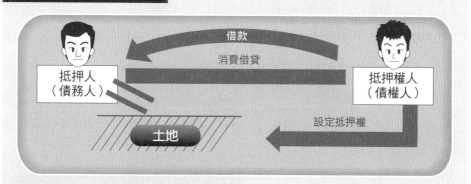

抵押權處分上的從屬性

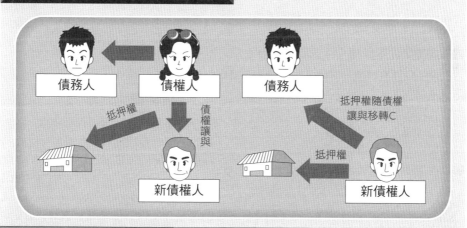

抵押權不可分性

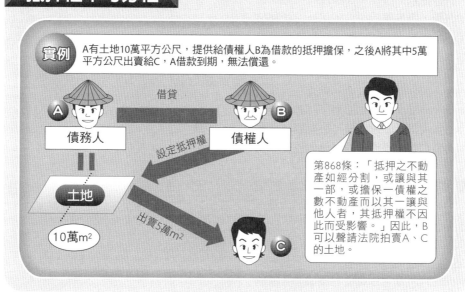

實例　A有土地10萬平方公尺，提供給債權人B為借款的抵押擔保，之後A將其中5萬平方公尺出賣給C，A借款到期，無法償還。

第868條：「抵押之不動產如經分割，或讓與其一部，或擔保一債權之數不動產而以其一讓與他人者，其抵押權不因此而受影響。」因此，B可以聲請法院拍賣A、C的土地。

UNIT *4-24*
抵押權（二）

圖解民法

（一）抵押權的效力範圍

抵押權所擔保者為原債權、利息、遲延利息、違約金及實行抵押權之費用。但契約另有約定者，不在此限（§861）。

❶從物及從權利

抵押權之效力，及於抵押物之從物與從權利（§862 I）。不過，第三人在抵押權設定前，就從物取得的權利，不能及於從物及從權利，例如：動產質權（§862 II）。

❷附加建築物不具獨立性之部分

以建築物為抵押者，其附加於該建築物而不具獨立性之部分，亦為抵押權效力所及。但其附加部分為獨立之物，如係於抵押權設定後附加者，準用第877條之規定（§862 III）。

❸抵押物滅失之殘餘物及分離物

抵押物滅失之殘餘物，仍為抵押權效力所及。而為抵押物之成分，非依物之通常用法而分離成為獨立之動產者，亦為抵押權效力所及（§862-1 I）。抵押物滅失，而有殘餘物時，例如：抵押的建築物倒塌，而成為動產，從經濟上來說，應該屬於抵押物的「變形物」。

又抵押物的成分，不是依照物的通常用法，因分離而獨立成為動產，例如：從抵押建築拆取的交趾陶，其較諸因抵押物滅失而得受的賠償，更是屬於抵押物的變形物，學者通說以為仍然應該為抵押權所及。

❹天然孳息與法定孳息

抵押權之效力，及於抵押物扣押後自抵押物分離，而得由抵押人收取之天然孳息（§863）。抵押物所有人因為扣押，而喪失使用和收益的權能，則抵押權人，自然就可以先於其他債權人來收取抵押物的天然孳息。

「法定孳息」這裡是指房租、地租、佃租。「法定孳息」算是收益的一種，抵押權的本身設定既然不妨礙抵押人對抵押物的收益權，那麼法定孳息原則上不應在抵押效力範圍內，但如果抵押權人已經著手實行抵押權時，那基於跟天然孳息同一個理由，法定孳息也應該列入抵押權效力範圍內。不過，抵押權人，非以扣押抵押物之事情，通知應清償法定孳息之義務人，不得與之對抗（§864）。

（二）抵押權之次序

不動產所有人，因擔保數債權，而對同一個不動產設定數個抵押權，這個次序就依登記的先後來決定（§865）。

例如：A對B欠100萬元，對C欠100萬元，對D欠100萬元，A以一間300萬元的房屋作B、C、D的債務擔保，B登記為第一順位抵押權人，C登記為第二順位抵押權人，D登記為第三順位抵押權人，債務到期，A無法返還欠款。A的房屋拍賣後只得200萬元，拍賣所獲得之價金，以登記順序優先返還B，再返還C，D就無法取得拍賣的款項。

抵押權擔保範圍

	❶原債權	是指原本的債權。
抵押權所擔保的，除了契約另有約定外，還有5種類型（§861I）	❷利息	是指由原本債權所生的「法定孳息」，亦即所約定的借款利息。
	❸遲延利息	指金錢債務履行遲延時，債權人所得請求的法定利息，這雖然名為利息，實際則是損害賠償的一種。
	❹違約金	
	❺實行抵押權的費用	是指抵押權實行時，聲請費用及拍賣費用。

抵押權之效力及於從權利

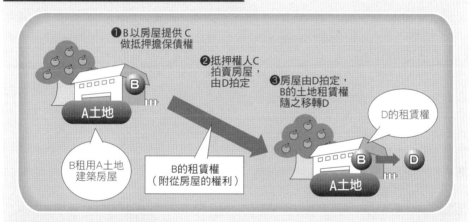

❶B以房屋提供C做抵押擔保債權

❷抵押權人C拍賣房屋，由D拍定

❸房屋由D拍定，B的土地租賃權隨之移轉D

A土地

B租用A土地建築房屋

B的租賃權（附從房屋的權利）

D的租賃權

A土地

抵押權之次序

實例 A對B欠100萬，對C欠100萬元，對D欠100萬元，A以一間300萬元的房屋作B、C、D的債務擔保，B登記為第一順位抵押權人，C登記為第二順位抵押權人，D登記為第三順位抵押權人。A的房屋拍賣後只得200萬元。

A 抵押人

B	第一順位抵押權人	100萬
C	第二順位抵押權人	100萬
D	第三順位抵押權人	100萬

第一順位抵押權人B優先受償100萬，其次第二順位抵押權人C受償100萬。第三順位抵押權人D則無法分配。

UNIT 4-25
抵押權（三）

圖解民法

（一）其他權利之設定

不動產所有人設定抵押權後，於同一不動產上，得設定地上權或其他以使用收益為目的之物權，或成立租賃關係。但其抵押權不因此而受影響（§866 I）。不動產所有人設定抵押權後，如果抵押權人實行抵押權受有影響，或是在同一個不動產上，成立了不能對抗抵押權的權利，例如：使用借貸，法院可以除去這個權利，或終止租賃關係後拍賣（§866 II、III）。

（二）法定地上權

設定抵押權時，土地及其土地上之建築物，同屬於一人所有，而僅以土地或僅以建築物為抵押者，於抵押物拍賣時，視為已有地上權之設定，其地租、期間及範圍由當事人協議定之。不能協議者，得聲請法院以判決定之（§876 I）。設定抵押權時，土地及其土地上之建築物，同屬於一人所有，而以土地及建築物為抵押者，如經拍賣，其土地與建築物之拍定人各異時，適用前項之規定（§876 II）。

（三）第三人承受權

為債務人設定抵押權之第三人，代為清償債務，或因抵押權人實行抵押權致失抵押物之所有權時，該第三人於其清償之限度內，承受債權人對於債務人之債權。但不得有害於債權人之利益（§879 I）。

（四）抵押權之除斥期間

以抵押權擔保之債權，其請求權已因時效而消滅，如抵押權人，於消滅時效完成後，5年間不實行其抵押權者，其抵押權消滅（§880）。

（五）共同抵押

為同一債權之擔保，於數不動產上設定抵押權，而未限定各個不動產所負擔之金額者，抵押權人得就各個不動產賣得之價金，受債權全部或一部之清償（§875）。

例如：抵押人A用價值各100萬元的二筆不動產，供B的100萬債權設定抵押，而沒有限定每一不動產所負擔的金額。B在實行其權利時，可以隨便選擇任何抵押物付諸拍賣，就其賣得價金而受清償。但，為同一債權之擔保，於數不動產上設定抵押權，抵押物全部或部分同時拍賣時，拍賣之抵押物中有為債務人所有者，抵押權人應先就該抵押物賣得之價金受償（§875-1）。

（六）權利抵押權

「一般抵押權」以物為標的，而「權利抵押權」則是以所有權以外的「不動產物權」、「準物權」作為標的。權利抵押分為：

❶不動產物權

地上權、農育權、典權等三種（§882）。

❷準物權

採礦權、漁業權、水權等三種。地上權、農育權、典權、採礦權和土地所有權，同樣是可以獨立讓與於他人的物權，所以使其得為抵押權的標的物，以增進交易上的便益。

法定地上權

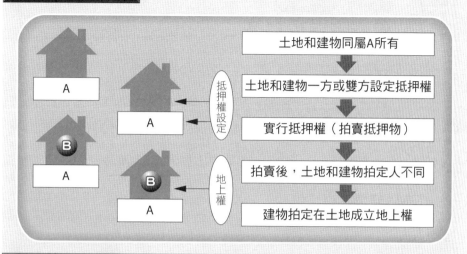

土地和建物同屬A所有

⬇

土地和建物一方或雙方設定抵押權

⬇

實行抵押權（拍賣抵押物）

⬇

拍賣後，土地和建物拍定人不同

⬇

建物拍定在土地成立地上權

抵押權設定

地上權

共同抵押

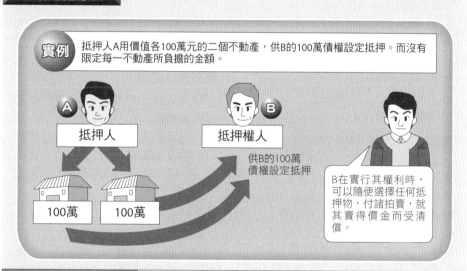

實例 抵押人A用價值各100萬元的二個不動產，供B的100萬債權設定抵押。而沒有限定每一不動產所負擔的金額。

抵押人

抵押權人

供B的100萬
債權設定抵押

100萬　100萬

B在實行其權利時，可以隨便選擇任何抵押物，付諸拍賣，就其賣得價金而受清償。

權利抵押權

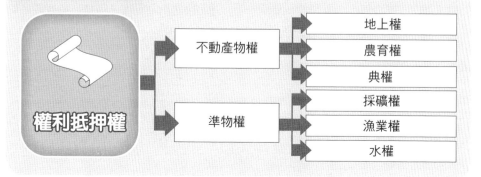

權利抵押權

不動產物權　→　地上權
　　　　　　　→　農育權
　　　　　　　→　典權

準物權　→　採礦權
　　　　→　漁業權
　　　　→　水權

UNIT *4-26*
最高限額抵押權

最高限額抵押權與普通抵押權不同的地方在於，最高限額抵押權的成立，不以債權的存在為必要，所以並不具有從屬性。而其擔保的債權並不固定，只有一個最高限額，在一段期間，債務人可以在最高限額內持續借款。

（一）最高限額抵押權

「最高限額抵押權」是債務人、第三人提供不動產作為「擔保」，就債權人對債務人一定的不特定債權，在最高限額的範圍內設定抵押權（§881-1 I）。以抵押人與債權人間，約定債權人對於債務人現有、將來可能發生最高限額內的不特定債權，就抵押物賣得價金「優先受償」是其特色。

（二）擔保之限制

最高限額抵押權所擔保之債權，以由一定法律關係所生的債權，或基於票據所生之權利為限（§881-1 II）。所謂「一定法律關係」，例如：買賣、侵權行為等，至於「由一定法律關係所生的債權」，當然包括現有及將來可能發生的債權，及因「繼續性法律關係」所發生的債權。「基於票據所生之權利」，如抵押權人係於債務人已停止支付、開始清算程序，或依破產法有和解、破產之聲請或有公司重整之聲請，而仍受讓票據，就不屬最高限額抵押權所擔保的債權。但抵押權人不知其情事而受讓，不在此限（§881-1 III）。

（三）行使權利之範圍

最高限額抵押權所擔保的債權，優先受償的範圍須受「最高限額」的限制，也就是要在最高限額抵押權所擔保的債權確定時，不能超過最高限額範圍內的擔保債權，抵押權才有效力（§881-2 I）。自約定法律關係所發生債權的「利息」、「遲延利息」與「違約金」，當然在擔保債權範圍內，因為這些債權都屬於法律關係過程中，通常所發生的債權，不過這些都應該受到「最高限額」的限制，與債權合計不逾最高限額範圍（§881-2 II）。

（四）原債權應確定期日及期限

最高限額抵押權設定時，債權的金額並不確定，因此可約定一個確定期日，確定所擔保之債權。

❶約定確定期日

最高限額抵押權得約定其所擔保原債權應確定之期日，並得於確定之期日前，約定變更之。前項確定之期日，自抵押權設定時起，不得逾30年。逾30年者，縮短為30年。前項期限，當事人得更新之（§881-4）。

❷未約定確定期日

最高限額抵押權所擔保之原債權，未約定確定之期日者，抵押人或抵押權人得隨時請求確定其所擔保之原債權。前項情形，除抵押人與抵押權人另有約定外，自請求之日起，經15日為其確定期日（§881-5）。

普通抵押權與最高限額抵押權比較

	普通抵押權	最高限額抵押權
擔保標的物	已發生之特定債權	擔保過去、現在、未來所發生之不特定債權
抵押權人（債務人）其他債務	除原擔保債權外，債務人對於抵押權人負有其他債務時，並不予擔保	在存續期間，債務人對其抵押權人所負在最高限額內之一切債務（信用抵押、保證），均可為抵押權擔保效力所及
請求限制	抵押權擔保債權以及利息、違約金	超過最高限額範圍外之利息及違約金，無優先受償效力

擔保債權之確定

實例

甲商人為了經商有資金周轉需求，故甲在92年5月1日，以A地設定最高限額1,000萬的抵押權給乙銀行，約定抵押權確定期日是二年之後。甲在92年間，先借了500萬；93年間，又借款400萬，但還款100萬；在94年4月，又借款150萬，當時並總計利息為70萬元。在94年6月，又借款100萬。請問，最高限額抵押權所擔保的總金額為何？

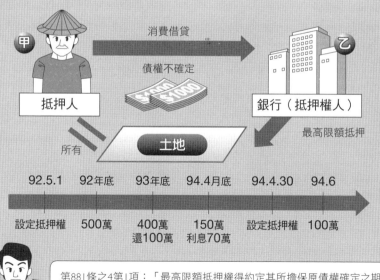

第881條之4第1項：「最高限額抵押權得約定其所擔保原債權確定之期日，並得於確定之期日前，約定變更之。」由於甲與乙約定之抵押權確定期間，總共債權為1,020萬（500+400+150+70-100=1,020）。但此最高限額為1,000萬，故超過之20萬並無優先受償權。

UNIT **4-27**
質權（一）

圖解民法

「質權」是「意定擔保物權」之一，由質權設定人（出質人、物上保證人）移轉其標的物的占有於質權人（受質人），在債權受清償前質權人得留置其標的物，如果沒有獲得清償時，可將留置標的物出賣而受清償。

（一）動產質權

稱動產質權者，謂債權人對於債務人或第三人移轉占有而供其債權擔保之動產，得就該動產賣得價金優先受償之權（§884）。質權所擔保者為原債權，利息、遲延利息、違約金、保存質物之費用、實行質權之費用及因質物隱有瑕疵而生之損害。但契約另有約定者，不在此限（§887Ⅰ）。

（二）設定質權的取得

❶設定取得

質權的設定，因供擔保的動產移轉於債權人占有而生效力（§885Ⅰ）。動產質權以占有由債務人或者是第三人移轉的動產為其成立和存續的要件，所以質權人必須占有質物，才能保全質權的效力。質權人亦不得使出質人或債務人代自己占有質物（§885Ⅱ）。

❷善意取得

受質人以「取得質權」為目的，而善意受讓動產的占有，就算出質人沒有處分其質物的權利，質權人仍取得質權，是為質權的「即時取得」（§886）。例如：A用受寄託的金錶，移交給受質人B，以供債務擔保，此時該受質人，假如是善意，就這個金錶上取得質權。

（三）質權之消滅

❶返還質物

質權的成立和存續，既然以質權人占有質物為必要，則質權人如果任意返還質物給出質人，不問原因如何，質權一概歸於消滅（§897）。

❷喪失質物之占有

質權人喪失其質物之占有，於2年內未請求返還者，其動產質權消滅（§898）。

❸質物消滅與物上代位

動產質權，因質物滅失而消滅。但出質人因滅失得受賠償或其他利益者，不在此限。質權人對於前項出質人所得行使之賠償或其他請求權仍有質權，其次序與原質權同（§899Ⅰ、Ⅱ）。

❹擔保的債權消滅

質權人占有質物乃是因為擔保其債權的清償，因此債權一旦消滅，則質權人就不可以繼續占有質物，必須返還給有受領權的人。受領權人當然是指出質人，但是質物轉讓他人時，則有受領權人就是該他人（§896）。

（四）質權之實行

❶質權人自行拍賣質物

質權人於債權已屆清償期，而未受清償者，得拍賣質物，就其賣得價金而受清償（§893Ⅰ）。

❷聲請法院強制執行

質權人如果不自行拍賣時，事先取得執行名義，就能聲請法院拍賣。

❸流質契約

約定在債權清償期到了之後，卻沒有清償時，質物的所有權移屬於質權人時，稱為流質契約，質權人可以直接取得該物的所有權，並準用第873條之1之規定（§893Ⅱ）。

質權基本關係

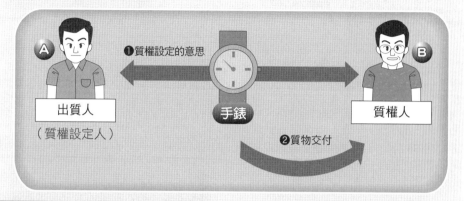

A 出質人（質權設定人）　❶質權設定的意思　手錶　❷質物交付　質權人 B

無權出質與善意受讓

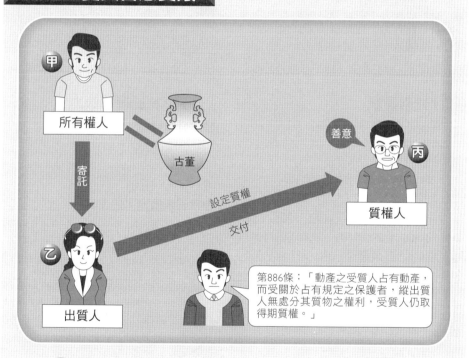

甲 所有權人　古董　善意　丙 質權人

寄託

設定質權　交付

乙 出質人

第886條：「動產之受質人占有動產，而受關於占有規定之保護者，縱出質人無處分其質物之權利，受質人仍取得期質權。」

知識補充站 ★當鋪（營業質）

到當鋪「典當」物品，就是一種設定質權的行為。第899條之2規定：「質權人係經許可以受質為營業者，僅得就質物行使其權利。出質人未於取贖期間屆滿後五日內取贖其質物時，質權人取得質物之所有權，其所擔保之債權同時消滅。前項質權，不適用第八百八十九條至第八百九十五條、第八百九十九條、第八百九十九條之一之規定。」例如：將車子典當給當鋪，約定半年之內贖回，但若超過半年，當鋪將此車拍賣時，不適用第894條應先通知出質人之規定。

UNIT **4-28**
質權（二）

（一）質權人因占有標的物而生的權利義務

質權人應以善良管理人的注意，保管質物。對於輕微過失，也須要負責任（§888 I）。質權人非經出質人之同意，不得使用或出租其質物。但為保存其物之必要而使用者，不在此限（§888 II）。除非契約另有約定，不然質權人就可以收取質物所生的孳息（§889）。質權人有收取質物所生孳息之權利者，應以對自己財產同一之注意收取孳息，並為計算。孳息先抵充費用，有剩再抵充原債權利息，再抵充原債權（§890）。

（二）非常事變

質權人於質權存續中，得以自己之責任，將質物轉質於第三人。其因轉質所受不可抗力之損失，亦應負責（§891）。

（三）權利質權

「權利質權」就是以所有權以外的「財產權」為標的物的「質權」。此種標的物為非有體物，而是權利，例如：債權質，有價證券質等，且可讓與（§900）。權利質權和動產質權性質相同，所以關於權利質權的規定，除了另外有規定，應該準用關於「動產質權」的規定（§901）。

（四）權利質權之設定

依照權利質權的標的物而有所不同：

❶債權質權

以債權為標的物，設定權利質權，例如：以銀行存單設質。而以債權為標的物之質權，其設定應以書面為之（§904 I），且債權有證書者，出質人有交付之義務（§904 II）。

❷證券債權質權

質權以未記載權利人之有價證券為標的物者，因交付其證券於質權人，而生設定質權之效力。以其他之有價證券為標的物者，並應依背書方法為之（§908 I）。例如：股票是有價證券，可以當質權的標的，如果是以無記名式股票來設定質權，則因股票的交付而生質權的效力。

❸以「其他權利」為標的物

以其他權利為標的物設定質權者，應該要依照關於「權利讓與」的規定來進行（§902）。例如：以專利權設質。

（五）權利質權的效力

❶處分質權標的物之限制

為質權標的物之權利，非經質權人之同意，出質人不得以法律行為，使其消滅或變更（§903）。

❷第三人債務人之清償

為質權標的物之債權，其債務人受質權設定之通知者，如向出質人或質權人一方為清償時，應得他方之同意。他方不同意時，債務人應提存其為清償之給付物（§907）。例如：A為B的債權人，B為A的債務人。A將債權出質給C，則B就是第三債務人。在此種情形，債權到清償期，B應向A或者是C清償。

權利質權關係圖

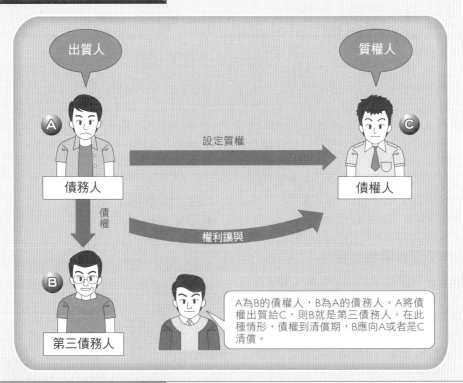

出質人

質權人

Ⓐ 債務人 ——設定質權——→ 債權人 Ⓒ

債權

權利讓與

Ⓑ 第三債務人

A為B的債權人，B為A的債務人。A將債權出質給C，則B就是第三債務人。在此種情形，債權到清償期，B應向A或者是C清償。

權利質權之實行

債權質權	提存給付物	為質權標的物之債權，以金錢給付為內容，而其清償期先於其所擔保債權之清償期者，質權人得請求債務人提存之，並對提存物行使其質權（§905 I） 為質權標的物之債權，以金錢給付為內容，而其清償期後於其所擔保債權之清償期者，質權人於其清償期屆至時，得就擔保之債權額，為給付之請求（§905 II）
	請求給付	為質權標的物之債權，以金錢以外之動產給付為內容者，於其清償期屆至時，質權人得請求債務人給付之，並對該給付物有質權（§906）
	物權設定或移轉	為質權標的物之債權，以不動產物權之設定或移轉為給付內容者，於其清償期屆至時，質權人得請求債務人將該不動產物權設定或移轉於出質人，並對該不動產物權有抵押權（§906-1 I）。前項抵押權應於不動產物權設定或移轉於出質人時，一併登記（§906-1 II）
	拍賣或拍賣以外方法	質權人在擔保的債權清償期屆至，但沒有受清償時，質權人不但可以依照前三條規定實行質權，也可以自行決定是要拍賣質權標的物之債權，或訂立契約，用拍賣以外方法實行質權（§906-2）
有價證券質權		質權以未記載權利人之有價證券、票據，或其他依背書而讓與之有價證券為標的物者，其所擔保之債權，縱未屆清償期，質權人仍得收取證券上應受之給付。如有使證券清償期屆至之必要者，並有為通知或依其他方法使其屆至之權利。債務人亦僅得向質權人為給付（§909 I）

UNIT **4-29**
留置權

「留置權」是債權人占有他人的動產,而債權的發生又與這個動產有「牽連關係」,在債權已屆清償期,卻沒有受到清償時,就可以留置動產的權利(§928 I)。為維護公平原則,債權人因侵權行為或其他不法之原因而占有動產者,不適用前項之規定。其占有之始明知或因重大過失而不知該動產非為債務人所有者,亦同(§928 II)。

(一)留置權成立要件

❶須占有屬於債務人的動產;❷須債權已屆清償期或債務人無支付能力:債權人行使留置權,須債權已經到了清償期,才可以行使。債務人無支付能力時,債權人縱於其債權未屆清償期前,亦有留置權(§931 I);❸須債權的發生與該動產有牽連關係;❹須非因侵權行為而占有動產。

(二)留置權行使之限制

如果違反公共秩序或善良風俗,或與債權人應負擔之義務或與債權人債務人間的約定相牴觸,就不可以留置動產(§930)。例如:貨物運送人負有運送貨品至目的地的義務,託運人交付貨物後,運送人卻主張託運人運費未交付,而扣留其物,拒絕運送。此就屬於違反債權人應負擔之義務,債權人不得行使留置權。

(三)留置權之不可分性

債權人在債權未受清償前,可以對全部留置物行使「留置權」。留置權和抵押權相同,具有「不可分性」,有繼續占有留置物全部的權利(§932)。但是如果留置物可以分,就只能依債權與留置物價值,兩者間的比例來行使,例如:A的兩部機車給B修理,說好修車費用5,000元,修畢,A沒付修車費,A的機車各值5,000元,B只能留置A一輛的機車,以做擔保。

(四)留置權之消滅

❶提出相當擔保

債務人或者是留置物所有人既然已經提出相當的擔保,債權人不怕不能受到清償,自然應該返還留置物,而使留置權消滅(§937 I)。

❷留置權之實行

①定期通知與就留置物求償

債權人在債權已屆清償期而沒有受清償,可定1個月以上的期限來通知債務人,聲明如果不在期限內清償時,就以留置物來取償;如果留置物是第三人的,或債權人知道存有其他物權,應併為通知(§936 I)。

②拍賣等方法取償

債務人或留置物所有人不在期限內清償,債權人可以準用關於「實行質權」的規定,留置權人就留置物賣得的價金可以優先受償,或取得所有權(§936 II)。留置權的實行方法,不限於拍賣留置物,約定拍賣以外的方法處分留置物,也是可以的(§895準用§878)。

留置權關係

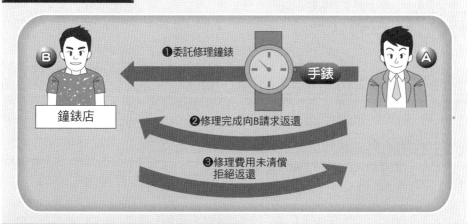

- ❶委託修理鐘錶 （B ← 手錶 ← A）
- ❷修理完成向B請求返還
- ❸修理費用未清償 拒絕返還

鐘錶店 ← B

動產非債務人所有之留置

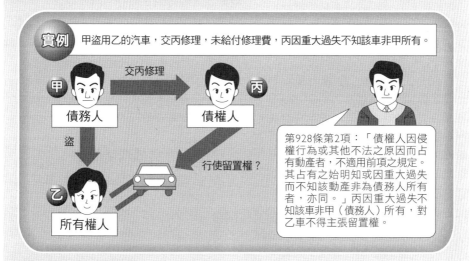

實例 甲盜用乙的汽車，交丙修理，未給付修理費，丙因重大過失不知該車非甲所有。

甲 債務人 → 交丙修理 → 丙 債權人

盜 ↓

乙 所有權人

行使留置權？

第928條第2項：「債權人因侵權行為或其他不法之原因而占有動產者，不適用前項之規定。其占有之始明知或因重大過失而不知該動產非為債務人所有者，亦同。」丙因重大過失不知該車非甲（債務人）所有，對乙車不得主張留置權。

特殊留置權

出租人之留置權	不動產的出租人，就租賃契約所生的債權，除了禁止扣押的物品之外，對於承租人之物置於該不動產，有留置權（§445Ⅰ）
營業主之留置權	客人因為「住宿」、「飲食」或「墊款」而生的債，在還沒償還之前，主人對於客人所攜帶的行李及其他物品有留置權（§612）
運送人之留置權	運送人為了確保對方一定會支付「運費」及「其他費用」，按費用和運送物價值的比例，對於運送物有留置權（§647Ⅰ）
承攬運送人之留置權	承攬運送人為了保全「報酬」及「墊款」一定會受到清償，按比例對於運送物有留置權（§662）
共同海損債權之擔保	運送人或船長對於沒有清償「分擔額」的貨物所有人，除非有提供擔保，不然就可以留置貨物（海商法§122）

UNIT 4-30
占有（一）

圖解民法

「占有」是對於物有「事實上」的「管領力」，因此占有係一事實，並非權利。

（一）占有意義

「占有」是對於物有事實上的「管領力」，不一定要有管領權。所謂「有管領力」就是指對於物有事實支配。對於物有事實上管領力的人就是「占有人」（§940）。就一般來說，占有人大多就是物的所有人，但有時不是，例如：物的承租人、物的借用人，以及竊盜強盜，雖然有占有人的資格，但是並不是物的所有人。

占有的成立，除了事實上有管領力外，還需有占有意思為其要素，例如：甲家門口的信箱，是為了要取得信件，如果嫌犯乙將贓物藏在甲的信箱，甲並不因此取得該贓物之占有，因不具有主觀上占有意思。

（二）直接占有與間接占有

直接對物有事實上管領力的是「直接占有」。地上權、農育權人、典權人、質權人、承租人、受寄人，或基於其他類似的法律關係，占有他人的物，該他人為間接占有人（§941）。基於以上法律關係，而對事實上占有其物的人，有返還請求權的人就是間接占有人。

（三）自己占有與占有輔助人

占有人親自對於該物為事實上的管領時，就是「自己占有」。受僱人、學徒、家屬或基於其他類似的關係，受到他人指示，而對於物有管領力的人，僅該他人為占有人（§942）。凡是為他人對於物作事實的管領，而基於特定從屬關係，受他人的指示，而為占有，例如：主人僱用的僕役、師傅學藝的學徒、聽命家長的家屬、國家的公務員都是占有輔助人。

（四）自主占有與他主占有

占有人以所有的意思而占有該物，就是「自主占有」；如果不是以所有的意思而占有，就是「他主占有」。
❶占有應該依照其所由發生事實的性質決定，沒有所有的意思的話，其占有人對於使其占有的人表示所有意思時，就認為變成為所有的意思而占有。
❷因為新事實變為以所有意思占有：例如：運送人因為託運人將託運物贈送，取得託運物的所有權（§945I）。

（五）占有態樣的推定

占有人推定其為以所有之意思，善意、和平、公然及無過失占有（§944I）。經證明前後兩時為占有者，推定前後兩時之間，繼續占有（§944II）。

（六）占有的移轉

當事人間基於法律行為，例如：租賃運送，而應該移轉占有，必須前占有人交付占有物給占有人，使其就物有事實的管領力（§946I）。移轉占有，必須同時支付目的物才能發生效力，但是為了事實便利起見，凡是簡易交付、改定占有，都可以發生效力，所以又準用第761條的規定（§946II）。

占有之關係

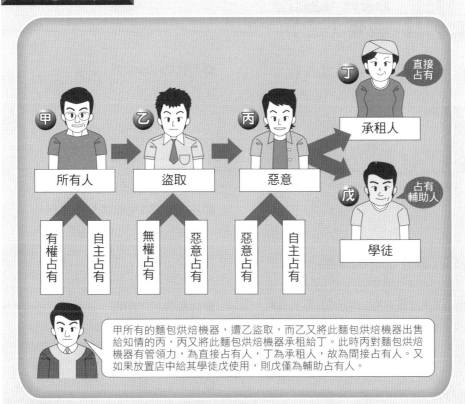

甲所有的麵包烘焙機器，遭乙盜取，而乙又將此麵包烘焙機器出售給知情的丙，丙又將此麵包烘焙機器承租給丁。此時丙對麵包烘焙機器有管領力，為直接占有人，丁為承租人，故為間接占有人。又如果放置店中給其學徒戊使用，則戊僅為輔助占有人。

他主占有轉變為自主占有

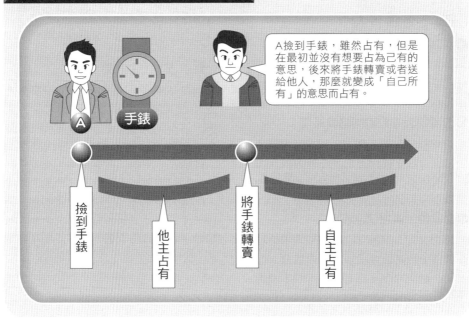

A撿到手錶，雖然占有，但是在最初並沒有想要占為己有的意思，後來將手錶轉賣或者送給他人，那麼就變成「自己所有」的意思而占有。

UNIT **4-31** 占有（二）

（一）善意占有與惡意占有

以占有人對於「自己是否具備占有權」這件事是否知悉，而可區別為善意占有與惡意占有。誤以為自己具有占有權，是「善意占有」；明知道自己沒有占有權，是惡意占有。善意占有人自確知其無占有本權時起，為惡意占有人。善意占有人於本權訴訟敗訴時，自訴狀送達之日起，視為惡意占有人（§959）。

（二）善意占有的產生

何時會產生善意占有？例如：原本甲向乙買賣一隻小狗，並移轉小狗所有權。但事後甲得知其受到詐欺，要求撤銷其買賣行為與物權移轉行為。在撤銷其行為後，其所有權移轉行為視為自始失去效力，故甲成為無權占有該小狗。但甲的無權占有，占有之始善意並無過失，故屬於善意占有。

（三）善意占有人

❶得為占有物之使用收益

善意占有人於推定其為適法所有之權利範圍內，得為占有物之使用、收益（§952）。

❷占有物滅失毀損的賠償義務

善意占有人就占有物之滅失或毀損，如係因可歸責於自己之事由所致者，對於回復請求人僅以滅失或毀損所受之利益為限，負賠償之責（§953）。

❸必要費用償還請求權

善意占有人因保存占有物所支出之必要費用，得向回復請求人請求償還。但已就占有物取得孳息者，不得請求償還通常必要費用（§954）。

❹有益費用求償權

善意占有人，因改良占有物所支出之有益費用，於其占有物現存之增加價值限度內，得向回復請求人，請求償還（§955）。

（四）惡意占有人

❶占有物滅失毀損的賠償義務

惡意占有人或無所有意思之占有人，就占有物之滅失或毀損，如係因可歸責於自己之事由所致者，對於回復請求人，負賠償之責（§956）。

❷必要費用求償權

惡意占有人，因保存占有物所支出之必要費用，對於回復請求人，得依關於無因管理之規定，請求償還（§957）。

❸返還孳息義務

惡意占有人，負返還孳息之義務，其孳息如已消費，或因其過失而毀損，或怠於收取者，負償還其孳息價金之義務（§958）。

（五）占有的消滅

因為占有的取得和維持是用事實上管領力為唯一憑據，若一旦管領力喪失，例如：依照買賣而將占有物交付給他人、拋棄占有，還有不是由於占有人的意思，例如：失竊喪失、遺失，其占有都歸於消滅。可是這裡所說的管領力的喪失是指確定的喪失，假如僅一時喪失不能實行其管領力的話，例如：被侵奪，可以請求返還，那麼就不在此限（§964）。

善意與惡意占有人

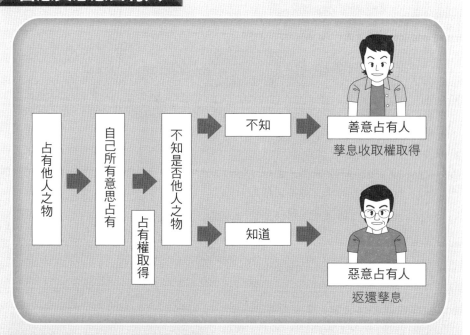

善意占有與惡意占有

		善意占有人	惡意占有人
使用收益		於推定其為適法所有之權利範圍內，得為占有物之使用、收益（§952）	返還孳息義務。孳息如已消費，或因其過失而毀損，或怠於收取者，負償還其孳息價金之義務（§958）
因可歸責事由導致占有物毀損滅失的賠償責任	自主占有	僅以滅失或毀損所受之利益為限，負賠償之責（§953）	負全部賠償之責（§956）
	他主占有	負全部賠償之責（§956）	
費用	必要費用	因保存占有物所支出之必要費用，得向回復請求人請求償還。但不得請求償還通常必要費用（§954）	對於回復請求人，得依關於無因管理之規定，請求償還（§957）
	有益費用	於其占有物現存之增加價值限度內，得向回復請求人，請求償還（§955）	法無明文。是否可以依不當得利的規定求償，學說上有爭議

UNIT *4-32*
占有（三）

（一）占有人的自力救濟權

❶防禦權

占有人用自己的力量抵抗暴的加害於占有，在占有還沒有完全被侵奪的時候，或妨害占有的情形還繼續存在的話，占有人就可以行使抗拒權。例如：有人在土地占有人的土地上建築圍牆，妨害出入，占有人可以用自己的力量拆除之（§960 I）。

❷奪回權

就是占有人在占有物完全被侵奪後，可以用自己的力量回復原有的狀態。不過奪回權的行使在時間上有嚴格的限制。占有物被侵奪者，如係不動產，占有人得於侵奪後，即時排除加害人而取回之。如係動產，占有人得就地或追蹤向加害人取回之（§960 II）。

（二）占有輔助人的自力救濟

受僱人、學徒、家屬或者是基於其他類似的關係、受到他人的指示，而對於物有管領力的人，例如：倉庫的管理人，倉庫的物品被偷，向偷取人取回被偷的物品，就可以行使占有人的權利（§961）。

（三）占有人的物上請求權

占有人應該有保護占有的權能，和所有人對於所有權的權能相同。所有人對於所有物得主張的權利，占有人對於占有物也同樣可以主張，此權能包括以下三種（§962）：

❶占有返還請求權

占有人在占有物被侵奪的時候，可以向侵奪人或繼承人，請求返還占有物和請求損害賠償。

❷占有妨害排除請求權

「占有的妨害」是對於現在存在的占有狀態，加以侵害使得占有人無法完全支配占有物，這時占有人就可以請求除去妨害，來恢復原來占有的完整狀態，假如妨害另有具備侵權行為的要件，還可請求賠償損害。

❸占有妨害預防請求權

將來有發生妨害的可能，各占有人可以向有意加害的人或繼受人請求預防妨害，以完全保護占有。上述請求權，自侵奪或妨害占有或危險發生後，1年間不行使而消滅（§963）。

（四）各占有人的自力救濟和物上請求權

共同占有人在受到第三人的侵害的時候，應該容許各占有人就占有物的全部行使自力救濟或物上請求權，來保障各共同占有人的權益，且不管是「取回」或「返還」占有，仍然是占有人全體占有（§963-1）。

（五）請求權競合

占有被侵害，得發生多種請求權。例如：甲有某地，被乙侵奪擺設地攤。在侵害當下，甲對乙得以己力排除其侵奪（占有防禦權）。若不能即時排除，甲可以行使所有物返還請求權、占有物返還請求權。此外，甲也可以向乙主張占有不當得利、侵權行為損害賠償請求權。

占有返還請求權

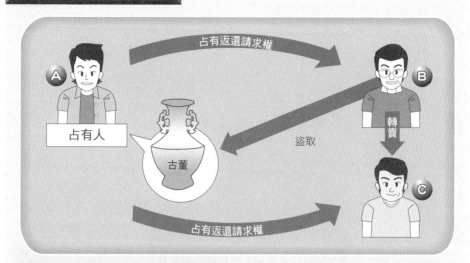

占有返還請求權

占有人

A

B

轉賣

盜取

古董

占有返還請求權

C

占有妨害排除請求權

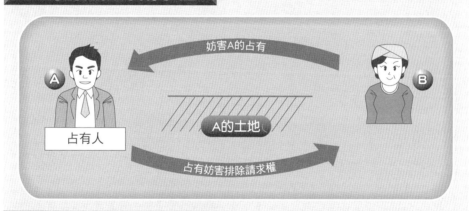

妨害A的占有

A

占有人

A的土地

占有妨害排除請求權

B

占有妨害預防請求權

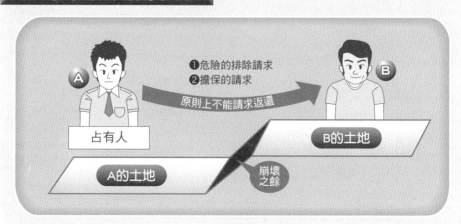

占有人

A

❶危險的排除請求
❷擔保的請求

原則上不能請求返還

B

A的土地

崩壞之餘

B的土地

第 **5** 章

親屬編

● 章節體系架構

UNIT **5-1**
血親、親等

（一）親屬法的範圍

「親屬法」是規定親屬相互間「身分關係」和「權利義務關係」的法律。而所謂的「親屬關係」可分為「血親」和「姻親」二種。也因為是注重親屬間的「身分關係」，所以被稱作是「身分法」，與像是「債權」和「物權法」都偏向注重「財產關係」的「財產法」不同。

另外，親屬法的規定，像是「婚姻」、「父母子女」、「撫養」等都和「公共利益」與「善良風俗」有關，因此大多都為「強行規定」。但像是「債權法」，大多可以由雙方當事人自己決定，因此債權法多為「任意規定」。

（二）血親

所謂的「血親」是指有「血統脈絡」的人，也就是基於「血統關係」而發生的「親屬關係」。血親可分作「自然血親」和「擬制血親」：

❶自然血親

是父母親生子女，具有血統的血親關係。

❷擬制血親

是由父母收養子女，而無血統的親屬關係，例如：養父母和養子女的親屬關係。

（三）直系和旁系血親

另外，以血親的「親系」來做區分的話，又可以分成兩種：

❶直系血親

稱直系血親者，謂己身所從出或從己身所出之血親。就是自己本身所從出血統血親，例如：自己的父母、祖父母，也就是「直系血親尊親屬」；或者是自己本身所出的血統血親，例如：自己的子女或孫子女，也就是「直系血親卑親屬」（§967 I）。

❷旁系血親

稱旁系血親者，謂非直系血親，而與己身出於同源之血親。不是直系，而是和自己本來出於相同血統的血親（§967 II）。例如：同父母的兄弟姐妹就是同血統的旁系血親。伯父是自己的「旁系血親尊親屬」，姪子是自己的「旁系血親卑親屬」。

（四）親等

「親等」是一種測定親屬關係，相互間親疏遠近的尺度，用兩親屬間的「世數」來決定，「血親親等」的計算方法可以分二種（§968）：

❶直系血親

以一代為一親等，所以自己跟父母之間，就是一親等的直系血親。

❷旁系血親

要算到同血源的直系血親相隔幾代，再由同血源的直系血親計算該旁系血親與其相隔幾代，兩個數字相加的總和，就是幾親等的旁系血親。

例如：A和B的父親是兄弟關係，因此A跟B有相同的祖父母，也就是他們同源的直系血親，所以A跟B是旁系血親。A與祖父母的是二親等的直系血親，B跟祖父母也是二親等的直系血親，二親等加二親等為四親等，所以A跟B是四親等的旁系血親。

親屬名稱

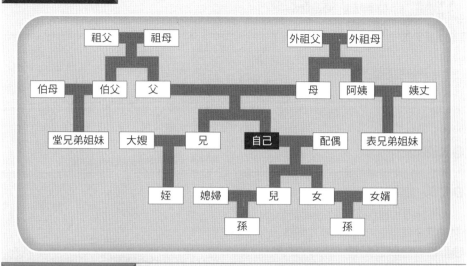

親系及親等

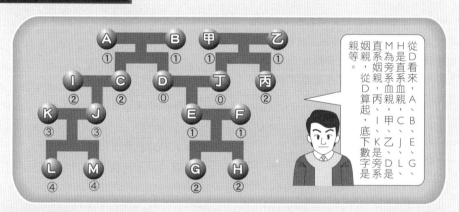

親等

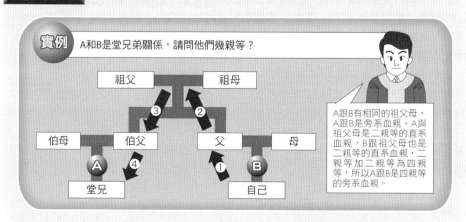

實例 A和B是堂兄弟關係，請問他們幾親等？

A跟B有相同的祖父母，A跟B是旁系血親。A與祖父母是二親等的直系血親，B跟祖父母也是二親等的直系血親，二親等加二親等為四親等，所以A跟B是四親等的旁系血親。

UNIT 5-2
姻親

圖解民法

（一）姻親的定義

「姻親」，是只因為「婚姻」而發生「親屬關係」的人，所謂的「姻親」有三種（§969）：

❶血親的配偶

例如：兄弟姐妹的妻子或夫婿。

❷配偶的血親

因為結婚，自己配偶的血親就是自己的姻親。

❸配偶的血親之配偶

例如：配偶的兄弟姐妹的妻子或丈夫。

實例：A跟B結婚，對A來說，B的父母就是配偶的血親，所以A跟B的父母有姻親關係，且B的舅母則是配偶的血親的配偶，所以A跟B的舅母之間也有姻親關係。

（二）姻親的親系及親等

因為沒有「血緣脈絡」可以作為計算的標準，姻親的親系、親等的計算，要以下列方式為之（§970）：

❶血親的配偶

根據血親的配偶和計算人的「親系」和「親等」來計算。例如：哥哥和弟媳是二親等的旁系姻親

❷配偶的血親

依據從配偶和其血親的「親系」和「親等」來算。例如：丈夫跟妻子的父母的親系親等，會因為妻子跟其父母是一親等的直系血親，所以就是一親等的直系姻親。

❸配偶的血親的配偶

從配偶和其血親的配偶的「親系」和「親等」來作為計算標準。例如：自己與太太的兄弟的妻子的姻親關係，就是自己的太太跟她兄弟的妻子是二親等的旁系姻親，自己與太太的弟媳就是二親等的旁系姻親。

（三）姻親關係的消滅

「姻親關係」是因為「婚姻關係」才會產生，當「婚姻」因為「離婚」而解消，或是因為撤銷而不存在，姻親關係也會隨之消滅，只有是在因為「死亡」而解消婚姻的情況下，姻親關係才例外不消滅（§971）。例如：甲男和乙女是夫妻，乙與前夫生了兒子丁，甲和丁有姻親關係，是因為丁是甲配偶乙的兒子，而係依民法第970條規定，丁為甲的直系姻親一親等，但由於甲、乙離婚後，甲、丁之間的姻親關係就沒有了橋樑，因此姻親關係就消滅了。

（四）親屬關係的法律效力

親屬可行使的權利，列舉於民法中，主要有：

❶可聲請監護宣告（§14）。
❷親屬間結婚之禁止（§983）。
❸結婚之撤銷權（§991）。
❹有親權行使或監護人之權利義務（§1084Ⅱ、§1094、§1095）。
❺扶養之權利義務（§1114）。
❻遺產繼承權利（§1138）。

在刑法方面，直系或三親等內旁系血親為性交者，處5年以下有期徒刑（刑法§230）；殺直系血親尊親屬者，加重普通殺人罪之刑至二分之一（§272）。

親屬的種類

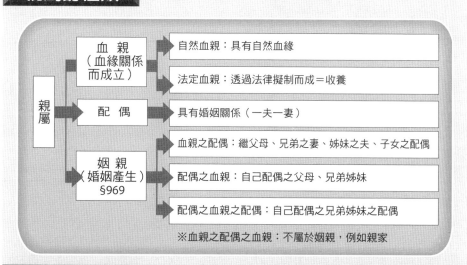

親屬	血親 （血緣關係 而成立）	自然血親：具有自然血緣
		法定血親：透過法律擬制而成＝收養
	配偶	具有婚姻關係（一夫一妻）
	姻親 （婚姻產生） §969	血親之配偶：繼父母、兄弟之妻、姊妹之夫、子女之配偶
		配偶之血親：自己配偶之父母、兄弟姊妹
		配偶之血親之配偶：自己配偶之兄弟姊妹之配偶

※血親之配偶之血親：不屬於姻親，例如親家

血親和姻親

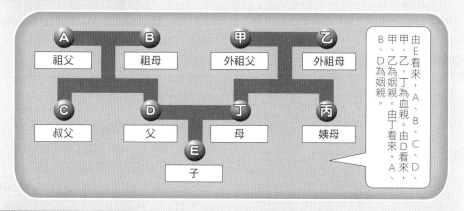

由E看來，A、B、C、D、甲、乙、丁為血親。由D看來，A、B、C、D為血親。由丁看來，甲、乙、丁、丙為血親。甲、乙為姻親。B、D為姻親。

血親與姻親

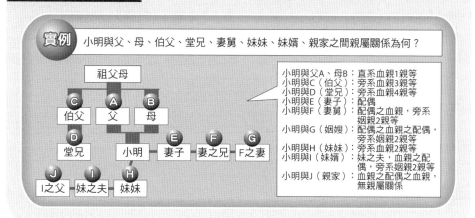

實例 小明與父、母、伯父、堂兄、妻舅、妹妹、妹婿、親家之間親屬關係為何？

小明與父A、母B：直系血親1親等
小明與C（伯父）：旁系血親3親等
小明與D（堂兄）：旁系血親4親等
小明與E（妻子）：配偶
小明與F（妻舅）：配偶之血親，旁系姻親2親等
小明與G（姻嫂）：配偶之血親之配偶，旁系姻親2親等
小明與H（妹妹）：旁系血親2親等
小明與I（妹婿）：妹之夫，血親之配偶，旁系姻親2親等
小明與J（親家）：血親之配偶之血親，無親屬關係

UNIT 5-3
婚約

（一）身分契約

結婚就是一種兩個人所締結的一種契約，不過，這種契約事關重大，不像一般的契約可以隨意締結，所以民法對於訂婚、結婚，乃至結婚後的權利義務，都有詳細的規範。

（二）訂婚

中國人的傳統是，結婚前要先來個訂婚，下個聘金，過一陣子再結婚。民法規定，訂婚必須由當事人自行訂定。過去中國人習慣的父母「指腹為婚」，在民法上是無效的，一定要由當事人自己訂婚才有效。也就是說，訂立婚約需要下列等要件：

❶婚約應該由結婚的男女當事人自行訂定

「婚約」是不允許「代理」的法律行為，也就是說，由他或她的父母代為訂定的婚約，是無效的（§972）。

❷男女要年滿17歲

男女未成年訂定婚約，應該得到法定代理人同意，但是男女應該年滿17歲，才能訂婚（§973）。

❸未成年男女訂定婚約，要得到法定代理人的同意

未滿18歲是未成年人，沒有完全行為能力，雖然可以訂婚，但是必須得到法定代理人的同意（§974）。

（三）婚約的效力

訂婚之後，雖然雙方是未婚夫妻，但是法律上還沒有發生結婚的效力，所以到底要不要結婚，還要由當事人決定，不可以請求強迫履行，最多只能要求悔婚的一方負損害賠償責任而已（§975）。

（四）違反婚約之損害賠償

無解除婚約事由而違反婚約者，對於他方因此所受之損害，應負賠償之責（§978）。前條情形，雖非財產上之損害，受害人亦得請求賠償相當之金額。但以受害人無過失者為限（§979 I）。

（五）解除婚約事由

婚約當事人之一方，有下列情形之一者，他方得解除婚姻約：❶婚約訂定後，再與他人訂定婚約或結婚；❷故違結婚期約；❸生死不明已滿1年；❹有重大不治之病；❺婚約訂定後與他人合意性交；❻婚約訂定後受徒刑之宣告；❼有其他重大事由。依前項規定解除婚約者，如事實上不能向他方為解除之意思表示時，無須為意思表示，自得為解除時起，不受婚約之拘束（§976）。

（六）解除婚約的賠償

婚約解除的時候，沒有過失的一方，可以向有過失的另一方請求賠償因此所受到的損害，就算不是財產的損害（精神損失），也可以請求賠償相當的金額（§977）。

（七）婚約贈送物的歸還

訂定婚約在習俗上而常會互送禮物，因此當婚約沒有效力、婚約解除或是撤銷，婚約當事人的任何一方，都可以請求歸還所贈送的東西（§979-1）。

訂婚

男女皆滿17歲
我們符合條件，所以，我們訂婚吧！
❶ 我們自己決定
❷ 男女皆滿17歲
❸ 已得法定代理人同意（未成年）
❹ 我們不是近親

婚約解除

婚約解除

 約定解除

婚姻是契約的一種，在結婚前，雙方當事人合意就可以解除婚約

解除婚約，無過失的一方可以向有過失的一方請求損害賠償慰撫金。值得注意的是，必須在兩年內請求，否則請求權會消滅

 法定解除

婚姻當事人一方有下列情形，就可以解除婚約

· 婚姻訂定後，再與他人訂定婚約或結婚
· 故違結婚期約
· 生死不明已滿一年
· 有重大不治之病
· 婚約訂定後與他人合意性交
· 婚約訂定後受徒刑的宣告
· 有其他重大理由

UNIT 5-4
結婚

（一）結婚的形式要件

過去結婚需要「公開儀式、二人以上證人」，但現在採「登記婚主義」，結婚形式上要（§982）：❶書面；❷二個以上的證人簽名：「證人」是指具有行為能力，並且願意做證的人；❸向戶政機關為結婚的登記。

（二）結婚的年齡

男生滿18歲，女生滿18歲，就可以結婚（§980）。

（三）近親不得結婚

為了避免生下不健康的小孩，所以民法有規定，某些近親不准結婚，就算真的結婚，也是無效。下列親屬不能結婚（§983）：❶直系血親和直系姻親；❷旁系血親在六親等以內者。例如：表哥和表妹是無法結婚的；❸旁系姻親在五親等以內，輩分不相同者。不過，姻親是結婚而結為親戚，並沒有血緣關係，只是為了維護家族的輩分才禁止結婚，所以如果婚姻關係消滅了，就不受限制。另外，監護人與受監護人在監護關係存續中，也不得結婚（§984）。

（四）一夫一妻制

我國採一夫一妻制，有配偶者，不得重婚。一個人只能和一個人結婚，不能重婚。而且一人不得同時與二人以上結婚，如果是有先後兩個婚姻，後面的婚姻就會無效（§985）。

（五）結婚的無效

結婚的無效是「自始無效」，任何人都可以主張，無效的原因有：❶不具備形式要件：這是要確定當事人結婚的意願以及交易安全；❷違反「禁婚親」的規定；❸重婚或是同時與二人以上結婚；❹其他違反婚姻實質要件的情形。例如：違反身分行為不得代理原則而做的「代理結婚」、欠缺結婚意思的婚姻、附解除條件的結婚。

（六）結婚的撤銷

在結婚之後，如果發現以下的情況，可以撤銷婚姻：

❶未達法定結婚年齡者，當事人或其法定代理人得向法院請求撤銷之。但當事人已達該條所定年齡或已懷胎者，不得請求撤銷（§989）。

❷結婚違反第984條之規定者，受監護人或其最近親屬得向法院請求撤銷之。但結婚已逾1年者，不得請求撤銷（§991）。

❸一方於結婚時不能人道而不能治者，他方得向法院請求撤銷之。但自知悉其不能治之時起已逾3年者，不得請求撤銷（§995）。

❹一方於結婚時係在無意識或精神錯亂中者，得於常態回復後6個月內向法院請求撤銷之（§996）。

❺因被詐欺或被脅迫而結婚者，得於發見詐欺或脅迫終止後，6個月內向法院請求撤銷之（§997）。

結婚

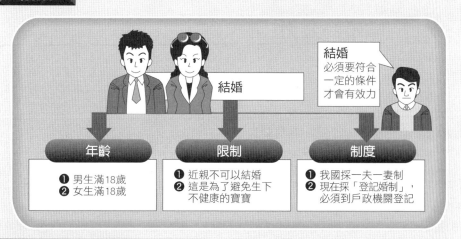

年齡	限制	制度
❶ 男生滿18歲 ❷ 女生滿18歲	❶ 近親不可以結婚 ❷ 這是為了避免生下不健康的寶寶	❶ 我國採一夫一妻制 ❷ 現在採「登記婚制」，必須到戶政機關登記

結婚
必須要符合一定的條件才會有效力

結婚的無效

法定要件	違反效果
結婚應以書面為之，有二人以上證人之簽名，並應由雙方當事人向戶政機關為結婚之登記（§982）	結婚有下列情形之一者，無效： ❶ 不具備第982條之方式。 ❷ 違反第983條規定。 ❸ 違反第985條規定。但重婚之雙方當事人因善意且無過失信賴一方前婚姻消滅之兩願離婚登記或離婚確定判決而結婚者，不在此限（§988）
近親結婚禁止（§983）	
有配偶者，不得重婚。一人不得同時與二人以上結婚（§985）	

結婚的撤銷

撤銷事由	撤銷權人	撤銷權消滅原因
當事人未達最低法定年齡（§989）	❶ 夫妻本身 ❷ 夫之法定代理人 ❸ 妻之法定代理人	❶ 當事人已達該條所定年齡 ❷ 已懷胎者
監護人與受監護人結婚（§991）	❶ 受監護人 ❷ 最近親屬	結婚已逾一年
不能人道（§995）	他方	知悉不能治起已逾三年
當事人之一方在結婚時係無意識或精神錯亂中（§996）	無意識或精神錯亂之當事人	常態回復後六個月
被詐欺脅迫而結婚（§997）	被詐欺脅迫之一方	❶ 除斥期間：六個月 ❷ 當事人於婚後追認婚姻

UNIT 5-5
結婚的效力

（一）夫妻的冠姓

結婚後，原則上夫妻各自保有自己的本姓，但是可以用「書面約定」用本姓冠上配偶的姓氏，並且向戶政機關登記；冠配偶姓的一方，可以隨時回復本姓，但是在同一個婚姻關係繼續存在中，只能回復一次，不可以冠了之後，申請回復本姓，然後又冠回去，又再申請回復本姓（§1000）。例如：A跟B結婚之後，A與B以書面約定冠上夫姓，嗣後B單獨向戶政事務所要求回復本姓，這時候只要B在跟A這段婚姻關係裡，沒有曾經撤夫姓，戶政事務所就應該依B的要求撤夫姓，回復B的本姓。

（二）夫妻的同居義務

夫妻有同居的義務，所謂的「同居」就是指夫妻因結婚而共同生活，負擔一切婚姻共同生活義務，如果是同住一屋分室而居，或是偶爾住個幾天的，都屬於沒有盡到履行同居義務的範圍。但是有不能同居的正當理由時，不在此限（§1001）。至於不能同居的正當理由，雖然並沒有明文規定是哪些，但根據實務上的見解，例如：不堪同居的虐待、夫納妾、一方與人通姦或是重婚、一方犯不名譽之罪被處徒刑確定有案、出獄後又居無定所、至外地讀書，這些都可以成為不能同居的正當理由。另外，人民固然有信仰宗教的自由，但是不能因為信仰宗教而免除法律上的義務，一心一意想當作尼姑或是和尚，不能免除法律上同居義務。例如：A與B起口角後，B憤而收拾行李，並把家中房地產權狀帶回娘家，A因此不准B再回到家中，但A並沒有不履行同居義務的正當理由，所以B如果想回到跟A的婚姻住所，A不能拒絕。

（三）夫妻的住所

不管是「嫁娶婚」或是「招贅婚」，夫妻之住所，均由雙方共同協議之；未為協議或協議不成時，得聲請法院定之。法院為前項裁定前，以夫妻共同戶籍地推定為其住所（§1002）。

（四）貞操的義務

由於「重婚」及「通姦」是離婚請求的原因，因此可以推知，夫妻互相負有貞操的義務。

（五）夫妻互負扶養義務

夫妻一方若惡意遺棄另外一方，而且這種遺棄的狀態在繼續中，這可以成為離婚的理由，由此可以推知夫妻互相負有扶養的義務。

（六）家庭生活費用的分擔

家庭生活費用，除了法律或者是契約另外有約定外，應該是由夫妻依照其經濟能力、家事勞動或是其他情事分別負擔。因為家庭費用所產生的債務，由夫妻負責連帶清償責任（§1003-1）。

圖解民法

結婚效力

結婚效力

❶ 夫妻可以冠對方的姓
❷ 設定住所
❸ 有同居義務
❹ 日常生活上互為代理的人

王大明 台北家
張小玉 高雄家

王大明　張小玉

設定台中為住所

日常家務代理權

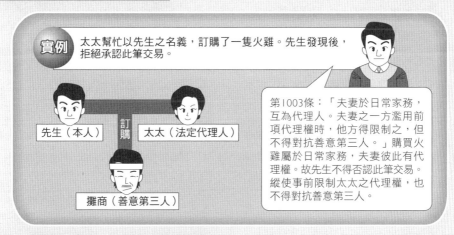

實例　太太幫忙以先生之名義，訂購了一隻火雞。先生發現後，拒絕承認此筆交易。

先生（本人）──訂購──太太（法定代理人）

攤商（善意第三人）

第1003條：「夫妻於日常家務，互為代理人。夫妻之一方濫用前項代理權時，他方得限制之，但不得對抗善意第三人。」購買火雞屬於日常家務，夫妻彼此有代理權。故先生不得否認此筆交易。縱使事前限制太太之代理權，也不得對抗善意第三人。

家庭生活費用的負擔

甲與乙新婚不久，家中還沒買冰箱。某天，乙用甲的名義，訂了一個三門大冰箱。甲得知後很不高興，拒絕支付買賣契約的價金。

第1003條之1：「家庭生活費用，除法律或契約另有約定外，由夫妻各依其經濟能力、家事勞動或其他情事分擔之。因前項費用所生之債務，由夫妻負連帶責任。」購買家中冰箱屬於家庭生活費用，因此冰箱的購買費，依夫妻經濟能力比例分攤。而對外上，甲也必須對此負連帶責任。故甲不得拒絕支付。

UNIT 5-6
離婚

民法規定離婚有兩種，一種是兩願離婚，一種是裁判離婚。

（一）兩願離婚

兩願離婚，又稱協議離婚，就是雙方都願意離婚，也都談好了，那麼就直接在「離婚協議書」上簽字，上面寫清楚財產如何分配、小孩歸誰、扶養的支出費用等等細節（§1049）。寫完之後，必須有兩個以上的證人在上面簽名，然後再到戶政機關辦理離婚登記，這樣離婚才算完成（§1050）。如有夫妻其中一方正在坐牢，而無法雙方一同到場，這種情形戶政人員是不會准予辦理離婚的，大多都會建議等另一方出獄，或乾脆提起訴訟，改用裁判離婚。

（二）裁判離婚

通常會鬧到離婚，都是一方想離婚，另一方卻不想離。此時，必須夫妻的一方，具備下述的離婚事由，另一方才可以向法院請求判決離婚（§1052 I）：

❶重婚。

❷與配偶以外之人合意性交。第1款和第2款事由，如果太太事前知道或事後寬恕，或者知道事情發生後過了6個月，或事情發生在2年以前，都喪失了請求離婚的權利。

❸夫妻之一方受他方不堪同居之虐待。這種虐待主要是身體上的，但有時候心理上的虐待法院也接受。

❹夫妻之一方對於他方之直系尊親屬為虐待，或受他方之直系尊親屬之虐待，而不堪為共同生活者。例如：太太受不了婆婆的虐待。

❺夫妻之一方惡意遺棄他方且在繼續狀態中。

❻夫妻之一方企圖殺害他方。

❼有不治之惡疾。

❽有重大不治之精神病。

❾生死不明超過3年。

❿因故意犯罪，經判處有期徒刑逾6個月確定。第6款到第10款的事由，如果自知道之後已經過了1年，或者事情已經超過5年，也喪失了請求離婚的權利。

（三）其他重大事由

除了前述十種事由之外，民法還規定「有其他重大事由，難以維持婚姻，且此事由應由對方負責」，也可以向法院請求裁判離婚（§1052 II）。是否真的構成難以維持婚姻，則是交由法官去認定。當然，既然夫妻有一方都執意要離婚，只要這個重大事由不是自己該負責的，法官通常都會准許離婚。

（四）小孩歸屬

離婚之後，夫妻最關心的，往往是爭奪小孩的監護權。原則上，如果夫妻能夠協議小孩歸誰，那麼法院尊重夫妻雙方。但如果夫妻無法協議，那麼法院就會依照「子女最佳利益」，來決定小孩歸誰養（§1055 I、§1055-1）。法官不一定會判決歸先生或歸太太，甚至可以判決歸阿姨養（§1055-2）。不過，就算小孩被判決歸太太養，先生還是可以享有固定的「探視權」（§1055 V）。

離婚

離婚效力
- ❶ 身分上：姻親關係消滅，但因親近婚仍然維持
- ❷ 財產：依各種財產制分配，若一方無法生活，才有贍養費
- ❸ 子女監護：協議，若協議不成，法院會依子女最佳利益判決
- ❹ 子女扶養：雙方皆有扶養義務

離婚

兩願離婚
書面為之，兩人以上證人，戶政機關辦理登記

判決離婚
- ❶ 重婚
- ❷ 與配偶以外之人合意性交
- ❸ 夫妻之一方受他方不堪同居之虐待
- ❹ 夫妻一方對他方之直系親屬為虐待，或夫妻一方之直系親屬對他方為虐待，致不堪為共同生活
- ❺ 夫妻之一方以惡意遺棄他方在繼續狀態中
- ❻ 夫妻之一方意圖殺害他方
- ❼ 有不治之惡疾
- ❽ 有重大不治之精神病
- ❾ 生死不明已逾三年
- ❿ 因故意犯罪，經判處有期徒刑逾六個月確定
- ⓫ 其他重大事由，難以維持婚姻者

判決離婚

限制：
- ❶ 第1款和第2款，事前同意或事後宥恕或知悉後已逾6個月或自其情事發生後已逾2年者
- ❷ 第6款至第10款，自知悉後已逾1年或自其情事發生後已逾5年者
- ❸ 第11款，該事由應由夫妻之一方負責者，僅他方得請求離婚

知識補充站

王太太五年前因出車禍成為植物人，王先生為了照顧王太太花了很多錢。但最後受不了，決定訴請離婚。試問，植物人算不算是「不治之惡疾」？

訴請離婚的十種理由中，第七種是一方有「不治之惡疾」。過去法院認為所謂不治的惡疾包括梅毒，至於眼睛瞎掉並不是「惡疾」。植物人看起來應該不是「惡疾」，但最近法官卻允許這種情形可離婚。

UNIT 5-7
夫妻財產制

所謂的夫妻財產制，就是規定結婚之後，夫妻之間財產的管理、使用，乃至離婚之後財產分配的方法。

（一）三種夫妻財產制

民法規定三種夫妻財產制，一是法定財產制，二是共同財產制，三是分別財產制。夫妻可以在結婚前或結婚後任何時間，選定夫妻財產制（§1004），但選擇或變更，必須以書面方式到戶政機關去登記。很多夫妻在結婚時，並不會選擇夫妻財產制，而夫妻未以契約訂立夫妻財產制者，就以法定財產制為其夫妻財產制（§1005）。這時候，法律自動地幫他們選擇為法定財產制。三種財產制的差別，主要的差異是在離婚時的財產分配上。

（二）夫妻財產制的訂立、變更、廢止

夫妻財產制契約之訂立、變更或廢止，應以書面為之（§1007）。並且夫妻財產制契約之訂立、變更或廢止，非經登記，不得以之對抗第三人（§1008）。而夫妻於婚姻關係存續中，隨時得以契約廢止其財產契約，或改用他種約定財產制（§1012）。

（三）宣告改用分別財產制

夫妻之一方有下列各款情形之一時，法院因他方之請求，得宣告改用分別財產制（§1010）：

❶依法應給付家庭生活費用而不給付時。

❷夫或妻之財產不足清償其債務時。

❸依法應得他方同意所為之財產處分，他方無正當理由拒絕同意時。

❹有管理權之一方對於共同財產之管理顯有不當，經他方請求改善而不改善時。

❺因不當減少其婚後財產，而對他方剩餘財產分配請求權有侵害之虞時。

❻有其他重大事由時。

夫妻之總財產不足清償總債務或夫妻難於維持共同生活，不同居已達6個月以上時，前項規定於夫妻均適用之。

（四）法定財產制

法定財產制的特色，夫或妻之財產分為婚前財產與婚後財產，由夫妻各自所有。不能證明為婚前或婚後財產者，推定為婚後財產；不能證明為夫或妻所有之財產，推定為夫妻共有（§1017）。

也就是，夫妻在結婚前的財產各自屬於自己，結婚後的財產也各自屬於自己，並且夫或妻各自管理、使用、收益及處分其財產（§1018），各自的債務也各自承擔（§1023），但是夫妻就其婚後財產，互負報告之義務（§1022）。不過，夫妻於家庭生活費用外，得協議一定數額之金錢，供夫或妻自由處分（§1018-1）。丈夫或妻子可以約定每個月給對方一些生活費。當夫妻離婚時，結婚前的財產各自取回，但結婚後的財產則必須平分。

夫妻財產制的種類

夫妻財產制

├─ 法定財產制：§1017以下

└─ 約定財產制

　├─ 共同財產制：§1031以下

　└─ 分別財產制：§1044以下

夫妻財產制

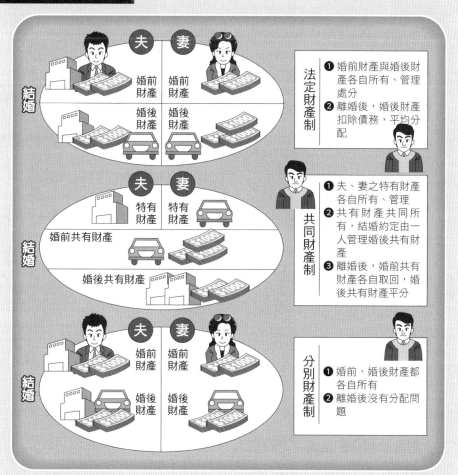

法定財產制

❶ 婚前財產與婚後財產各自所有、管理處分

❷ 離婚後，婚後財產扣除債務，平均分配

共同財產制

❶ 夫、妻之特有財產各自所有、管理

❷ 共有財產共同所有，結婚約定由一人管理婚後共有財產

❸ 離婚後，婚前共有財產各自取回，婚後共有財產平分

分別財產制

❶ 婚前、婚後財產都各自所有

❷ 離婚後沒有分配問題

UNIT **5-8** 法定財產制

圖解民法

（一）各自財產的使用

在法定財產制下，夫或妻各自管理、使用、收益及處分其財產（§1018）。

夫妻各自對其債務負清償之責。夫妻之一方以自己財產清償他方之債務時，雖於婚姻關係存續中，亦得請求償還（§1023）。例如：先生要求太太替其清償債務，但太太還是可以要求先生償還。夫妻於家庭生活費用外，得協議一定數額之金錢，供夫或妻自由處分（§1018-1）。此稱為「自由處分金」，例如：先生在外工作，太太當家管，除了家用之外，可協議先生每月給太太1萬元零用金。

（二）剩餘財產分配請求權

適用法定財產制之夫妻，離婚後有剩餘財產分配請求權，法律明定法定財產制關係消滅時，夫或妻現存之婚後財產，扣除婚姻關係存續所負債務後，如有剩餘，其雙方剩餘財產之差額，應平均分配。但❶因繼承或其他無償取得之財產；❷慰撫金，這兩類無須加入計算（§1030-1 I）。如果夫妻之一方對於婚姻生活無貢獻或協力，或有其他情事，致平均分配有失公平者，法院得調整或免除其分配額（§1030-1 II）。法院為前項裁判時，應綜合衡酌夫妻婚姻存續期間之家事勞動、子女照顧養育、對家庭付出之整體協力狀況、共同生活及分居時間之久暫、婚後財產取得時間、雙方之經濟能力等因素（§1030-1 III）。

（三）剩餘財產分配請求權之保全

夫或妻於婚姻關係存續中就其婚後財產所為之無償行為，有害及法定財產制關係消滅後他方之剩餘財產分配請求權者，他方得聲請法院撤銷之。但為履行道德上義務所為之相當贈與，不在此限（§1020-1 I）。例如：先生在離婚前，將300萬贈與給情婦，太太可以聲請法院撤銷此筆贈與。夫或妻於婚姻關係存續中就其婚後財產所為之有償行為，於行為時明知有損於法定財產制關係消滅後他方之剩餘財產分配請求權者，以受益人受益時亦知其情事者為限，他方得聲請法院撤銷之（§1020-1 II）。例如：先生在離婚前，廉價出售自己的房屋給好友。但此時，必須好友知情，太太才可以撤銷此筆買賣。

（四）剩餘財產分配請求權之計算

夫或妻之一方以其婚後財產清償其婚前所負債務，或以其婚前財產清償婚姻關係存續中所負債務，除已補償者外，於法定財產制關係消滅時，應分別納入現存之婚後財產或婚姻關係存續中所負債務計算（§1030-2 I）。例如：先生用婚後財產，清償婚前的50萬債務，則這個50萬，也應算入現存之婚後財產。

夫或妻為減少他方對於剩餘財產之分配，而於法定財產制關係消滅前5年內處分其婚後財產者，應將該財產追加計算，視為現存之婚後財產。但為履行道德上義務所為之相當贈與，不在此限（§1030-3 I）。例如：先生在離婚前為了避免被太太分配財產，而將存款300萬贈與給弟弟，這個300萬還是要納入現存之婚後財產。

原則上剩餘財產分配請求權不得讓與或繼承，但已依契約承諾或已起訴者，不在此限。

剩餘財產分配請求權之保全

實例 甲與乙離婚前,甲為了避免乙行使剩餘財產分配請求權,在離婚前將自己的存款300萬元贈與給情婦丙,又將自己名下的A屋廉價賣給好友丁。請問乙應該如何保障自己的剩餘財產分配請求權?

❶甲將存款贈與給丙之行為:
依據§1020-1規定,除非為履行道德上義務所為之相當贈與,否則可以撤銷此無償贈與之行為,本例中顯然非履行道德上義務之贈與,因此得聲請法院撤銷之。

❷甲將A屋廉價賣給好友丁之行為:
由於買賣為有償行為,須於行為時明知有損於剩餘財產分配請求權,且以受益人受益時亦知其情事者為限,才得聲請法院撤銷之,因此,雖然甲明知會減損分配請求權,但仍要考量丁是否知悉。

剩餘財產計算

現存婚後財產
- ❶婚後財產的現存部分
- ❷婚前財產所生孳息(§1017 II)
- ❸以婚後財產清償婚前債務(§1030-2 I)
- ❹不列入:繼承或其他無償取得財產(§1030-1)
- ❺追加:法定財產制關係五年內處分之婚後財產(§1030-3 I)

（減）

婚姻存續中債務
- ❶婚姻存續中所生債務
- ❷以婚前財產清償婚姻關係存續中所負債務(§1030-2 I)

（等）（於）

剩餘財產

剩餘財產分配請求權之計算

實例 甲男乙女結婚,婚前甲因工作收入100萬元,乙結婚時娘家贈與嫁妝50萬元,婚後甲乙均上班工作,後來二人因個性離婚,此時,甲連同結婚前之工作收入,共有財產計500萬元,其中30萬元係婚後繼承其父遺產所得,20萬元係因車禍受傷取得慰撫金,乙婚後工作收入連同婚前嫁妝及婚後好友贈與禮金10萬元,共有200萬元,另負債40萬元,請問應如何分配剩餘財產?

	婚前	婚後	剩餘財產	分配
甲	100萬	現存財產500萬 婚後繼承取得30萬 慰撫金20萬	350萬	差額250萬,乙得向甲請求125萬元。
乙	50萬	現存財產200萬 婚後負債40萬 贈與取得10萬	100萬	

291

UNIT 5-9
共同財產制、分別財產制

（一）共同財產制

在共同財產制下，夫妻之財產及所得，除特有財產外，合併為共同財產，屬於夫妻公同共有（§1031）。除了「特有財產」，夫妻所有的財產（不管結婚前或前婚後）都成為夫妻共有，由夫妻共同管理，但是也可約定由一方管理（§1032）。特有財產包括：

❶專供夫或妻個人使用之物。

❷夫或妻職業上必需之物。

❸夫或妻所受之贈物，經贈與人以書面聲明為其特有財產者（§1031-1）。

（二）勞力所得之共同財產制

夫妻得以契約訂定僅以勞力所得為限為共同財產。前項勞力所得，指夫或妻於婚姻關係存續中取得之薪資、工資、紅利、獎金及其他與勞力所得有關之財產收入。勞力所得之孳息及代替利益，亦同（§1041）。

（三）財產之處分

❶共同財產

①管理：共同財產，由夫妻共同管理。但約定由一方管理者，從其約定。共同財產之管理費用，由共同財產負擔（§1032）。

②處分：夫妻之一方，對於共同財產為處分時，應得他方之同意。前項同意之欠缺，不得對抗第三人。但第三人已知或可得而知其欠缺，或依情形，可認為該財產屬於共同財產者，不在此限（§1033）。

❷特有財產

特有財產，適用關於分別財產制之規定（§1031-1 II），也就是夫妻各保有其財產之所有權，各自管理、使用、收益及處分。

（四）債務之清償

夫或妻結婚前或婚姻關係存續中所負之債務，應由共同財產，並各就其特有財產負清償責任（§1034）。如果是共同財產所負之債務，而以共同財產清償者，不生補償請求權。共同財產之債務，而以特有財產清償，或特有財產之債務，而以共同財產清償者，有補償請求權，雖於婚姻關係存續中，亦得請求（§1038）。

（五）共同財產之分配

❶夫妻之一方死亡

夫妻之一方死亡時，共同財產之半數，歸屬於死亡者之繼承人，其他半數，歸屬於生存之他方（§1039 I）。

❷共同財產制關係消滅

共同財產制關係消滅時，除法律另有規定外，夫妻各取回其訂立共同財產制契約時之財產。共同財產制關係存續中取得之共同財產，由夫妻各得其半數。但另有約定者，從其約定（§1040）。

（六）分別財產制

分別財產制也就是分別財產，夫妻各保有其財產之所有權，各自管理、使用、收益及處分。有關夫妻債務之清償，適用第1023條之規定，也就是夫妻各自對其債務負清償之責。夫妻之一方以自己財產清償他方之債務時，雖於婚姻關係存續中，亦得請求償還。

共同財產制

① 夫、妻之特有財產各自所有、管理

② 共有財產共同所有，約定由一人管理

③ 離婚後，婚前共有財產各自取回，婚後共有財產平分

共同財產制

實例 甲和乙為夫妻，結婚時約定夫妻共同財產制，並辦理登記。甲結婚時，有財產100萬元，乙結婚時有財產20萬元，後來雙方協議離婚，夫妻的共同財產有130萬元。請問這130萬元應如何分配？

	婚前	婚後共同財產	分配
甲	100萬	130萬	甲拿回100萬，乙拿回20萬，剩下10萬平分
乙	20萬		

分別財產制

實例 甲男和乙女在結婚時就約定了夫妻分別財產制，並且辦理登記，甲結婚後愛上高爾夫球，於是買了價值新台幣20萬元的球具，但老闆上門收款時，因甲不在家，乙就先以自己賺的錢幫先生付清，請問乙是不是可以向甲要求返還這20萬元的墊款。

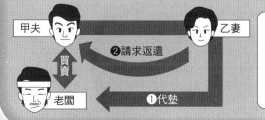

甲夫 乙妻

買賣 ❷請求返還

老闆 ❶代墊

既然甲乙雙方選擇夫妻分別財產制，財產就是各自所有，各自使用、收益，當然債務也是分開，因此如果夫妻一方幫另一方清償債務，仍可以向另一方要求返還代墊款項。

UNIT 5-10 父母子女關係

民法對於父母子女關係,做了許多規定。

圖解民法

(一) 子女稱姓

過去子女一般從父姓,但現在可以選擇從母姓。父母於子女出生登記前,應以書面約定子女從父姓或母姓。未約定或約定不成者,於戶政事務所抽籤決定之。子女經出生登記後,於未成年前,得由父母以書面約定變更為父姓或母姓。子女已成年者,得變更為父姓或母姓。前二項之變更,各以一次為限(§1059)。

(二) 婚生子女

婚生子女者,謂由婚姻關係受胎而生之子女(§1061)。且妻之受胎,係在婚姻關係存續中者,推定其所生子女為婚生子女(§1063 I)。而受胎期間,從子女出生日回溯第181日起至第302日止,為受胎期間。但能證明受胎回溯在前項第181日以內或第302日以前者,以其期間為受胎期間(§1062)。

(三) 否認父母子女關係

有的時候,雖然是太太生的孩子,但未必真的是先生的種。婚生子女僅為推定效力,夫妻之一方或子女能證明子女非為婚生子女者,得提起否認之訴(§1063 II)。所以,先生也可以請求驗DNA,來看到底孩子是不是自己的種,若不是,則可以「否認」這個孩子。但有時間上的限制,必須自知道起2年內向法院請求,小孩自己也可以向法院請求,而小孩必須在成年後2年內提起。

(四) 非婚生子女

不受婚生推定(受胎時無婚姻關係)則為非婚生子女,但非婚生子女,其生父與生母結婚者,視為婚生子女(§1064),也就是「先上車後補票」,我們稱為「準正」。

(五) 認領

所謂認領,是說如果有非婚生子女(也就是私生子),生父可以事後用一個認領的程序,將自己的私生子認領起來,讓私生子享有跟一般子女一樣的權利(繼承或被扶養等)。由於胎兒從母親所生出,因此,非婚生子女與其生母之關係,視為婚生子女,無須認領。但非婚生子女與生父關係,則須透過認領,才視為婚生子女。其經生父撫育者,視為認領(§1065 I)。

認領可分為:

❶任意認領

這個認領的程序很單純,只要私下表達願意承認這個孩子就可以了。即使沒有這種表達,卻有提供金錢撫養這個小孩,也視為認領。

❷強制認領

如果生父不肯認領,有事實足認其為非婚生子女之生父者,非婚生子女或其生母或其他法定代理人,得向生父提起認領之訴。因此,私生子和媽媽,也可以向法官提起官司,要求生父認領(§1067)。至於認領後,關於未成年子女權利義務之行使,也就是子女的監護權,原則上由父母雙方協議,協議不成時由法院裁判。

親子關係

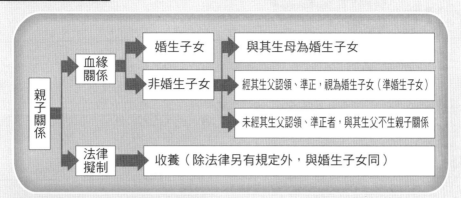

婚生推定與受胎時間

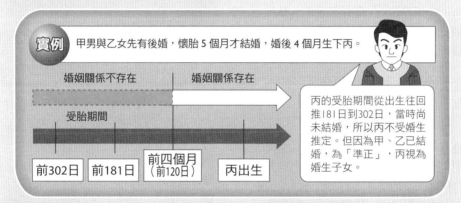

認領

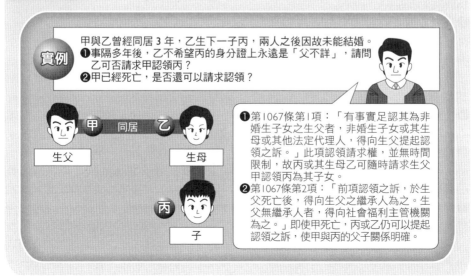

UNIT 5-11
收養

（一）收養之定義

收養他人之子女為子女時，其收養者為養父或養母，被收養者為養子或養女（§1072）。所謂收養，和認領不同，是指完全沒有血緣關係的人，在法律上收養為自己的子女。

（二）近親收養之禁止

法律明文下列親屬不得收養為養子女（§1073-1）：❶直系血親；❷直系姻親。但夫妻之一方，收養他方之子女者，不在此限；❸旁系血親在六親等以內及旁系姻親在五親等以內，輩分不相當者。

（三）收養之規定

❶收養者原則上應長於被收養者20歲以上。但夫妻共同收養時，夫妻之一方長於被收養者20歲以上，而他方僅長於被收養者16歲以上，亦得收養。夫妻之一方收養他方之子女時，應長於被收養者16歲以上（§1073）。

❷夫妻收養子女時，應共同為之。但有下列各款情形之一者，得單獨收養：①夫妻之一方收養他方之子女；②夫妻之一方不能為意思表示或生死不明已逾3年（§1074）。

❸除夫妻共同收養外，一人不得同時為二人之養子女（§1075）。

❹夫妻之一方被收養時，應得他方之同意。但他方不能為意思表示或生死不明已逾3年者，不在此限（§1076）。

❺子女被收養時，應得父母之同意。但有二種情形例外：①父母之一方或雙方對子女未盡保護教養義務或其他顯然不利子女之情事而拒絕同意；②父母之一方或雙方事實上不能為意思表示時，例如：父母不詳、父母死亡、失蹤或無同意能力等（§1076-1）。

❻未成年人被收養時，由法定代理人為之（§1076-2）。

（四）收養之方式

收養應以書面為之，並向法院聲請認可（§1079 I）。

（五）收養之認可

收養有無效、得撤銷之原因或違反其他法律規定者，法院應不予認可（§1079 II）。法院為未成年人被收養之認可時，應依養子女最佳利益為之（§1079-1）。但被收養者為成年人而有下列各款情形之一者，法院應不予收養之認可：

❶意圖以收養免除法定義務。

❷依其情形，足認收養於其本生父母不利。

❸有其他重大事由，足認違反收養目的（§1079-2）。

（六）收養之效力

養子女與養父母及其親屬間之關係，除法律另有規定外，與婚生子女同（§1077 I）。養子女從收養者之姓或維持原來之姓，而夫妻共同收養子女時，於收養登記前，應以書面約定養子女從養父姓、養母姓或維持原來之姓（§1078）。養子女與本生父母及其親屬間之權利義務，於收養關係存續中停止之。但夫妻之一方收養他方之子女時，他方與其子女之權利義務，不因收養而受影響（§1077 II）。

收養之關係

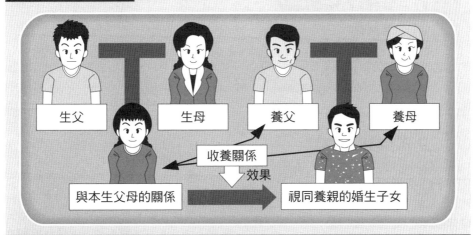

| 生父 | | 生母 | 養父 | | 養母 |

收養關係 → 效果

與本生父母的關係 → 視同養親的婚生子女

收養之關係

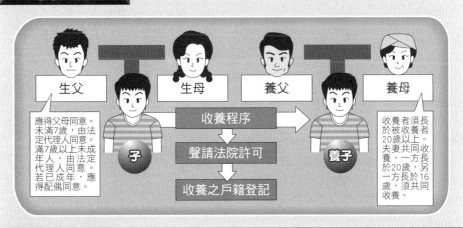

生父　　生母　　養父　　養母

應得父母同意。未滿7歲，由法定代理人同意。滿7歲以上未成年人，由法定代理人同意。若已成年，應得配偶同意。

收養程序 → 聲請法院許可 → 收養之戶籍登記

子　→　養子

收養者須長於被收養者20歲以上。夫妻共同收養，一方長於20歲，另一方長於16歲，須共同收養。

收養要件

	要件	違反的效果
實質要件	收養的合意	收養無效
	收養者的年齡，長於被收養者二十歲以上。但夫妻共同收養時，夫妻之一方長於被收養者二十歲以上，而他方僅長於被收養者十六歲以上，亦得收養（§1073）。	收養無效（§1079-4）
	非「近親收養」（§1073-1）	收養無效（§1079-4）
	夫妻收養子女時，應共同為之（§1074）。	得撤銷（§1079-5）
	一人不得同時為二人之養子女（§1075）。	收養無效（§1079-4）
	夫妻之一方被收養時，應得他方之同意（§1076）。	得撤銷（§1079-5）
	子女被收養時，應得父母之同意（§1076-1）。	收養無效（§1079-4）
形式要件	以書面為之（§1079）	收養無效（§1079-4）
	經法院認可（§1079）	收養無效（§1079-4）

UNIT 5-12
親權

「親權」是父母對於未成年子女，在「身分上」和「財產上」權利義務的行使或是負擔。

（一）身分上的權利義務

子女應該孝順和尊敬父母。父母對於未成年的子女有保護以及教養權利的義務。

❶未成年子女住所指定權

父母對於未成年子女有照顧養育的義務，所以未成年子女以父母的住所為住所（§1060）。

❷懲戒權

在必要的範圍內，父母為了教育子女，可以懲罰訓誡子女，以矯正子女不當的行為，但如果超出必要程度，就會構成虐待（§1085）。

❸法定代理權

原則上父母是子女的法定代理人，可以代理未成年子女的「財產行為」，「身分行為」除非有明文規定，不然不能代理（§1086）。但當父母的行為和未成年子女的利益相反，依法不能代理的時候，法院可以依照父母、未成年子女、主管機關、社會福利機構，或其他利害關係人的聲請或依照職權，為子女選任特別代理人。

（二）未成年子女特有財產之管理權

未成年人的「特有財產」，有因繼承所得財產、他人或父母所贈與的財產，或其他無償取得的財產，例如：時效取得、先占（§1087）。父母共同管理未成年人的特有財產，父母可以「使用」、「收益」未成年人的財產，但不能「處分」未成年人的財產，只有在為了子女的利益之下，才可以處分未成年子女的特有財產（§1088），這個「處分」包括法律上的處分，例如：買賣、設定負擔，以及事實上的處分，例如：物品有毀壞之虞而丟棄。

例如：A將自己所有的房地產贈與，並移轉登記給15歲的兒子B，1年後，A將該房以B的名義賣給C，但由於這筆房地產是B的特有財產，A將該房以B名義賣給C，是處分B的特有財產的行為，因此，A需要證明出售該房地產，是為了B的利益才這麼做的，地政事務所才會辦理移轉登記。

（三）親權的行使以及負擔

對於未成年子女之權利義務，除法律另有規定外，由父母共同行使或負擔之。父母之一方不能行使權利時，由他方行使之。父母不能共同負擔義務時，由有能力者負擔之（§1089Ⅰ）。父母對於未成年子女重大事項權利之行使意思不一致時，得請求法院依子女之最佳利益酌定之（§1089Ⅱ）。法院會聽取「未成年子女」、「主管機關」或「社會福利機構」的意見，斟酌要怎麼做才能讓子女獲得「最佳利益」（§1089Ⅲ）。

（四）禁止親權濫用

不管是父母任何一方，濫用對於子女的權利時，法院可以依照父母的另一方、未成年子女、主管機關、社會福利機構、其他利害關係人的請求，或是依照職權，為子女的利益，宣告停止濫用權利的一方一部分或是全部的權利（§1090）。

親權

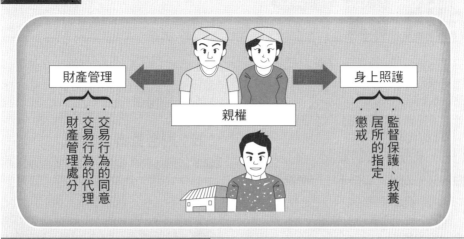

財產管理 ← 親權 → 身上照護

財產管理處分・交易行為的代理・交易行為的同意

懲戒・居所的指定・監督保護、教養

親權行使意見不一致

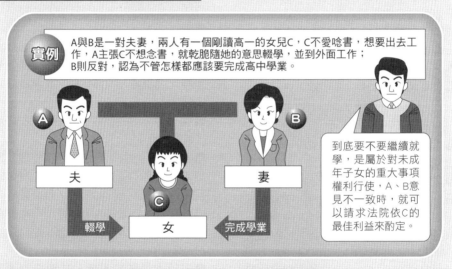

實例　A與B是一對夫妻，兩人有一個剛讀高一的女兒C，C不愛唸書，想要出去工作，A主張C不想念書，就乾脆隨她的意思輟學，並到外面工作；B則反對，認為不管怎樣都應該要完成高中學業。

夫　A　　　妻　B　　C　女

輟學 →　　　← 完成學業

到底要不要繼續就學，是屬於對未成年子女的重大事項權利行使，A、B意見不一致時，就可以請求法院依C的最佳利益來酌定。

未成年子女的一般財產與特有財產

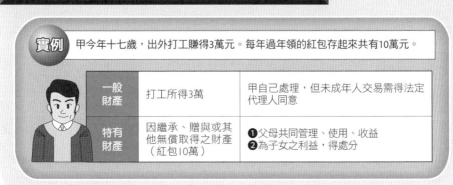

實例　甲今年十七歲，出外打工賺得3萬元。每年過年領的紅包存起來共有10萬元。

一般財產	打工所得3萬	甲自己處理，但未成年人交易需得法定代理人同意
特有財產	因繼承、贈與或其他無償取得之財產（紅包10萬）	❶父母共同管理、使用、收益 ❷為子女之利益，得處分

299

UNIT **5-13**
監護

「監護」分成為「未成年人的監護」和「受監護宣告的成年人的監護」。前者是對於未成年人的「保護」和「教養」；後者則是「保護」和「治療」。

（一）未成年人的監護人的設置

❶無父母或是父母都不能行使親權

這種情況就應該設置「監護人」，以「保護」和「教養」未成年人。

❷父母的委託

父母對於未成年的子女，可以因為特定事項，委託他人在一定期限內，行使監護的職務。例如：子女因為求學離開父母，因病在他地療養而離開父母，在這一段時間內，父母可以將對於子女監護委託他人行使（§1092）。

（二）監護人的確定

❶指定監護人：後死的父或母，可以用遺囑指定監護人（§1093 I）。

❷法定監護人：當父母都不能行使、負擔對未成年子女的權利義務，或是父母死亡，而沒有遺囑指定監護人的時候，依照下列的順序來決定監護人：①和未成年人同居的祖父母；②和未成年人同居的兄姐；③沒有和未成年人同居的祖父母（§1094）。

（三）監護人的職務

監護人在「保護」、「增進」受監護人利益的範圍內，除另外有規定外，可以行使「親權人」的權利、義務。但是如果是由父母暫時委託監護的話，就以所受委託的職務為限，不能違反親權人的意思（§1097）。監護人為受監護人的法定代理人，替受監護人為意思表示，代受意思表示，並且代為一切法律行為（§1098）。

（四）財產監護

❶監護開始時，監護人對於受監護人的財產，依規定會同遺囑指定、當地直轄市、縣（市）政府指派或法院指定之人，在2個月內開具「財產清冊」，並陳報法院，如果沒辦法及時完成的話，在必要時，監護人可以向法院聲請延長時間（§1099）。

❷監護人應以善良管理人之注意，來執行監護職務（§1100）。

❸監護人對於受監護人之財產，非為受監護人之利益，不得使用、代為或同意處分（§1101 I）。

❹監護人不得受讓受監護人之財產（§1102）。

❺受監護人之財產，由監護人管理。執行監護職務之必要費用，由受監護人之財產負擔。法院於必要時，得命監護人提出監護事務之報告、財產清冊或結算書，檢查監護事務或受監護人之財產狀況（§1103）。

❻監護人得請求報酬，其數額由法院按其勞力及受監護人之資力酌定之（§1104）。

（五）監護人的辭職

「法定監護人」和「選定監護人」在有正當理由的情況下，經過法院許可，便可以辭去監護人職務，但是不是要選新的監護人，應該要視具體狀況而定（§1095）。

未成年人監護人之選定

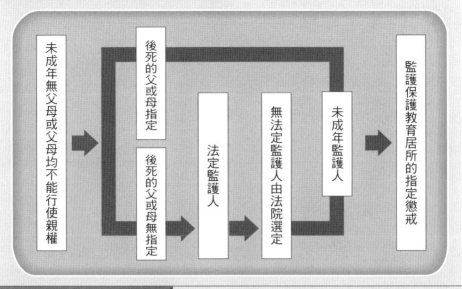

未成年無父母或父母均不能行使親權 ➡️ 後死的父或母指定／後死的父或母無指定 ➡️ 法定監護人 ➡️ 無法定監護人由法院選定 ➡️ 未成年監護人 ➡️ 監護保護教育居所的指定懲戒

第5章 親屬編

父母委託監護人

實例 甲乙夫婦都在國外工作，女兒丙委託在台灣之姑姑丁照顧，希望丁能照顧丙好好念書，由於丙念職業學校，與校外髮廊有建教合作，所以丙就和髮廊簽約，由姑姑丁當法定代理人，在合約上簽名。請問合約上無丙之父母甲、乙的簽名，是不是有效？

甲、乙委任丙的姑姑丁監護丙，處理丙在台灣唸書的事項，而建教合作之簽約屬於唸書的一部分，當然是在姑姑丁的監護權範圍內，因此丁為丙之法定代理人，可以行使法定代理人之同意權，丁於合約上簽名是有效的。

監護人辭職

實例 4歲的A父母雙亡，依民法第1094條法定監護人的順序，應由A的祖父B擔任監護人。但B後來因案入獄服刑，不能執行監護事務，可否辭去監護人職務？

B入獄服刑，屬不能監護之正當事由，所以B只要向法院聲請許可，在法院許可後，便可以辭去監護人職務。至於由誰擔任監護人，就先從法定監護人序列尋找可以擔任的人，如果沒有法定監護人的話，就由法院選定監護人。

UNIT 5-14
意定監護

圖解民法

原本「成年人監護制度」，是本人喪失意思能力始啟動之機制，無法充分符合受監護人意願；而「意定監護制度」，是在本人之意思能力尚健全時，本人與受任人約定，於本人受監護宣告時，受任人允為擔任監護人，以替代法院依職權選定監護人，使本人於意思能力喪失後，可依其先前之意思自行決定未來的監護人，較符合人性尊嚴及本人利益，並完善民法監護制度。

（一）意定監護契約之成立

稱意定監護者，謂本人與受任人約定，於本人受監護宣告時，受任人允為擔任監護人之契約（§1113-2 I）。

意定監護契約之訂立或變更，應由公證人作成公證書始為成立，並由公證人於7日內，以書面通知本人住所地之法院。前項公證，應有本人及受任人在場，向公證人表明其合意，始得為之。意定監護契約於本人受監護宣告時，發生效力（§1113-3）。

（二）法院監護宣告

法院為監護宣告時，於本人事前訂有意定監護契約，應以意定監護優先為原則，以本人所定之受任人為監護人。但有事實足認意定監護受任人不利於本人，或有顯不適任之情事，法院得依職權選定監護人，不受意定監護契約之限制（§1113-4）。

意定監護契約訂立後，當事人於法院為監護宣告前，得隨時撤回。監護宣告後，本人有正當理由，得聲請法院許可終止之；受任人有正當理由，得聲請法院許可辭任其職務（§1113-5）。

（三）監護人有數人時

受任人得為一人或數人；其為數人者，除約定為分別執行職務外，應共同執行職務（§1113-2 II）。

法院為監護宣告後，監護人共同執行職務時，監護人全體或監護人數人分別執行職務時，執行同一職務之監護人全體有第1106條第1項（例如全體死亡或全體辭任）或第1106條之1第1項（不符受監護人之最佳利益，或有顯不適任之情事者）之情形者，法院得另行選定或改定監護人。另監護人中之一人或數人有上開條文所定情形，則視情形由其他監護人執行職務；或由法院解任後，始由其他監護人執行職務（§1113-6）。

（四）意定監護契約之內容

意定監護人之報酬，倘當事人已約定者，自應依其約定；當事人若未約定，得請求法院酌定之（§1113-7）。前後意定監護契約有相牴觸者，視為本人撤回前意定監護契約（§1113-8）。意定監護契約約定受任人執行監護職務不受第1101條第2項、第3項有關監護人處分財產之限制者，從其約定（§1113-9）。

其他有關意定監護事項，準用成年人監護之規定（§1113-10）。

意定監護怎麼做

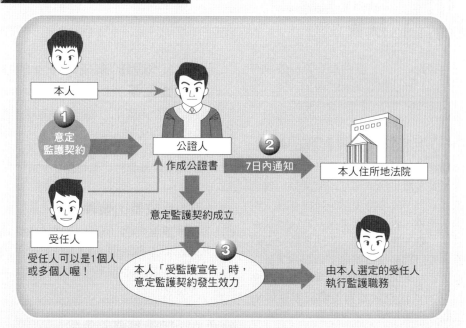

本人

① 意定監護契約

受任人

受任人可以是1個人或多個人喔！

公證人

作成公證書

② 7日內通知

本人住所地法院

意定監護契約成立

③ 本人「受監護宣告」時，意定監護契約發生效力

由本人選定的受任人執行監護職務

意定監護v.s法定監護

編號	項目	成年監護制度	意定監護制度
❶	監護人之產生	本人喪失意思能力而受監護宣告時，由法院依職權為監護人之選定（§1111）	本人意思能力尚健全時，由本人與受任人約定，於本人受監護宣告時，由受任人擔任其監護人（§1113-2）
❷	監護人之人選	限於民法第1111條所定範圍內之人，配偶、四親等內之親屬、最近一年有同居事實之其他親屬、主管機關、社會福利機構或其他適當之人（§1111）	不限於民法第1111條所定範圍內之人選（§1113-2）
❸	監護人之執行職務	法院選定數人為監護人時，得依職權指定其共同或分別執行職務之範圍（§1112-1）	意定監護契約之受任人得為一人或數人；其為數人者，除約定為分別執行職務外，應共同執行職務（§1113-2）
❹	監護人之報酬	監護人得請求報酬，其數額由法院按其勞力及受監護人之資力酌定之（§1113準用§1104）	意定監護契約得約定報酬或約定不給付報酬，未約定者，監護人得請求法院按其勞力及受監護人之資力酌定之（§1113-7）
❺	監護人處分財產之限制	監護人處分財產受民法第1101條第2項及第3項之限制①非經法院同意不生效力：A代理受監護人購置或處分不動產；B就供其居住之建築物或其基地出租、供他人使用或終止租賃。②不得以受監護人之財產為投資（§1113準用§1101）	意定監護契約可約定受任人執行監護職務不受民法第1101條第2項及第3項之限制（§1113-9）

UNIT 5-15
扶養

圖解民法

「扶養」是指一定親屬有經濟能力的人，對於無法維持生活的親屬，提供金錢，以供其生活的親屬法上的義務。

（一）互相負有扶養義務的親屬

❶直系血親相互間：直系血親之間不管是長輩還是晚輩，互相間負有扶養義務，只要不能維持生活，又沒有謀生能力的時候，就可以要求直系血親負扶養義務；❷夫妻之一方，和他方的父母同居，相互間有扶養義務：夫跟岳父母同住，或是妻與公婆同住一屋簷下，那麼相互間就負扶養義務；❸兄弟姐妹相互間：親生和養兄弟姐妹間，有互負扶養義務；❹家長家屬相互間：「家屬」是指以永久共同生活為目的，而和「家長」同居的人。既然同居一家共同生活，就是家屬的一份子，家長對於家屬也應該負有扶養義務（§1114）。

（二）扶養義務人的順序與分擔

負扶養義務者有數人時，應依下列順序定其履行義務之人：❶直系血親卑親屬；❷直系血親尊親屬；❸家長；❹兄弟姊妹；❺家屬；❻子婦、女婿；❼夫妻之父母。同係直系尊親屬或直系卑親屬者，以親等近者為先。負扶養義務者有數人，而其親等同一時，應各依其經濟能力，分擔義務（§1115）。

（三）夫妻和其他人扶養權利義務

夫妻所要負扶養義務的順序和「直系血親卑親屬」相同，而受扶養權利的順序和「直系血親尊親屬」相同，這是因為夫妻要永久共同生活，因此扶養義務和權利都應該處於優先的狀態（§1116-1）。

（四）父母對於未成年子女的扶養義務

父母對於未成年子女的扶養義務，不因為父母的結婚被撤銷，或是父母離婚而受到影響，就算結婚撤銷或是離婚，仍然要負扶養義務（§1116-2）。

（五）受扶養的要件

受扶養權利者，以不能維持生活而無謀生能力者為限。前項無謀生能力之限制，於直系血親尊親屬不適用之（§1117）。

（六）撫養義務的免除

因負擔撫養義務，反而造成自己不能維持生活的話，就可免除其義務。但基於倫常，當「受撫養權利者」是「直系血親尊親屬」或「配偶」時，只能減輕義務，不能免除負擔（§1118）。

（七）扶養的程度

扶養的程度，應該依照個案，受扶養權利人實際的需要，和扶養義務人的經濟能力以及身分來決定（§1119）。扶養方法由當事人協議決定，不能協議的時候，由親屬會議決定。但扶養費之給付，當事人不能協議時，就由法院來決定（§1120）。在扶養的程度與方法決定後，扶養期間中，如果因為社會經濟變更，導致一般人日常生活所需要的費用大幅增加，使得以前約定的程度或方法，沒辦法繼續維持生活的話，扶養權利人可以請求變更扶養的程度與方法（§1121）。

扶養義務人及受扶養權利人的順序

	扶養義務人的順序（§1115）	受扶養權利人的順序（§1116）
❶	直系血親卑親屬	直系血親尊親屬
❷	直系血親尊親屬	直系血親卑親屬
❸	家長	家屬
❹	兄弟姐妹	兄弟姐妹
❺	家屬	家長
❻	子婦、女婿	夫妻的父母
❼	夫妻的父母	子婦、女婿

扶養義務的順序

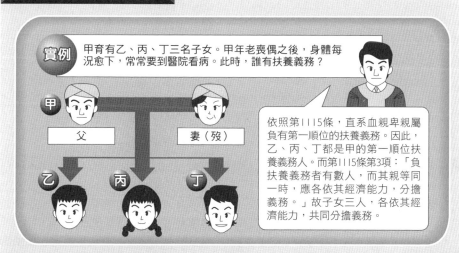

實例　甲育有乙、丙、丁三名子女。甲年老喪偶之後，身體每況愈下，常常要到醫院看病。此時，誰有扶養義務？

依照第1115條，直系血親卑親屬負有第一順位的扶養義務。因此，乙、丙、丁都是甲的第一順位扶養義務人。而第1115條第3項：「負扶養義務者有數人，而其親等同一時，應各依其經濟能力，分擔義務。」故子女三人，各依其經濟能力，共同分擔義務。

對未成年子女之扶養義務

實例　甲與乙離婚後，法院將子丙的監護權判給乙。但乙因失業，無力扶養丙，請問甲是否對丙有扶養義務？

第1116條之2：「父母對於未成年子女之扶養義務，不因結婚經撤銷或離婚而受影響。」故甲對丙仍有扶養義務。

UNIT 5-16
家、親屬會議

（一）家的定義

「家」是以「永久共同生活」為目的而同居的親屬團體（§1122）。

（二）家長和家屬

「家」設置「家長」，同家的人，除了「家長」之外，都是「家屬」，雖然不是親屬，而以「永久共同生活」為目的，同居一家的人，也被認為是家屬，屬於家的一份子（§1123）。家長由親屬團體中推定之；無推定時，以家中之最尊輩者為之；尊輩同者，以年長者為之；最尊或最長者不能或不願管理家務時，由其指定家屬一人代理之（§1124）。家務由家長管理。但家長得以家務之一部，委託家屬處理（§1125）。

（三）家屬之分離

❶請求分離

家屬已經成年，就可以請求離開家，脫離家屬身分，不過原有的親屬關係，不會因為離開家庭，而有所消滅（§1127）。

❷命令分離

家長對於已成年之家屬，得令其由家分離，但以有正當理由時為限（§1128）。

（四）親屬會議的定義

「親屬會議」就是當事人、法定代理人或其他利害關係人，召集來處理親屬間法定職權事項，由一定親屬臨時組成的會議機構。

（五）親屬會議的組成

親屬會議的成員，要由會員5人組成，人數若是低於5人的話，就無法組成親屬會議（§1130）。

❶法定會員

親屬會議會員，應就未成年人、受監護宣告之人或被繼承人之下列親屬與順序定之：①直系血親尊親屬；②三親等內旁系血親尊親屬；③四親等內之同輩血親。前項同一順序之人，以親等近者為先；親等同者，以同居親屬為先，無同居親屬者，以年長者為先。依前二項順序所定之親屬會議會員，不能出席會議或難於出席時，由次順序之親屬充任之（§1131）。

❷指定會員

沒有法定會員，或親屬不足法定人數時，法院得因有召集權人的聲請，在其他親屬中來指定（§1132①）。依法應為親屬會議會員之人，非有正當理由，不得辭其職務（§1134）。

（六）親屬會議的召開

應該召開親屬會議的時候，由要討論事項的當事人、法定代理人，或其他利害關係人，來作為召集人，來召開親屬會議（§1129）。親屬會議不能召開或召開有困難時，依法應經親屬會議處理之事項，由有召集權人聲請法院處理之。親屬會議經召開而不為或不能決議時，亦同（§1132②、③）。民法中規定要召開親屬會議，通常是因為遺產的處理問題。

（七）親屬會議的決議

親屬會議，非有3人以上之出席，不得開會，非有出席會員過半數之同意，不得為決議（§1135）。親屬會議會員，在有個人利害關係的事件中，不可以加入決議，但是可以陳述自己的意見（§1136）。

家屬身分的取得

自然事實 而取得	出生	家長和家屬的「婚生子女」，因為「出生」，所以當然取得父家或是母家的家屬身分。
	認領	非婚生子女，因為經過生父的認領或是撫育，或是因為生父和生母結婚，取得與婚生子女同樣的身分關係。
法律規定 而取得	結婚、收養	因為「結婚」或是「收養」，和家長或是家屬，成立「配偶關係」或是「親子關係」的人，當然是那個家的家屬。
	被收養人 回復原家 的家屬身分	被收養人因為收養的撤銷或是終止，回復和「本生父母」以及「親屬」間的權利義務關係。
	隨母出嫁	未成年人因為母親結婚，又母是未成年人的監護人，在母和配偶同居時，未成年人就會成為母和新配偶所組成新家的家屬。
	隨父母 被收養	未成年人隨父母被收養，父母是未成年子女的監護人，因此未成年人成為養家的家屬。

親屬會議何時召開

扶養方法 之決定	扶養之方法，由當事人協議定之；不能協議時，由親屬會議定之。但扶養費之給付，當事人不能協議時，由法院定之（§1120）。
遺產酌給 請求權	被繼承人生前繼續扶養之人，應由親屬會議依其所受扶養之程度及其他關係，酌給遺產（§1149）。
遺產管理人之 選定及報明	繼承開始時，繼承人之有無不明者，由親屬會議於一個月內選定遺產管理人，並將繼承開始及選定遺產管理人之事由，向法院報明（§1177）。
搜索繼承人之 公示催告與選 任遺產管理人	親屬會議依前條規定為報明後，法院應依公示催告程序，定六個月以上之期限，公告繼承人，命其於期限內承認繼承（§1178Ⅰ）。
遺產管理人之 報告義務	遺產管理人，因親屬會議，被繼承人之債權人或受遺贈人之請求，應報告或說明遺產之狀況（§1180）。
遺產管理人 之報酬	遺產管理人，得請求報酬，其數額由親屬會議按其勞力及其與被繼承人之關係酌定之（§1183）。
口授遺囑 之鑑定	口授遺囑，應由見證人中之一人或利害關係人，於為遺囑人死亡後三個月內，提經親屬會議認定其真偽。對於親屬會議之認定如有異議，得聲請法院判定之（§1197）。
遺囑執行人之 產生—親屬會 議法院之選任	遺囑未指定遺囑執行人，並未委託他人指定者，得由親屬會議選定之；不能由親屬會議選定時，得由利害關係人聲請法院指定之（§1211）。
遺囑之提示	遺囑保管人知有繼承開始之事實時，應即將遺囑提示於親屬會議；無保管人而由繼承人發見遺囑者亦同（§1212）。
密封遺囑 之開視	有封緘之遺囑，非在親屬會議當場或法院公證處，不得開視（§1213Ⅰ）。

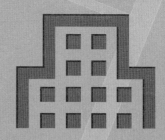

第 **6** 章

繼承編

● 章節體系架構 ▼

UNIT **6-1**
繼承

（一）繼承權之取得

繼承，因被繼承人死亡而開始（§1147）。繼承自被繼承人死亡始即發生，但須符合「同時存在原則」，即被繼承人死亡時，繼承人需尚生存，始有繼承權。例如：夫妻遭遇空難死亡，不能證明其死亡之先後者，推定其為同時死亡，相互間互不繼承。

（二）繼承人的權利義務

繼承是採「全面繼承」，只要繼承人沒有「拋棄繼承」的意思，繼承人就要繼承被繼承人財產上的一切權利義務（§1148 I）。

❶積極財產

是指繼承人應該繼承的被繼承人的權利，換句話說就是被繼承人的「有形資產」和「無形資產」：①有形資產：如動產、不動產、債權等；②無形資產：像是被繼承人的著作權、專利權等都是無形資產。

❷消極財產

消極財產就是被繼承人的負債。被繼承人的負債，繼承人也應該繼承，替被繼承人來清償，但如果繼承的負債超過了繼承的資產，繼承人唯有「限定繼承」，用繼承的財產來清償繼承債務。

（三）限定繼承之有限責任

但繼承人對於被繼承人之債務，以因繼承所得遺產為限，負清償責任（§1148 II）。係鑑於社會上時有繼承人因不知法律而未於法定期間內辦理限定繼承或拋棄繼承，以致背負繼承債務，影響其生計，為解決此種不合理之現象，爰增訂第2項規定，明定繼承人原則上依第1項規定承受被繼承人財產上之一切權利、義務，惟對於被繼承人之債務，僅須以因繼承所得遺產為限，負清償責任，以避免繼承人因概括承受被繼承人之生前債務而桎梏終生。

（四）被繼承人的一身專屬權

被繼承人的「一身專屬權」，不屬於繼承財產範圍。例如：身分權、人格權，皆因權利主體的死亡，而歸於消滅，這些權利只有權利主體的人才能擁有，因此不能作為繼承的標的。「身分權」是以個人的身分而獲得的權利，例如：身為A校的校友，而當選校友會會長，這個會長的權利便不能繼承。「人格權」則是權利人人格上的權利，例如：生命、身體、自由、貞操、名譽、肖像、姓名、信用，這些權利都是被繼承人自身所擁有，隨著被繼承人死亡而消滅，所以也不能作為繼承的標的。

繼承

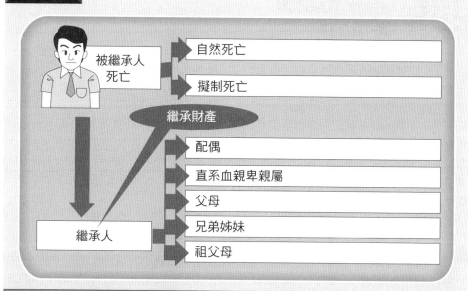

被繼承人
死亡

→ 自然死亡

→ 擬制死亡

繼承財產

繼承人

配偶

直系血親卑親屬

父母

兄弟姊妹

祖父母

被繼承人之財產

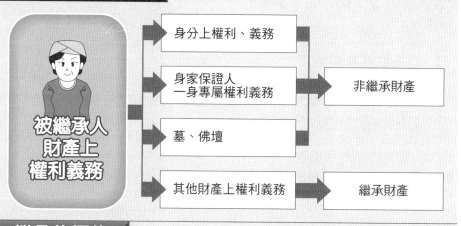

被繼承人
財產上
權利義務

→ 身分上權利、義務

→ 身家保證人
一身專屬權利義務 → 非繼承財產

→ 墓、佛壇

→ 其他財產上權利義務 → 繼承財產

繼承的標的

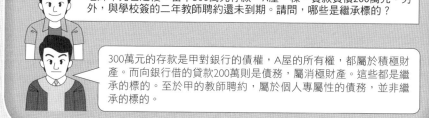

老師甲死亡之後，留下300萬元存款、A屋一棟、貸款負債200萬元。另外，與學校簽的二年教師聘約還未到期。請問，哪些是繼承標的？

300萬元的存款是甲對銀行的債權，A屋的所有權，都屬於積極財產。而向銀行借的貸款200萬則是債務，屬消極財產。這些都是繼承的標的。至於甲的教師聘約，屬於個人專屬性的債務，並非繼承的標的。

UNIT **6-2**
繼承順序

繼承，因被繼承人死亡而開始。但究竟誰有權繼承財產（法定繼承人）呢？除了被繼承人的「配偶」當然為遺產繼承人之外，其他的繼承人只要合於法定的繼承人資格，基於男女平等原則，就可以做法定繼承人。遺產繼承人，除配偶外，依下列順序定之（§1138）：❶直系血親卑親屬；❷父母；❸兄弟姊妹；❹祖父母。

（一）配偶是當然繼承人

配偶有「相互繼承權」，也就是說配偶互相間有權繼承對方的財產。配偶須要與「法定繼承人」共同繼承（§1144）。

（二）直系血親卑親屬

當直系血親卑親屬有數人時，以親等近者為先（§1139），若親等相同，則共同與配偶繼承遺產。「非婚生子女」可以繼承生母的繼承，「未受生父認領」或「視為認領前」不得繼承生父的遺產。經認領後，成為「婚生子女」就可繼承生父遺產。

（三）代位繼承

居於法定第一順序的繼承人，就是被繼承人的直系血親卑親屬，如果在繼承開始前就死亡，或因為其他事由喪失繼承權時，由其直系血親卑親屬、承襲其繼承順序而為繼承人（§1140）。例如：父死，子女應繼承父的遺產，但是子女先於父死亡，或是子女因故喪失繼承權，就由孫子女代位繼承祖父的遺產。

例如：A有3名子女甲、乙、丙，老大甲先於A而過世，但甲留有2名子女丁、戊。A過世時，妻子B亦已經過世，A的遺產就單獨由他的直系血親卑親屬繼承，因此繼承人就為甲、乙、丙，但由於甲為第一順位繼承人且於繼承開始前就死亡，應由其直系血親卑親屬丁、戊代位繼承甲的應繼分。

（四）父母的繼承權

無直系血親卑親屬時，就由父母與配偶來共同繼承。父或母只有一方還健在的情形，則由健在的一方與配偶共同繼承。

（五）兄弟姊妹的繼承權

無直系血親卑親屬，又沒有父母繼承，就由「兄弟姊妹」與「配偶」共同繼承，兄弟姊妹如有人先死亡時，由還健在的兄弟姊妹共同與配偶繼承。其他先死亡的兄弟姊妹的子女不能代位繼承。例如：A與妻子B婚後沒有孩子，A的父母亦不在世，而有兄弟姐妹，當A死亡之後，A的遺產應由B及A的兄弟姐妹共同繼承遺產。

（六）祖父母的繼承權

無直系血親卑親屬、無父母、無兄弟姊妹，由健在的祖父母與配偶共同繼承。如果祖父母只有一人健在，就由健在的一方與配偶共同繼承。

（七）遺產酌給請求權

被繼承人生前繼續扶養之人，應由親屬會議依其所受扶養之程度及其他關係，酌給遺產（§1149）。

繼承順序

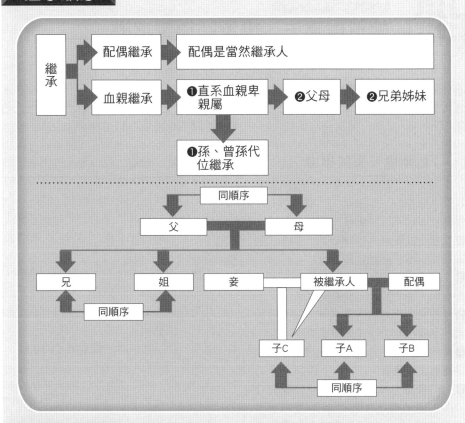

代位繼承

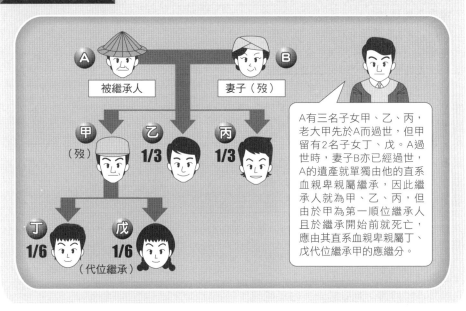

A有三名子女甲、乙、丙，老大甲先於A而過世，但甲留有2名子女丁、戊。A過世時，妻子B亦已經過世，A的遺產就單獨由他的直系血親卑親屬繼承，因此繼承人就為甲、乙、丙，但由於甲為第一順位繼承人且於繼承開始前就死亡，應由其直系血親卑親屬丁、戊代位繼承甲的應繼分。

UNIT **6-3**
繼承權喪失、繼承回復請求權

繼承人因被繼承人死亡當然取得繼承的地位。惟如繼承人對被繼承人或其他應繼承人有不法或不當行為時，理應剝奪其繼承權。

（一）繼承權喪失的事由

如果有以下其中一項事由存在，就算是優先順序的法定繼承人，或是只有一個繼承人也不可以繼承：

❶故意致被繼承人或應繼承人於死或雖未致死因而受刑之宣告者。

❷以詐欺或脅迫使被繼承人為關於繼承之遺囑，或使其撤回或變更之者。

❸以詐欺或脅迫妨害被繼承人為關於繼承之遺囑，或妨害其撤回或變更之者。

❹偽造、變造、隱匿或湮滅被繼承人關於繼承之遺囑者。

❺對於被繼承人有重大之虐待或侮辱情事，經被繼承人表示其不得繼承者（§1145 I）。前項第❷款至第❹款之規定，如經被繼承人有恕者，其繼承權不喪失（§1145 II）。

例如：A有3名子女B、C、D，B跟C常起衝突，B還曾因殺害C未遂而入獄服刑，A過世之前，因為念及B也是自己的孩子，所以特別交代子女，一定要分一份財產給B，但B故意殺害同是繼承人的C，雖然未遂，但已受刑之宣告，構成了喪失繼承權事由，而且這項事由，不會因被繼承人原諒而回復繼承權，所以C、D還是可以排除B的繼承權，而繼承A的財產。

（二）繼承回復請求權

繼承權被侵害者，被害人或其法定代理人得請求回復之（§1146 I）。「繼承權是否被侵害，應以繼承人繼承原因發生後，有無被他人否認其繼承資格並排除其對繼承財產之占有、管理或處分為斷。凡無繼承權而於繼承開始時或繼承開始後僭稱為真正繼承人或真正繼承人否認其他共同繼承人之繼承權，並排除其占有、管理或處分者，均屬繼承權之侵害，被害人或其法定代理人得依民法第1146條規定請求回復之，初不限於繼承開始時自命為繼承人而行使遺產上權利者，始為繼承權之侵害」（釋字第437號）。

繼承回復請求權的內容，包括兩個，第一個是確認自己是真正有資格來繼承財產的人，第二則要求現在占有真正繼承人應該繼承的遺產之人，把所侵占的財產，還給真正應該繼承遺產的自己。

回復請求權，自知悉被侵害之時起，2年間不行使而消滅；自繼承開始時起逾10年不請求，也是使得回復請求權消滅（§1146 II）。

繼承權喪失之事由

當然喪失繼承權
- 故意致被繼承人或應繼承人於死,或雖未致死,但受法院判刑
- 以詐欺或脅迫使被繼承人作成遺囑,或使其撤回或變更
- 以詐欺或脅迫妨害被繼承人作成遺囑,或妨害撤回或變更
- 偽造、變造、隱匿或湮滅被繼承人的遺囑

→ 如經被繼承人有恕者,其第二款至第四款之規定,繼承權不喪失。

經表示不得繼承而喪失繼承權
- 對於被繼承人重大侮辱情事
- 對被繼承人虐待情事

繼承權喪失與繼承回復請求權

實例 甲的配偶乙已去世,育有丙男和丁女,而甲名下有A、B兩棟房子,分別給丙、丁居住,但未辦理過戶,甲就去世了。不料後來丁發現,母親乙是被丙所殺,經法院亦判有期徒刑確定。

甲　　　　　　　乙　歿

（喪失繼承權）

殺

丁　　　　　　　丙

繼承回復請求權

占有B屋　　　　占有A屋

❶ 根據第1145條第1項第1款:「故意致被繼承人或繼承人於死或雖未致死因而受刑之宣告者。」喪失繼承權,丙殺死母親乙,乙也是應繼承人,故甲受刑之宣告,因此喪失繼承權。

❷ 丙仍舊說他自己是繼承人並且占有A屋,丁丁可根據第1146條,提出繼承回復請求權,一方面確認自己是母親唯一繼承人,另一方面要求丙把A屋交還給丁。

UNIT **6-4**
應繼分

（一）應繼分

「應繼分」指各共同繼承人，對於所共同繼承的遺產，應分得的權利義務的比例。

（二）血親繼承人的應繼分

同一順序繼承人的應繼分，採「均分繼承制度」，如果繼承人屬於同一順序，就以平均分配為原則（§1141）。

此平均繼承的原則，不僅適用於第一順序繼承人，縱然是第二順序的父母、第三順序的兄弟姊妹、第四順序的祖父母，也適用，通常繼承人不止一人，須在各順序內，按人數平均分配應繼分。

例如：甲配偶乙多年前車禍已去世，留有3名子女，未來當甲死亡時，繼承人即為3名子女，其應繼分就為3名子女平均分配，各得應繼分之1/3。

（三）配偶的法定應繼分

配偶有相互繼承權，配偶的應繼分和法定繼承人的應繼分分配如下（§1144）：

❶配偶與死者的直系血親卑親屬共同繼承時，其應繼分與直系血親卑親屬平均。

❷配偶與死者的父母或兄弟姐妹共同繼承時，配偶得遺產的1/2。

❸配偶與死者的祖父母共同繼承時，配偶得遺產的2/3。

❹如果沒有直系血親卑親屬、父母、兄弟姊妹以及祖父母時，配偶就獨得全部的遺產。

例如：A與妻子B婚後沒有孩子，在A過世之後，所遺留的財產，B獨得A財產的1/2，剩下的1/2就由A還活著的父母平均繼承，也就是各得1/4。

（四）指定應繼分

繼承人繼承遺產的比例，由被繼承人指定的稱為「指定應繼分」。被繼承人指定應繼分，須不違反「特留分」的規定，並且要以「遺囑」指定應繼分，否則就不生效力（§1187）。如果沒有直系血親卑親屬，就不可以用「遺囑」將財產的全部或一部分，指定繼承人來繼承。被繼承人如想要將遺產給法定繼承人以外的人來繼承，可以用「遺贈」的方式，不必再指定繼承人。

（五）兩岸人民繼承之特別規定

❶被繼承人在臺灣地區之遺產，由大陸地區人民依法繼承者，其所得財產總額，每人不得逾新臺幣200萬元。超過部分，歸屬臺灣地區同為繼承之人；臺灣地區無同為繼承之人者，歸屬臺灣地區後順序之繼承人；臺灣地區無繼承人者，歸屬國庫（臺灣地區與大陸地區人民關係條例§67Ⅰ）。

❷前述遺產，在本條例施行前已依法歸屬國庫者，不適用本條例之規定。其依法令以保管款專戶暫為存儲者，仍依本條例之規定辦理（同法，§67Ⅱ）。

❸遺囑人以其在臺灣地區之財產遺贈大陸地區人民、法人、團體或其他機構者，其總額不得逾新臺幣200萬元（同法，§67Ⅲ）。

應繼分

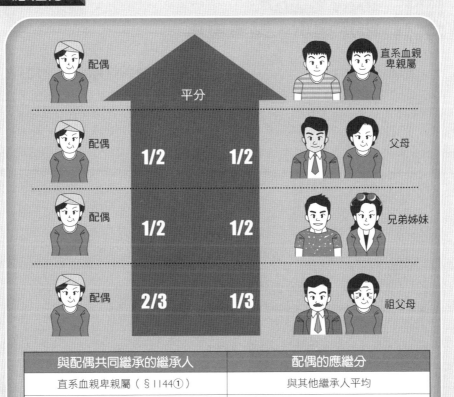

與配偶共同繼承的繼承人	配偶的應繼分
直系血親卑親屬（§1144①）	與其他繼承人平均
父母、兄弟姊妹（§1144②）	1/2
祖父母（§1144③）	2/3
無共同繼承人（§1144④）	全部

配偶的法定應繼分

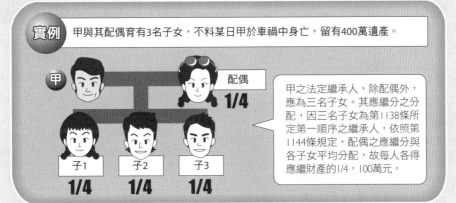

實例 甲與其配偶育有3名子女，不料某日甲於車禍中身亡，留有400萬遺產。

甲之法定繼承人，除配偶外，應為三名子女。其應繼分之分配，因三名子女為第1138條所定第一順序之繼承人，依照第1144條規定，配偶之應繼分與各子女平均分配，故每人各得應繼財產的1/4，100萬元。

第6章 繼承編

317

UNIT **6-5**
限定繼承、拋棄繼承

（一）全面限定繼承

過去民法採取三種繼承態樣，分別是「單純承認」、「限定繼承」、「拋棄繼承」。單純承認時，有所謂的「父債子還」觀念，亦即子女會繼承父親的債務。但是，民國98年5月修法，改採全面的「限定繼承」，亦即繼承人對於被繼承人之債務，以因繼承所得遺產為限，負清償責任（§1148 II）。

（二）限定承認

繼承人對於被繼承人之債務，以因繼承所得遺產為限，負連帶責任（§1153 I）。且繼承人對於被繼承人之權利、義務，不因繼承而消滅（§1154）。

（三）遺產清冊與清算
❶陳報遺產

繼承人於知悉其得繼承之時起3個月內開具遺產清冊陳報法院（§1156 I）。繼承人有數人時，其中一人已依第1項開具遺產清冊陳報法院者，其他繼承人視為已陳報（§1156 III）。
❷遺產清算

繼承人依前二條規定陳報法院時，法院應依公示催告程序公告，命被繼承人之債權人於一定期限內報明其債權（§1157）。繼承人在前條所定之一定期限內，不得對於被繼承人之任何債權人，償還債務（§1158）。
❸償還債務

繼承人對於在該一定期限內報明之債權及繼承人所已知之債權，均應按其數額，比例計算，以遺產分別償還。但不得害及有優先權人之利益（§1159 I）。

（四）未陳報遺產清冊之處理

被繼承人之債權人，不於所定之一定期限內報明其債權，而又為繼承人所不知者，僅得就賸餘遺產，行使其權利（§1162）。繼承人未開具遺產清冊陳報法院者，對於被繼承人債權人之全部債權，仍應按其數額，比例計算，以遺產分別償還。但不得害及有優先權人之利益（§1162-1 I）。繼承人違反前條規定，被繼承人之債權人得就應受清償而未受償之部分，對該繼承人行使權利。

繼承人對於前項債權人應受清償而未受償部分之清償責任，不以所得遺產為限（§1162-2）。

（五）拋棄繼承

繼承人得拋棄其繼承權。前項拋棄，應於知悉其得繼承之時起3個月內，以書面向法院為之。拋棄繼承後，應以書面通知因其拋棄而應為繼承之人。但不能通知者，不在此限（§1174）。繼承的拋棄，溯及於繼承開始時發生效力（§1175）。

（六）拋棄繼承權人應繼分的歸屬

拋棄繼承權之後，其應繼分則按照法律規定，由其他同順位繼承人，或者後順位之繼承人，繼承其應繼分（§1176）。例如：甲、乙為夫妻，生子丙、丁二人。甲死亡留下一棟房屋，而乙選擇拋棄繼承，則房屋由丙、丁二人共同繼承，應繼分各為1/2。

限定繼承

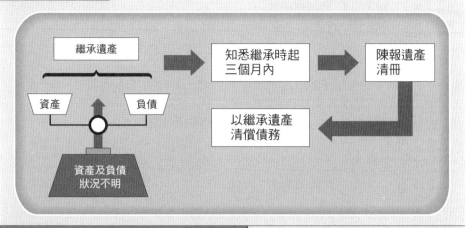

繼承遺產

```
資產        負債
  ○
```

資產及負債
狀況不明

知悉繼承時起
三個月內

→ 陳報遺產
清冊

以繼承遺產
清償債務

限定繼承未申報財產清冊

實例 甲死亡後，遺產由兒子乙（25歲）、丙（18歲）繼承。他們只知道甲留有400萬存款，及對丁負有100萬債務。他們未向法院陳報遺產清冊，就對丁償還債務100萬，然後平分300萬存款。事後，戊出面主張，甲生前欠戊400萬，要求乙、丙償還。

	遺產	返還方式
假若乙、丙有陳報遺產清冊	存款400萬 欠丁100萬 欠戊400萬	按比例償還（§1159） 還丁80萬 還戊320萬
乙、丙未陳報遺產清冊		乙、丙已還丁100萬 但仍然要還戊320萬（遺產不足清償債務之20萬元，由成年之乙負責賠償）（§1162-2）

拋棄繼承

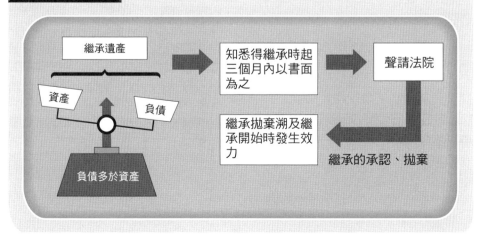

繼承遺產

```
資產        負債
  ○
```

負債多於資產

知悉得繼承時起
三個月內以書面
為之

→ 聲請法院

繼承拋棄溯及繼
承開始時發生效
力

繼承的承認、拋棄

UNIT **6-6**
遺產分割

繼承開始之後，產生「共同繼承」，此時，繼承財產屬於法定的「公同共有」關係。必須要將遺產分割，各繼承人才可以各自拿到遺產。

圖解民法

（一）分割的自由

除法律另有規定或契約另有訂定之外，繼承人可以隨時請求分割遺產（§1164）。在分割遺產前，共同繼承人對全部遺產，既為「公同共有」，依公同共有法理。

（二）分割限制
❶不可分割特約

各繼承人雖然可以隨時分割遺產，但公同共有人仍一致表示要繼續保持公同共有關係，法律也不會加以禁止。但是不分割契約的期限不得超過5年，要是超過5年，就縮短為5年（§823Ⅱ）。
❷不可分割的遺囑

基於遺囑自由的原則，遺囑人可以用遺囑來禁止分割遺產，但這個禁止分割的效力以10年為限，超過10年之後，繼承人還是可以請求分割（§1165Ⅱ）。
❸胎兒應繼分的保留

胎兒為繼承人時，非保留其應繼分，他繼承人不得分割遺產。胎兒關於遺產之分割，以其母為代理人（§1166）。

（三）遺產分割的方法
❶依遺囑的指示

依遺囑自由的原則，被繼承人的遺囑中，有決定分割遺產的方法，或委託他人代為決定遺產分割，就應該依照遺囑的決定來分割（§1165Ⅰ）。

由遺囑直接指定或由他人間接指定，均不可以侵害繼承人的特留分。但是違反特留分的指定並非無效，僅受害的繼承人可以行使扣減權。
❷協議分割

只有在下列的情形，才能協議分割：①被繼承人沒有以遺囑指定分割方法；②沒有以遺囑委託他人代為指定分割；③受委託人沒有做指定分割；④被繼承人或受委託人只做一部分分割的指定。
❸裁判分割

共同繼承人無法協議決定分割遺產的方法時，才能聲請法院代為決定分割方法。通常以「原物分割」為原則，如果不能為原物分割，就出賣原物，再以出賣所得的價金，分配給各繼承人，法院不受當事人主張的拘束。

（四）遺產分割的效力

各繼承人對他繼承人因分割而得的遺產，應負與出賣人同樣的擔保責任（§1168）。分割之後，各繼承人對於其他繼承人，因分割而取得的債權，應就債務人的「支付能力」負擔保責任，這樣才能確保繼承人所分到的債權，能夠獲得清償（§1169）。遺產分割後，其未清償之被繼承人之債務，移歸一定之人承受，或劃歸各繼承人分擔，如經債權人同意者，各繼承人免除連帶責任。繼承人之連帶責任，自遺產分割時起，如債權清償期在遺產分割後者，自清償期屆滿時起，經過5年而免除（§1171）。

遺產分割

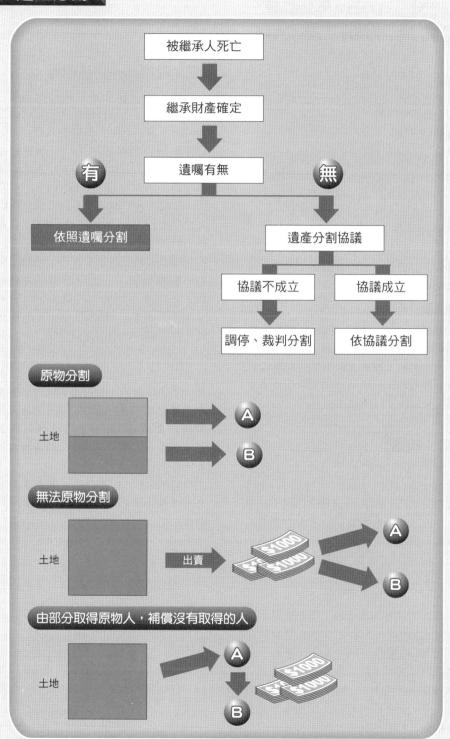

被繼承人死亡

繼承財產確定

有 | 遺囑有無 | **無**

依照遺囑分割

遺產分割協議

協議不成立　協議成立

調停、裁判分割　依協議分割

原物分割

土地

→ Ⓐ

→ Ⓑ

無法原物分割

土地 — 出賣 → $1000 →

Ⓐ

Ⓑ

由部分取得原物人，補償沒有取得的人

土地 →

Ⓐ → $1000

Ⓑ

UNIT **6-7**
分割之實行

圖解民法

（一）分割方法

協議分割的方法，是由共同繼承人共同協商，分割方法為：

❶原物分割

由共同繼承人的各人取回繼承財產的一部分，例如：繼承財產為土地，由共同繼承人各取得土地的一部分，而成為分別共有，或再分割為單獨所有。

❷無法原物分割

這時就把原物出賣，以價金分配給各繼承人。例如：將繼承土地出賣，以價金分配各繼承人。

❸代償分割

由某些繼承人取得原物，再由有取得原物的人，以價金補償沒有取得原物的人。例如：繼承土地由某些繼承人取得，再由取得土地的繼承人拿金錢來補償沒有取得土地的繼承人。

（二）扣還

繼承人中如對於被繼承人負有債務者，於遺產分割時，應按其債務數額，由該繼承人之應繼分內扣還（§1172）。在計算被繼承人的遺產的時候，應該是要把繼承人所積欠被繼承人的債務，一起加進被繼承人的遺產中，來計算繼承財產。

例如：甲乙為夫妻，有子丙丁二人，丙對於甲負有20萬債務，甲死亡時，遺有財產280萬元，在此情形，甲的現存財產為280萬元，丙的債務20萬元，其應繼財產共計300萬元。乙丙丁的法定應繼分，各為1/3。就丙而言，於分割遺產時，按其債務數額（20萬元），由應繼分內扣還，故得分配80萬元。乙、丁則各分配100萬元。

（三）歸扣——特種贈與

繼承人中有在繼承開始前因結婚、分居或營業，已從被繼承人受有財產之贈與者，應將該贈與價額加入繼承開始時被繼承人所有之財產中，為應繼遺產。但被繼承人於贈與時有反對之意思表示者，不在此限（§1173 I）。前項贈與價額，應於遺產分割時，由該繼承人之應繼分中扣除（§1173 II）。被繼承人對於繼承人在生前因為「結婚」、「分居」或是「營業」所做的贈與，稱為「特種贈與」。這種贈與，在被繼承人死亡後，應加入被繼承人所有的財產中，成為「應繼財產」。贈與價額，依贈與時的價額來做計算（§1173 III）。

例如：甲乙為夫妻，有兒女丙、丁二人，甲獨鍾愛丙，於丙創業時贈與50萬元，而甲死亡後，留下遺產280萬元。應繼財產為280萬加上特種贈與50萬元，而繼承人乙、丙、丁，均分應繼財產，各為1/3，各得110萬元。乙、丁各分得110萬元。而丙部分，其創業時已受甲贈與50萬元，應該扣除，只能繼承60萬元。

代償分割（價格賠償）

實例 繼承財產有家屋3,000萬，土地5,000萬，存款4,000萬，共12,000萬。繼承人有甲、乙、丙三人，應繼分各為1/3，為4,000萬。

家屋 **3,000**萬

土地**5,000**萬

存款**4,000**萬

全部總財產

共同繼承人甲、乙、丙。甲繼承家屋土地8,000萬，乙、丙繼承存款各2,000萬，甲補償乙、丙各2,000萬。

歸扣之計算

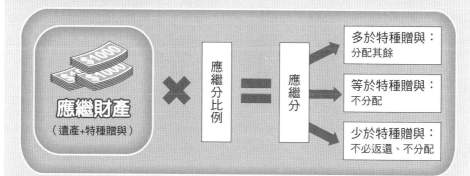

應繼財產
（遺產+特種贈與）

× 應繼分比例 ＝ 應繼分

多於特種贈與：
分配其餘

等於特種贈與：
不分配

少於特種贈與：
不必返還、不分配

歸扣

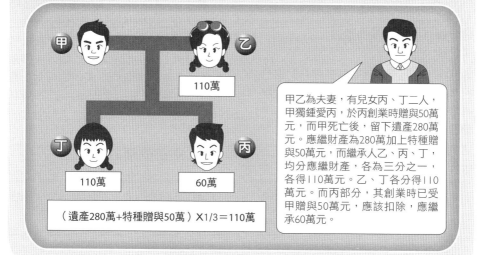

甲

乙

110萬

丁

110萬

丙

60萬

（遺產280萬+特種贈與50萬）X1/3＝110萬

甲乙為夫妻，有兒女丙、丁二人，甲獨鍾愛丙，於丙創業時贈與50萬元，而甲死亡後，留下遺產280萬元。應繼財產為280萬加上特種贈與50萬元，而繼承人乙、丙、丁，均分應繼財產，各為三分之一，各得110萬元。乙、丁各分得110萬元。而丙部分，其創業時已受甲贈與50萬元，應該扣除，應繼承60萬元。

UNIT **6-8**
無人繼承財產的管理

圖解民法

（一）無人繼承財產的管理

　　繼承開始，在有沒有繼承人尚不明確時，應由「親屬會議」於「1個月內」選定「遺產管理人」，並將繼承開始及選定管理人的事由，向法院報明，以維護被繼承人的債權人及繼承人的權益（§1177）。

（二）繼承人的搜索和法院選任管理人

　　親屬會議依前條規定為報明後，法院應依公示催告程序，定6個月以上之期限，公告繼承人，命其於期限內承認繼承。無親屬會議或親屬會議未於前條所定期限內選定遺產管理人者，利害關係人或檢察官，得聲請法院選任遺產管理人，並由法院依前項規定為公示催告（§1178）。

（三）管理人的職務

❶編製遺產清冊

　　為管理遺產和清算之方便，管理人在就職3個月內編製遺產清冊，將遺產的權利、債務詳細分列（§1179 II 前段）。

❷為保存遺產必要的處置

　　指對遺產「保存」、「改良」及「利用」的行為。包括為保存必要處分行為，及防止遺產的毀損、滅失，所做的事實上和法律行為（§1179 I ②）。

❸公告聲請和通知

　　管理人聲請法院依公示催告程序，限定1年以上的期間，公告被繼承人的債權人及受遺贈人，命令在這段期間內申報債權，及是否願意接受遺贈的聲明，如果管理人已知被繼承人的債權人、受遺贈人，就應分別通知他們（§1179 I ③）。

❹清償債權或交付遺贈物

　　清償債權與交付遺贈物為管理人職務之一（§1179 I ④），但清償債權後，才能辦理交付遺贈物，而且遺產管理人可經親屬會議同意後，變賣遺產來清償債權（§1179 II 後段）。

❺遺產的狀況報告和說明的義務

　　親屬會議、被繼承人的債權人或受遺贈人，都可以請求遺產管理人，報告或說明遺產的狀況（§1180）。

❻管理人受報酬的權利

　　遺產管理人可以請求報酬，至於報酬的數額，就由法院按其與繼承人之關係、管理事務之繁簡及其他情形，就遺產酌定之。由於這個報酬是關於管理遺產所生的費用，因此依法由遺產支付（§1183）。若是親屬會議決定的數額不當的話，似應解釋為管理人得聲請法院決定報酬的數額（§1137）。

（四）清償債務與交付遺贈物之限制

　　遺產管理人非於公示催告期間屆滿後，不得對被繼承人之任何債權人或受遺贈人，償還債務或交付遺贈物（§1181）。被繼承人之債權人或受遺贈人，不於公示催告期間內為報明或聲明者，僅得就賸餘遺產，行使其權利（§1182）。

（五）剩餘財產的歸屬

　　在法院所定6個月以上公示催告期限屆滿後，如果沒有人承認繼承時，遺產在清償繼承債務，及交付遺贈物後，如果還有剩餘的部分，則就歸屬國庫（§1185）。

無繼承人之財產

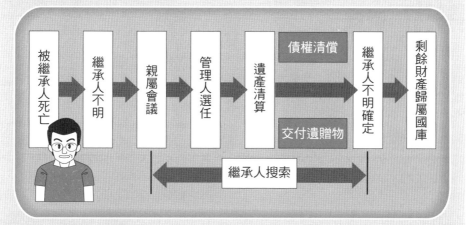

被繼承人死亡 → 繼承人不明 → 親屬會議 → 管理人選任 → 遺產清算 → 債權清償／交付遺贈物 → 繼承人不明確定 → 剩餘財產歸屬國庫

繼承人搜索

遺產管理人

甲死亡之前，已與太太離婚，小孩都已過世，不知道有哪些繼承人。
❶但是親戚都聽過甲在外面有認領私生子，請問要由誰來管理甲的遺產？
❷若甲無親屬，由誰來管理遺產？

❶第1177條：「繼承開始時，繼承人之有無不明者，由親屬會議於一個月內選定遺產管理人，並將繼承開始及選定遺產管理人之事由，向法院報明。」故由親屬會議選定之遺產管理人來管理甲的遺產。
❷第1178條第2項：「無親屬會議或親屬會議未於前條所定期限內選定遺產管理人者，利害關係人或檢察官，得聲請法院選任遺產管理人，並由法院依前項規定為公示催告。」若甲無親屬，則由利害關係人或檢察官，聲請法院選任遺產管理人。

清償債務之限制

甲是乙的遺產管理人，乙有遺產500萬元。甲向法院聲請公示催告，法院定民國94年2月1日開始的一年期間，希望乙的債權人出面報明債權。同年3月1日，有一位債權人丙出面，並提出乙欠他600萬元的證據。請問甲是否可以立刻將500萬遺產償還給丙？

第1181條：「遺產管理人非於第一千一百七十九條第一項第三款所定期間屆滿後，不得對被繼承人之任何債權人或受遺贈人，償還債務或交付遺贈物。」故甲需等到公示催告一年結束，確定無其他債權人時，才能向丙清償。

UNIT **6-9** 遺囑

「遺囑」是被繼承人自由表示其最後的意思，為確定為其真意，須要遵守一定的方式來預立遺囑。

（一）遺囑方式

遺囑的方式共有五種，其中四種為普通方式遺囑，而最後一種則為特別方式遺囑。

（二）自書遺囑

遺囑人自己書寫遺囑全文，並且記明書寫的年月日，及親自簽名，如遺囑全文有增減、塗改，應註明增減塗改的地方和字數，另外再簽名（§1190）。

（三）公證遺囑

遺囑人指定二人以上的見證人，在公證人面前口述遺囑意旨，由公證人筆記、宣讀、講解，經過遺囑人認為可以後，記明年月日，由公證人、見證人和遺囑人同行簽名，如果遺囑人不能簽名的話，就由公證人記明不能簽名的事由，讓遺囑人按指印來代替簽名（§1191）。

（四）密封遺囑

遺囑人在遺囑上簽名後，將遺囑書密封，然後在「封縫處」簽名，再指定二人以上見證人，向公證人提出，並陳述這封遺囑書是遺囑人自己的，如果不是自己書寫的，就應說出書寫人的姓名、住所，由公證人在遺囑書的封面上記明該遺囑提出的年月日，和遺囑人在公證人面前的陳述，以及遺囑人與見證人同行簽名（§1192）。

（五）代筆遺囑

由遺囑人指定3人以上的見證人，由遺囑人口頭說明遺囑意旨，使見證人中的一人筆記、宣讀、講解，經過遺囑人的認可後，記明年月日和代筆人的姓名，由見證人全體和遺囑人同行簽名，要是遺囑人不能簽名，就應該按指印代替簽名（§1194）。

（六）特別方式──口授遺囑

口授遺囑是遺囑人因生命危急或其他特殊情形，不能依其他方式為遺囑，而可為下列方式之一（§1195）：

①由遺囑人指定二人以上見證人，並口授遺囑的意旨，由見證人中一人，將該遺囑意旨，據實作成筆記，並記明年月日與其他見證人同行簽名。

②由遺囑人指定二人以上見證人，並口述遺囑意旨，遺囑人姓名及年月日，由見證人全體口述遺囑之為真正和見證人的姓名，全部予以錄音，將錄音帶當場密封，並記明年月日，由見證人全體在封縫處同行簽名。

（七）共同遺囑無效

所謂的「共同遺囑」，就是在一個遺囑書內，有兩人以上的遺囑意思表示。「遺囑」原本是屬於遺囑人的「單獨行為」，共同遺囑不但會妨礙遺囑撤回的自由，而且共同遺囑內容要怎麼解釋，容易發生種種疑問和困擾，所以我國民法雖沒有規定，但是一般認為，若遺囑內容無法區分A、B的獨立意思，則該共同遺囑無效。

遺囑方式

種類 \ 要件		是否應親自簽名？	書寫者？	見證人數？	需要公證人？
遺贈	自書遺囑	遺囑人親自簽名	立遺囑人	✕	✕
普通方式遺囑	公證遺囑	❶原則：公證人、見證人及遺囑人同行簽名 ❷遺囑人不能簽名，按指印代替之	公證人筆記、宣讀、講解，經遺囑人認可	二人以上	○
	密封遺囑	遺囑簽名、封緘處簽名	❶原則：遺囑人自寫 ❷例外：非遺囑人自寫（§1192I）	二人以上	○
	代筆遺囑	❶原則：遺囑人及見證人全體簽名 ❷遺囑人不能簽名，按指印代替之	遺囑人口述遺囑意旨，見證人中一人筆記、宣讀、講解，經遺囑人認可	三人以上	✕
特別方式遺囑	口授遺囑	遺囑人與見證人同行簽名	遺囑人口授，見證人中一人作成筆錄或將口授內容錄音	二人以上	✕

共同遺囑

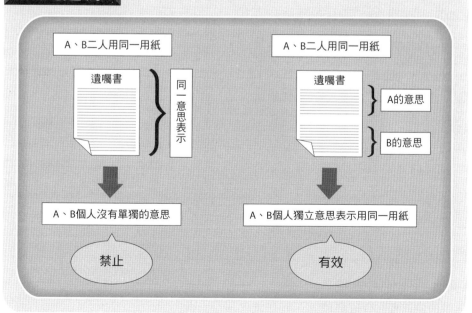

UNIT **6-10**
遺囑的生效與撤回

（一）遺囑的內容

依遺囑自由原則，遺囑內容只要不違反法律強行或禁止規定、公共秩序和善良風俗，就皆有效力，例如：繼承權的喪失的宥恕、繼承喪失的表示、遺產處分方法的指定、遺贈扣減方法的指定等是，都可以作為遺囑的內容。

（二）遺囑能力

無行為能力人不得預立遺囑（§1186Ⅰ），未滿7歲的未成年人和無法處理自己事務的受監護宣告人，是屬於無行為能力人，所以這些人不能預立遺囑。未滿16歲的限制行為人也不能預立遺囑。如果年滿16歲，不須得到法定代理人的同意，也可以預立有效的遺囑（§1186Ⅱ）。例如：A因為精神分裂受監護宣告，因此沒有行為能力，所以A不可以訂立遺囑。

（三）遺囑見證人資格的限制

在公證遺囑、密封遺囑、代筆遺囑或口授遺囑，均須有見證人。下列之人，不得為遺囑見證人：❶未成年人；❷受監護人或輔助宣告之人；❸繼承人及其配偶或其直系血親；❹受遺贈人及其配偶或其直系血親；❺為公證人或代行公證職務人之同居人助理或受僱人（§1198）。公證人有數人，若其中有一公證人不具資格，只要除掉不適格的見證人之後，見證人的人數還是符合遺囑見證人的人數時，這個遺囑仍會有效。

（四）遺囑何時生效？

適法的遺囑在作成時成立，而在遺囑人死亡後發生效力（§1199）。遺囑是以遺囑人死亡才生效力的獨立無相對人的單獨行為；其雖然因意思表示而成立，但要等待遺囑人死亡才生效力，並且須依一定法定方式才能生效。

（五）遺囑撤回

❶明示撤回

遺囑人有撤回遺囑的自由，可以隨時依遺囑方式，撤回遺囑全部或一部內容（§1219）。

❷法定撤回

①前後遺囑相牴觸：如果前後遺囑的內容，互相完全沒關係或還可互相調和，兩遺囑都還有效。可是假如前後兩遺囑的內容，互相牴觸而不能並立的話，前遺囑牴觸後遺囑的部分，就視為撤回（§1220）。

②遺囑和行為相牴觸：遺囑人作成遺囑後，所作的行為和遺囑相牴觸，牴觸部分，遺囑就視為撤回（§1221）。這裡所謂「行為」，是指遺囑生前的「處分行為」、「其他法律行為」而言，例如：在作成遺囑後，將遺贈標的物出賣，或是另贈與給第三人，遺囑中關於這個遺贈的部分，就視為撤回。

③遺囑之廢棄：遺囑人故意破毀或塗銷遺囑，或在遺囑上記明廢棄的意思，其遺囑視為撤回（§1222）。例如：把遺囑書撕掉、燒毀、用筆塗銷，或寫明廢棄不用。

得為遺囑之內容

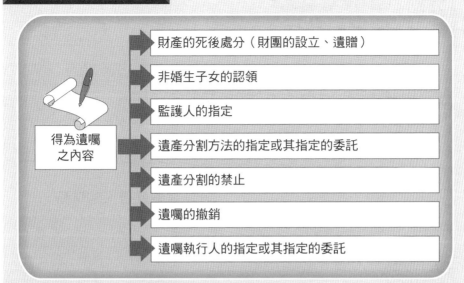

得為遺囑之內容

財產的死後處分（財團的設立、遺贈）

非婚生子女的認領

監護人的指定

遺產分割方法的指定或其指定的委託

遺產分割的禁止

遺囑的撤銷

遺囑執行人的指定或其指定的委託

前後遺囑相牴觸

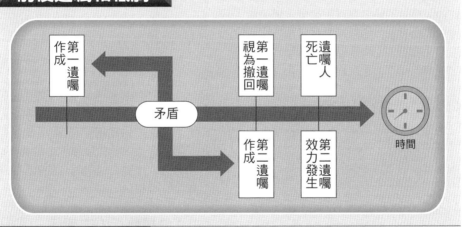

作成第一遺囑

視為撤回第一遺囑

死亡遺囑人

矛盾

作成第二遺囑

效力發生第二遺囑

時間

遺囑生效時點

通常的遺囑

效力發生

遺囑成立

遺囑人死亡

遺囑效力

時間

UNIT **6-11**
遺囑的執行

(一) 遺囑執行人的指定

遺囑人得以遺囑來指定遺囑執行人，或委託他人來指定。受委託的人，應立即指定「遺囑執行人」，並通知繼承人（§1209）。

(二) 遺囑執行人的限制

未成年人、受監護或輔助宣告人，不可以成為遺囑執行人（§1210）。

(三) 遺囑執行人的選定或法院的指定

遺囑沒有指定遺囑執行人，也沒有委託他人指定的話，可以由親屬會議來選定遺囑執行人，如果親屬會議也不能選定時，就可以由利害關係人聲請法院指定遺囑執行人（§1211）。

(四) 遺囑執行人的報酬

除遺囑人另有指定外，遺囑執行人就其職務之執行，得請求相當之報酬，其數額由繼承人與遺囑執行人協議定之；不能協議時，由法院酌定之（§1211-1）。

(五) 遺囑的提示

遺囑保管人，知有繼承開始的事實，也就是知道被繼承人死亡時，就應立刻將遺囑提示於親屬會議；如果沒有保管人而由繼承人發現遺囑時，就由繼承人提示於親屬會議（§1212）。

(六) 封緘遺囑的開視

有封緘之遺囑，一般來說除了「密封遺囑」以外，其他形式的遺囑，例如自書遺囑、代筆遺囑和口授遺囑等，都可能會有封緘，這樣的遺囑，除非是在親屬會議當場，或法院公證處公證人面前，不然不可以開視。遺囑開視時，應該製作紀錄，記明遺囑的封緘有無毀損的情形，或是有其他特別的情形，並由在場的人共同簽名（§1213）。

(七) 遺囑執行人的職務

遺囑執行人在就職之後，對於遺囑有關的財產，如果有編製清冊的必要時，就應該立即編製遺產清冊，然後交付給繼承人（§1214）。遺囑執行人有「管理遺產」以及「執行必要行為」的職務。遺囑執行人因職務所做出的行為，視為為繼承人而做的代理行為，也可以說是視為繼承人的代理人（§1215）。

繼承人應該要尊重遺囑執行人執行職務，在遺囑執行人執行職務的過程中，繼承人不可以處分與遺囑有關的遺產，而且也不可以妨礙遺囑執行人執行職務（§1216）。遺囑執行人有數人時，以過半數的表決，執行職務。但遺囑有特別規定要怎麼執行遺囑時，就依照遺囑的規定（§1217）。

(八) 遺囑執行人的解任

遺囑執行人怠於執行職務，或者有其他重大事由不方便做遺囑執行人時，利害關係人就可以請求親屬會議改選其他人，來做遺囑執行人，而由法院所指定的遺囑執行人，就聲請法院另行指定（§1218）。

無繼承人之財產

遺囑執行人

遺囑執行人的
產生方式
→ 遺囑指定：§1209、§1210

→ 親屬會議或法院選任：§1211

遺囑執行人的職務：§1214～§1217

遺囑執行人的解任：§1218

遺囑的
提示與開示
→ 無封緘遺囑的提示：§1212

→ 有封緘遺囑的開視：§1213

遺囑開視

甲男過世後，其子乙發現甲留下一份遺囑，但是這份遺囑在封口的地方，被甲用蠟密封起來，並且甲在密封的地方，蓋上自己的手印。乙認為甲過世後，自己為唯一的繼承人，就想要自己把這份遺囑打開，請問乙之行為合法嗎？

民法第1213條：「有封緘之遺囑，非在親屬會議當場或法院公證處，不得開視。前項遺囑開視時，應製作紀錄，記明遺囑之封緘有無毀損情形，或其他特別情事，並由在場之人同行簽名。」因此本例中，乙必須在親屬會議中或法院公證人前面，才可以把甲的遺囑打開，乙的行為才為合法。

遺囑執行人之職務

遺囑執行人

→ 編制財產清冊

→ 管理遺產

→ 執行必要行為

UNIT **6-12**
遺贈

圖解民法

「遺贈」是遺囑人藉由遺囑，無償給與受遺贈人財產上利益的單獨行為。遺贈因遺贈人死亡而發生效力。通說認為遺贈僅生「債權效力」，因此受遺贈人並不在繼承開始時，當然取得遺贈的所有權或其他物權，須經過移轉登記，或受付後，才能取得所有權或其他物權。

（一）遺贈的要件

❶ 遺囑生效時，受遺贈人須尚生存（§1201）。

❷ 遺囑人用特定的財產當作遺贈，但在繼承開始時，這個財產有一部分不屬於遺產的話，則這一部分的遺贈就會無效；如果全部都不屬於遺產的情形，則全部就都無效；但要是遺囑中另外有表示時，就依照遺囑的意思來做，例如：遺贈的財產是選擇之債，其中一個屬於遺產，但另外一個不屬於時，就將屬於遺產的標的來做遺贈（§1202）。

❸ 受遺贈權並未喪失：繼承人喪失繼承權的事由，對於受遺贈人來說也準用，如果受遺贈人有那些事由發生的話，就會喪失受遺贈的權利（§1188）。

❹ 不可以違反特留分的規定：如果違反的話，侵害特留分的部分就無效，繼承人可行使「扣減權」（§1225）。

（二）遺贈的拋棄及遺贈的承認

遺囑人死亡後，受遺贈人仍然有權決定拋棄遺贈，遺贈拋棄會溯及遺囑人死亡時，發生效力（§1206）。繼承人或其他利害關係人，可以定一個期限，請求受遺贈人在這個期限內，作是否承認遺贈的表示，如果沒有在期限內表示要不要承認的話，就視為承認遺贈（§1207）。遺贈無效或是受遺贈人拋棄遺贈的時候，遺贈的財產就還是屬於遺產的一部分（§1208）。

（三）遺贈的種類

❶附條件或附期限的遺贈

遺贈中對於遺贈附有停止條件時，必須停止條件成就的時候，遺贈才會發生效力（§1200）。例如：A疼愛鄰居的小孩B，因此在遺囑中寫明，當B考上大學時，就贈與10萬給B，這個遺贈是以B考上大學為條件，須條件成就，也就是B考上大學之後，遺贈才會生效，在這之前，遺產管理人不能為了要結束管理事務，而先將這10萬交給B。

❷代替遺贈

遺囑人因遺贈物滅失、毀損、變造、或喪失物之占有，而對於他人取得權利時，推定以其權利為遺贈；因遺贈物與他物附合或混合而對於所附合或混合之物，取得權利時亦同（§1203）。

❸用益遺贈

以遺產的使用、收益，作為遺贈標的時，如果遺囑沒有訂定返還的期限，而且也沒辦法按照遺贈的性質，來定期限時，就以受遺贈人的終身，來作為期限（§1204）。

❹附負擔的遺贈

這種遺贈，受遺贈人以他所得到的利益為限，來負履行負擔的責任（§1205）。

遺贈的要件

遺贈的要件

→ 遺贈人有遺囑能力

→ 遺囑須具備法定方式

→ 遺囑生效時，受遺贈人須尚生存（§1201）

→ 遺贈財產須屬於遺產（§1202）

→ 受遺贈權並未喪失（§1188）

→ 不可以為反特留分的規定（§1225）

遺囑開視

甲沒有任何親人，只有好友乙、丙、丁。甲訂立遺囑，將財產分成三份，贈送給乙、丙、丁。遺囑作成後，❶乙急需用錢，持刀殺害甲，甲撿回一條命，但乙被判入獄服刑；❷丙在甲去世前病死；❸丁在甲死後，表示「無功不受祿」，拒絕接受遺贈。

❶第1188條：「第一千一百四十五條喪失繼承權之規定，於受遺贈人準用之。」乙傷害甲，殺人未遂，但喪失受遺贈權。
❷第1201條：「受遺贈人於遺囑發生效力前死亡者，其遺贈不生效力。」丙在甲死亡前病死，甲對丙的遺贈不生效力。
❸第1206條：「受遺贈人在遺囑人死亡後，得拋棄遺贈。遺贈之拋棄，溯及遺囑人死亡時發生效力。」丁可表示拋棄遺贈。

附停止條件的遺贈

效力發生

時間

遺囑成立　　遺囑人死亡　　條件成就

UNIT **6-13** 特留分

圖解民法

「特留分」是指繼承開始時，法律規定繼承遺產，應保留給繼承人的最低數額。依遺囑自由的原則，遺囑人可以自由以遺囑處分其遺產。然而法律為保障繼承人的權益，規定繼承財產的一定比例保留給繼承人。

（一）特留分的比例

法定繼承人的特留分，因為法定繼承人身分的不同，而有不同數額的特留分（§1223）：❶直系血親卑親屬的特留分為其應繼分的1/2；❷父母的特留分為其應繼分的1/2；❸配偶的特留分為其應繼分的1/2；❹兄弟姊妹的特留分為其應繼分的1/3；❺祖父母的特留分為其應繼分的1/3。

（二）特留分的計算

特留分由依第1173條算定的應繼財產中，除去債務額算定之（§1224）。也就是繼承人中有「特種贈與」的時候，需要先依照第1173條的規定，加入繼承開始時的財產，就是加入積極財產中，為繼承財產，再除去債務額，然後依法定比例加以計算。例如：依第1173條算定的應繼財產為100萬元，被繼承人的債務為50萬元，100萬元減去50萬元，以剩餘50萬元為算定特留分的基礎。

例如：A有妻子B，以及子女C、D、E，其中女兒C結婚時A贈與50萬元給他，A過世時遺留有財產70萬，債務20萬，A的應繼財產應為遺留財產70萬加上因結婚贈與50萬元歸扣，再減去債務20萬，這時A的遺產淨額有100萬，B與C、D、E應繼分各為25萬，因此特留分為應繼分的1/2為12.5萬。

（三）遺贈的「扣減」

應得特留分的人，如果因為被繼承人的遺贈，以至於侵害特留分，而使得繼承人的特留分數額不足，得按其不足的數額由遺贈財產扣減。受遺贈人有數人時，應按其所得的遺贈價額比例扣減（§1225）。「扣減權」屬於「形成權」，因為扣減權人一方的意思表示而發生效力。例如：被繼承人的遺產為50萬元，被繼承人的繼承人有配偶、直系血卑親屬共5人，每人應繼分為10萬元，特留分為應繼分的1/2（5萬元）。

假如被繼承人遺贈他人30萬元。剩餘遺產為20萬，不足被繼承人的特留分，被繼承人可以向受遺贈人行使扣減權5萬元。

（四）死因贈與·

如果是「死因贈與」的情形，也就是以贈與人死亡為條件的贈與，這是否算是特留分的扣減標的，有所爭議。死因贈與的性質雖然跟遺贈有所不同，前者是「契約行為」，後者是「單獨行為」，但都是以贈與人或遺贈人的死亡，作為發生效力的時間，不同於「一般贈與」，不至於發生弊端，為了貫徹保護法定繼承人的立法意旨，應認為「死因贈與」也可以作為特留分扣減的標的。

特留分的基礎財產

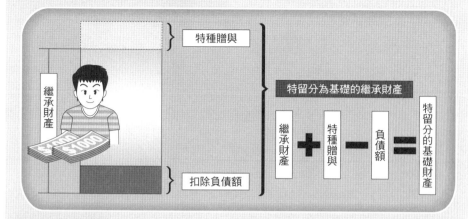

特留分

甲男與其妻子乙育有一子,在兒子丙開店做生意時,贈與他創業基金新台幣100萬元,後來甲又因購屋,積欠銀行20萬元。當甲死亡時,留有遺產100萬元,但卻將這100萬元遺贈給情婦丁。請問誰可以獲得甲之財產?

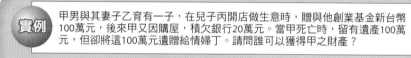

甲之繼承人為其配偶乙與子丙。而甲之遺產,為死亡時所留下的100萬元與送給乙的創業基金100萬元再扣除債務20萬元,應繼財產為180萬元,乙、丙兩人應繼分各為90萬,而特留分各為45萬元。由於丙因為創業,已拿到100萬元,因此其特留分並未受到侵害,而乙因甲將所剩的100萬元全部遺贈給丁,所以乙可以行使特留分扣減權,向丁要求歸還45萬元。

特種贈與100萬

繼承財產100萬+特種贈與100萬－負債20萬＝特留分基礎財產180萬

贈與與遺贈之不同

遺贈	贈與
單獨行為	契約
死後行為	生前行為
依遺囑方式為之,屬要式行為	不要式行為
遺贈不得侵害特留分	贈與無此限制 但有認為,死因贈與仍然要受到特留分扣減之限制

國家圖書館出版品預行編目資料

圖解民法 / 楊智傑著.--四版.--臺北市：五
南圖書出版股份有限公司, 2022.07
面 ； 公分.--（圖解法律系列；7）
ISBN 978-626-317-881-6(平裝)

1.民法

584   111007931

1QK7

圖解民法

作　　　者 — 楊智傑(317.3)

企劃主編 — 劉靜芬

責任編輯 — 呂伊真

封面設計 — P.Design視覺企劃　王麗娟

出 版 者 — 五南圖書出版股份有限公司

發 行 人 — 楊榮川

總 經 理 — 楊士清

總 編 輯 — 楊秀麗

地　　　址：106臺北市大安區和平東路二段339號4樓

電　　　話：(02)2705-5066　傳　　真：(02)2706-6100

網　　　址：https://www.wunan.com.tw

電子郵件：wunan@wunan.com.tw

劃撥帳號：01068953

戶　　　名：五南圖書出版股份有限公司

法律顧問　林勝安律師

出版日期　2014年 5 月初版一刷（共四刷）
　　　　　2018年 8 月二版一刷（共二刷）
　　　　　2020年 3 月三版一刷（共二刷）
　　　　　2022年 7 月四版一刷
　　　　　2024年10月四版二刷

定　　　價　新臺幣420元

經典永恆·名著常在

五十週年的獻禮 —— 經典名著文庫

五南,五十年了,半個世紀,人生旅程的一大半,走過來了。
思索著,邁向百年的未來歷程,能為知識界、文化學術界作些什麼?
在速食文化的生態下,有什麼值得讓人雋永品味的?

歷代經典·當今名著,經過時間的洗禮,千錘百鍊,流傳至今,光芒耀人;
不僅使我們能領悟前人的智慧,同時也增深加廣我們思考的深度與視野。
我們決心投入巨資,有計畫的系統梳選,成立「經典名著文庫」,
希望收入古今中外思想性的、充滿睿智與獨見的經典、名著。
這是一項理想性的、永續性的巨大出版工程。
不在意讀者的眾寡,只考慮它的學術價值,力求完整展現先哲思想的軌跡;
為知識界開啟一片智慧之窗,營造一座百花綻放的世界文明公園,
任君遨遊、取菁吸蜜、嘉惠學子!